Société,

dans

XVIᵉ - XVIIIᵉ siècle

Collection Cursus, série « Histoire »

Robert Muchembled

Société, cultures et mentalités dans la France moderne

XVIe - XVIIIe siècle

Deuxième édition

ARMAND COLIN

© Armand Colin Éditeur, Paris 1990, 1994
ISBN 2-200-21496-0

Armand Colin Éditeur, 103, bd Saint-Michel, 75240 Paris Cedex 05

*Aux étudiants, notamment à ceux de Paris XIII,
qui m'ont beaucoup appris, tandis que
je leur enseignais l'histoire moderne.*

Du même auteur

• *Culture populaire et culture des élites dans la France moderne (XVᵉ-XVIIIᵉ siècle). Essai,* Paris, Flammarion, 1978 (Traduction allemande, Stuttgart, Klett-Cotta, 1982 ; 2ᵉ éd. 1984 ; américaine, Bâton Rouge, Louisiana State U.P., 1985 ; italienne, Bologne, Il Mulino, 1991). Réédition, coll. « Champs », 1991.

• *Prophètes et sorciers dans les Pays-Bas, XVIᵉ-XVIIIᵉ siècle* (en collaboration avec Marie-Sylvie Dupont-Bouchat et Willem Frijhoff), Paris, Hachette, 1978.

• *La Sorcière au village (XVᵉ-XVIIIᵉ siècle),* Paris, Gallimard-Julliard, 1979 ; réédition, Gallimard, « Folio », 1991.

• *Les Derniers bûchers. Un village de Flandre et ses sorcières sous Louis XIV,* Paris, Ramsay, 1981.

• *Nos ancêtres les paysans. Aspects du monde rural dans le Nord-Pas-de-Calais des origines à nos jours* (en collaboration avec Gérard Sivéry et divers auteurs), Lille, C.N.D.P.-C.R.D.P., 1983.

• *Sorcières, justice et société aux XVIᵉ et XVIIᵉ siècles,* Paris, Imago, 1987.

• *L'Invention de l'homme moderne. Sensibilités, mœurs et comportements collectifs sous l'Ancien Régime,* Paris, Fayard, 1988 (Traductions allemande, néerlandaise et japonaise).

• *La Violence au village. Sociabilité et comportements populaires en Artois du XVᵉ au XVIIᵉ siècle,* Turnhout, Brepols, 1989.

• *Le Temps des supplices. De l'obéissance sous les rois absolus, XVᵉ-XVIIIᵉ siècle,* Paris, A. Colin, 1992.

• *Le Roi et la Sorcière. L'Europe des bûchers, XVᵉ-XVIIIᵉ siècle,* Paris, Desclée, 1993.

Directions

• *Magie et sorcellerie en Europe du Moyen Âge à nos jours,* Paris, A. Colin (à paraître).

• Volumes d'histoire moderne des collections *Carré Histoire* (7 ouvrages parus de 1991 à 1993), et *Les Fondamentaux,* Paris, Hachette.

• *The Making of Europe,* coéditeur français d'un ensemble de vingt volumes, dont douze parus en néerlandais de 1990 à 1994, Hilversum, HD Uitgevers.

1 *Autour de la culture*

Qu'est-ce que la culture ? Une définition unique ne saurait rendre compte de la totalité ni de la complexité du phénomène. Un préalable approximatif peut être de la considérer comme une approche collective de l'existence individuelle léguée aux générations suivantes. Vision du monde, elle exprime l'originalité d'une civilisation donnée à travers une langue spécifique : la France et le français à l'époque moderne, par exemple. Mais ce pays n'est-il pas fait de diversités sous les rois absolus ? Et ses habitants n'utilisent-ils pas de multiples langages d'oc ou d'oïl, sans oublier le breton ou d'autres parlers ?

La notion de culture est donc équivoque. En cette fin du XXe siècle, elle flotte entre deux pôles dans nos discours comme dans nos pratiques. D'un côté, elle évoque l'histoire des idées, des arts, des lettres, des sciences, etc. De l'autre, elle définit les formes matérielles de l'existence, les conduites et les rituels de la vie collective, les expressions ordinaires de l'histoire banale des divers groupes humains constituant une société, y compris ceux qui ne laissent pas de traces écrites de leur passage sur terre. Certains auteurs parlent à ce sujet de cultures matérielles, de cultures populaires, voire avec une nuance de mépris de sous-cultures ou de niveaux de culture.

Au lieu de s'appesantir sur d'aussi évidentes contradictions, il me paraît plus judicieux de rechercher l'origine de ces définitions opposées, pour apprendre à composer avec elles une vision globale mais nuancée du phénomène.

La notion large de culture provient sans conteste d'une observation ethnologique ou anthropologique des peuples du monde, en particulier des populations sans écriture. Les Français ont pris à côté d'autres Occidentaux leur juste place dans ce passionnant champ scientifique : il suffit d'évoquer Claude Lévi-Strauss pour s'en convaincre. Le regard sur les autres s'est bien vite retourné sur nous-mêmes. Nombre d'historiens et de sociologues se sont intéressés dans la même optique à leurs contemporains ou à leurs ancêtres : enquêtes orales, recherches de documents, réflexions méthodologiques ont ainsi puissamment installé une conception ethnologique de notre propre culture qui a pris la place des recherches folkloriques, souvent passionnantes, mais fréquemment méprisées par les historiens professionnels voici quelques générations. On peut d'ailleurs juger de la fécondité de ces analyses en parcourant la remarquable revue *Ethnologie française* (Paris, A. Colin). Sans oublier ce clin d'œil du présent au passé colonial que constituent les enquêtes de terrain menées actuellement par des ethnologues d'origine africaine, sur certains de nos villages ou sur quelques-unes de nos villes, à la recherche de nos traits culturels spécifiques...

Ce regard inversé de l'ancien colonisé sur l'ex-colonisateur n'aurait certes pas été imaginable au XIXe siècle ni à l'époque dite moderne. Au temps des débuts de la République, la culture était affaire de spécialistes, d'artistes, d'intellectuels portés par un consensus général propre aux couches sociales dominantes. Ne se pensait-elle pas elle-même une et indivisible ? Face au défi anglais sur les marchés économiques mondiaux, face à la menace germanique en Europe, la civilisation et la langue françaises luttaient avec succès en offrant un modèle cohérent, prestigieux et exportable. En différents endroits de la planète, de nombreuses petites têtes de couleur apprenaient ainsi l'histoire de nos ancêtres les Gaulois avec celle des héros de l'unité nationale. Loin d'être risible, cette puissance de conviction appliquée à des peuples lointains exprimait le mouvement même du développement d'une culture en expansion, ici précisément définie par un extraordinaire effort d'unification linguistique, dans le cadre d'une « paix française » porteuse de valeurs et d'idéaux spécifiques.

Pour en comprendre le sens, il faut remonter le temps jusqu'à la monarchie des Valois et des Bourbons, cadre chronologique du présent ouvrage. Le message unificateur transmis par les « hussards noirs de la République » — les instituteurs du XIXe siècle — aux petits Bretons, Normands, Provençaux ou Languedociens n'allait, en effet, nullement de soi. La lente construction politique du royaume au Moyen Âge n'avait pas détruit toutes les originalités ni toutes les forces d'éparpillement. Par la suite, les rois que l'on dit absolus furent bridés par des réticences, des refus, des révoltes, tout autant que par la difficulté de contrôler aisément un immense espace, avec des conditions de circulation des hommes et des informations propres à l'époque. Les ordres de Louis XIV étaient de fait moins aisément exécutés que ceux d'un de nos présidents contemporains.

Du XVIe au XVIIIe siècle, les princes, appuyés par leurs officiers, firent sans conteste de grands efforts pour parvenir à une unité politique, religieuse et linguistique. Replacée dans le long terme, leur action révèle une tension séculaire traditionnelle entre un idéal d'unité et les fortes capacités de résistance des particularismes de toute nature : il s'agit ici à proprement parler d'une contradiction constitutive de notre identité nationale. Héritée d'un lointain passé, elle a été léguée à toutes les générations jusqu'à aujourd'hui. Les périodes de fractures ouvertes la mettent évidemment mieux en évidence que les temps plus calmes. Mais les Jacobins de la Révolution affrontant les Girondins avaient de nombreux ancêtres ; ils eurent sans cesse des descendants. Centralisateurs et chantres des particularismes forment un couple indissociable, présent sur toutes les scènes de notre histoire. Il y a plus : ces deux grandes traditions culturelles paraissent avoir laissé des traces indélébiles en *chacun* d'entre nous. La culture française n'est assurément pas figée, ni parfaitement unifiée, comme en témoignent les résurgences périodiques des régionalismes ou les affrontements manichéens sur les tréteaux politiques. Étrange composé, éminemment volatile, de produits apparemment simples qui entretiennent entre eux des relations compliquées, elle masque sous les passions exacerbées son originalité fondamentale : elle est aussi bien capable d'attacher secrètement mais étroitement les plus indépendants aux subtiles alchimies de l'unité à tout prix que de porter aux hommes d'ordre le goût de la fascinante diversité. Le succès d'Astérix n'est-il pas lié pour le lecteur à l'archétype culturel français qu'il véhicule en réalisant un mouvant équilibre entre les contraires ?

Nombreux, spectaculaires, nos psychodrames collectifs offrent aux observateurs étrangers une impression de désordre latin et d'agitation gauloise.

Nos consultations électorales faites de luttes entre blocs radicalement opposés donnent à croire que nous cultivons au plus haut point le génie de la guerre civile. Les récentes polémiques à propos de l'interprétation de la Révolution prolongent les traditions d'affrontement exprimées lors de la séparation de l'Église et de l'État (1905), ou encore au sujet du régime de Vichy, pour se limiter à ces exemples. Germes destructeurs ? La pérennité de notre civilisation dément une telle hypothèse, d'ailleurs rarement évoquée par les analystes.

Et s'il s'agissait tout au contraire d'une voie culturelle spécifique produisant régulièrement des conflits symboliques générateurs ou régénérateurs d'une cohérence collective profondément ancrée dans les populations ?

Le cas de la langue permet de prendre la mesure de ce phénomène. On connaît l'attachement viscéral au français manifesté par nos compatriotes. Cette attitude étonne souvent un peu les autres Européens, portés à enregistrer l'importance nouvelle de l'anglais américanisé dans les échanges commerciaux et intellectuels. Cet attachement transcende généralement tous les clivages internes propres à l'Hexagone. Il procède cependant d'une dimension paradoxale : une majorité de Français ne parlaient pas ou ne maîtrisaient pas parfaitement la langue de Molière avant l'établissement de l'école publique obligatoire par les lois de Jules Ferry. La situation actuelle résulte d'une véritable croisade scolaire poursuivie pendant plusieurs générations par les « hussards noirs de la République ». Qui ne connaît d'ailleurs une anecdote à propos de ce puissant mouvement d'uniformisation ? Le célèbre cas de la Bretagne n'est qu'un exemple spectaculaire de l'extraordinaire unification linguistique menée contre tous les idiomes, aussi bien que contre tous les patois, fussent-ils relativement proches du français scolaire. Me permettra-t-on de signaler que mes maîtres du primaire n'appréciaient pas beaucoup l'usage de termes picards, que je puisais sans le savoir dans le trésor de ma véritable langue maternelle — simple variante des parlers d'oïl — lorsque je ne connaissais pas le mot français adéquat ? Il m'a pourtant été donné de constater à maintes reprises mon goût profond pour ce langage conquérant, porteur des valeurs républicaines, qui s'est partout imposé au XXᵉ siècle, sans toujours éliminer définitivement ses concurrents locaux.

Toute culture s'appuie sur une langue. Mais la culture ne se résume pas à une langue unifiée. Elle résulte en effet d'une initiation à une vision du monde, transmise à la fois par des mots, par une syntaxe et par de multiples codes collectifs, verbaux ou non. Au-delà de la parole, les gestes, les mimiques, ou encore les façons d'être ensemble, comme celles de s'opposer, les objets aussi, lorsqu'ils prennent vie à travers des usages, tant d'autres choses encore définissent une façon commune de dire et de regarder le monde : ce que l'on nomme culture, au sens large du terme. Pour distinguer cette approche de la pure histoire intellectuelle, il est possible d'employer les concepts de « mentalités » et de « comportements collectifs », pour peu qu'on les définisse sans ambiguïté. Les mentalités, en particulier, ne doivent pas cacher une définition intangible de la nature humaine. Loin de constituer une vague superstructure pesant sur l'ensemble des actions humaines, elles ne peuvent prendre sens que dans un cadre social précis. Il n'existe pas de « mentalité française », mais il est possible d'analyser des croyances collectives propres à des groupes donnés, dans un temps et un espace bien délimités, dont la somme d'évidences, ou au contraire de contradictions, permet d'approcher la civilisation française dans son évolution historique.

En d'autres termes, l'objectif est de comprendre comment une culture traite l'insertion du sujet vivant et pensant dans son environnement naturel ainsi que dans les groupes sociaux qui le contrôlent. Chaque communauté locale apparaît alors dans une sorte de niche socioculturelle, elle-même insérée dans des ensembles plus vastes, jusqu'au royaume, que l'on nommera plus tard nation, patrie ou hexagone. Il serait donc aussi réducteur de ne s'intéresser qu'à telle alvéole de cette ruche que de survoler de trop loin la totalité du paysage. L'étude de la culture n'est de ce fait ni la simple description des comportements de divers groupes de référence ni la seule histoire des idées. Elle est, de manière beaucoup plus complexe, l'analyse des interrelations entre les divers étages de la construction, c'est-à-dire des échanges, des novations, mais aussi des immobilismes ou des conflits.

Rabelais avait tort d'affirmer que la Renaissance était une pure création. Le subtil « père des Géants » ne prétendait d'ailleurs probablement faire table rase des ténèbres gothiques que pour renforcer littérairement son argumentation. Les Français de la fin du XXᵉ siècle, quant à eux, pensent plutôt qu'ils sont les produits de cycles d'évolution aussi divers que complexes. Les trois siècles de l'Ancien Régime prennent leur place dans une longue perspective en transmettant obscurément aux générations ultérieures deux ou trois choses d'importance sur une voie culturelle millénaire.

Mais comment l'historien peut-il approcher puis analyser les différentes formes de la culture ? Strates étagées ? Niveaux ? De tels mots suggèrent des hiérarchies. Loin de moi l'idée de nier leur importance, dans une société contemporaine organisée autour de cascades de dépendance, tempérées il est vrai par la fréquente référence théorique à l'égalité de notre devise républicaine. Il ne me paraîtrait pourtant pas heureux de centrer la description sur un tel schéma, car ce serait obscurcir certaines évolutions.

Mieux vaut partir de l'existence de deux pôles culturels distincts dans la France du début du XVIᵉ siècle, l'un étant propre aux privilégiés, l'autre aux masses populaires. Distincts mais non pas obligatoirement opposés terme à terme : les êtres qui gravitent autour de l'un ou de l'autre sont capables de mobilité, tel le paysan scolarisé devenant prêtre ou à l'inverse le noble transformé en chef de bande de brigands. Emprunts réciproques, influences, « bricolages culturels » — l'écrit servant de remède magique, par exemple —, contestations, voire expressions de contre-culture — la sorcellerie ? certains marginaux ? — compliquent encore la situation. Après tout, l'ensemble est aussi complexe que la vie elle-même !

À tout seigneur, tout honneur : la culture dominante paraît d'abord sur la scène. Produite puis consommée par une étroite minorité numérique, elle impose des normes liées à la naissance, à la richesse, à la puissance, ainsi qu'au dynamisme global des groupes sociaux concernés, si bien que nombre d'historiens en font l'expression même de ces époques, sous le nom de Renaissance, Baroque, Classicisme et Lumières.

Faute de place, un tableau chronologique résume et simplifie ces trois siècles d'évolution complexe. (Pour plus de précisions, voir François Lebrun, 1987.)

Loin de telles idées-phares, les mondes ruraux traditionnels, peuplés de plus de quatre Français sur cinq, vivent une culture que l'on nomme populaire : attitudes et croyances collectives, rapports humains ou pratiques sociales s'y déploient pour faire face à l'existence, pour vivre, voire souvent simplement pour survivre, pour apprendre à mourir aussi. Sans être figé ni immobile, ce pôle se transforme beaucoup plus lentement que le premier, en suivant des logiques différentes.

Aussi faut-il passer ensuite aux mouvements, aux messages, aux interactions. Ruptures et évolutions sont particulièrement liées à la constitution de deux nouveaux espaces culturels très dynamiques : la cour royale et la ville. La première se révèle être le creuset d'une nouvelle pratique du pouvoir royal : l'absolutisme. La seconde est le principal lieu de production de la civilisation du livre. Appuyées par l'État et par l'Église de la Contre-Réforme, ces transformations intellectuelles, culturelles ou mentales débouchent sur l'apprentissage par les élites sociales de comportements raffinés, dans le cadre de ce que Norbert Élias a nommé la « civilisation des mœurs » : celle qui produit l'« honnête homme » du XVIIᵉ siècle, puis l'« homme éclairé » du XVIIIᵉ siècle. Une partie croissante de la société est lentement concernée par ces mutations complexes. Mais celles-ci déclenchent également des frustrations en accentuant les fractures sociales ainsi que les tensions psychologiques entre les masses et les privilégiés : une sorte de « prérévolution culturelle » prépare au cours du XVIIIᵉ siècle la chute de l'Ancien Régime.

2   De la Renaissance aux Lumières : tableau chronologique

DATES	POLITIQUE	RELATIONS INTERNATIONALES
1490	1492 : Mort de Laurent de Médicis	
		1494 : Expédition de Charles VIII en Italie
	1498 : Mort de Charles VIII ; Louis XII	
		1499 : Expédition de Louis XII en Italie
1500		1508 : Traité de Cambrai
	1509 : Mort d'Henri VII ; Henri VIII d'Angleterre	
1510		1511 : Jules II forme une Sainte Ligue contre Louis XII
		1512-1516 : Concile du Latran
	1515 : Mort de Louis XII ; François Ier	1515 : Bataille de Marignan
	1519 : Charles Quint, empereur	
1520		1520 : Camp et traité du Drap d'Or
		1525 : Bataille de Pavie, François Ier prisonnier
		1527 : Prise et sac de Rome
1530	1530 : Diète d'Augsbourg	
	1532 : Acte d'union de la Bretagne à la France	
	1534 : Affaire des Placards	
	1539 : Ordonnance de Villers-Cotterêts	
1540		
		1542 : Reprise de la guerre entre François Ier et Charles Quint

FRANCE : CIVILISATION	EUROPE : CIVILISATION
V. 1494-1553 : François Rabelais	1494 : Fondation de l'imprimerie d'Alde Manuce à Venise 1497 : Léonard de Vinci : *La Cène*
	1500 : Érasme : *Les Adages* 1508-1512 : Michel-Ange : plafond de la Sixtine
V. 1509-1590 : Ambroise Paré	1509-1512 : Raphaël : les chambres du Vatican
1510-1590 : Bernard Palissy 1510-1572 : François Clouet	1513 : Dürer : *Le Chevalier et la Mort*
	1516 : Machiavel : *Le Prince* 1517 : Thèses de Luther contre les indulgences
1522-1560 : Joachim du Bellay	1521 : Excommunication de Luther
1524-1585 : Pierre de Ronsard 1524 : Début de la construction du château de Chambord 1529 : Collège de France 1532 : Rabelais : *Pantagruel* et 1534 : *Gargantua* 1533-1592 : Michel de Montaigne	V. 1525-1569 : Bruegel le Vieux 1530 : Confession d'Augsbourg 1536 : Calvin : 1re éd. de l'*Institutio* 1539 : Mercator dresse la carte du monde 1540 : Approbation de la Compagnie de Jésus par le pape 1542 : Création de l'Inquisition romaine 1543 : Copernic : *De revolutionibus orbium cœlestium*. Vesale : *Traité d'Anatomie*

DATES	POLITIQUE	RELATIONS INTERNATIONALES
	1544 : François Ier affranchit les serfs du domaine royal	1544 : Paix de Crépy
	1547 : Mort d'Henri VIII ; Édouard VI d'Angleterre Mort de François Ier ; Henri II	
		1548 : Expédition française en Écosse. Nouvelle guerre franco-anglaise
	1549 : Mort de Marguerite de Navarre	1549 : Charles Quint sépare les Pays-Bas de l'Empire
1550		1550 : Traité de paix franco-anglais : Boulogne rendue à la France
		1551 : Henri II reprend la guerre contre le pape
		1552 : Expédition d'Henri II en Lorraine
	1553 : Marie Tudor épouse Philippe d'Espagne	1553 : Conquête de la Corse par les Français
	1556 : Abdication de Charles Quint	1557 : Bataille de Saint-Quentin
	1558 : Élisabeth Ire d'Angleterre	
1560	1559 : Mort d'Henri II ; François II	1559 : Paix du Cateau-Cambrésis
	1560 : Mort de François II ; Charles IX	
	1563 : Assassinat de François de Guise	
1570		1571 : Bataille de Lépante
	1572 : Massacre de la Saint-Barthélemy	
	1574 : Mort de Charles IX ; Henri III	
1580		
	1588 : Journée des Barricades. États de Blois	1588 : L'« Invincible Armada » battue
	1589 : Mort de Catherine de Médicis Assassinat d'Henri III ; Henri IV	

FRANCE : CIVILISATION	EUROPE : CIVILISATION
	1545 : Première session du concile de Trente
1546 : Rabelais : *Le Tiers Livre* 1547 : Marguerite de Navarre : *Les Marguerites de la Marguerite*	
	1546 : Mort de Luther
1549 : Du Bellay : *Défense et Illustration de la langue française*	1547-1616 : Cervantès
1550 : Goujon : *Cariatides du Louvre*	
1552/53 : Ronsard : *Livre des Amours*	
1555 : Louise Labbé : *Sonnets* 1555-1628 : Malherbe 1558 : Du Bellay : *Regrets*	
	1562-1635 : Lope de Vega 1563 : Construction de l'Escurial 1564-1642 : Galilée 1564-1616 : Shakespeare 1567-1643 : Monteverdi V. 1573-1610 : Caravage 1571-1630 : Képler
1573-1613 : Mathurin Régnier	
1574 : Ronsard : *Sonnets pour Hélène*	1577-1640 : Rubens
1580 : Montaigne : *Essais* (1re éd.) 1585-1650 : Vaugelas	1580 : Le Tasse : *Jérusalem délivrée*
	1584 : Le Greco : *Enterrement du comte d'Orgaz*

DATES	POLITIQUE	RELATIONS INTERNATIONALES
1590	1592 : Siège de Paris par Henri IV	
	1594 : Entrée d'Henri IV à Paris Le Parlement bannit les Jésuites	
	1598 : Sully, surintendant des Finances Édit de Nantes Boris Godounov, tsar	
1600	1600 : Mariage d'Henri IV et de Marie de Médicis	
	1603 : Henri IV réintroduit les Jésuites en France	
	1607 : Réunion de la Navarre à la France	
		1608 : Champlain fonde Québec
1610	Mort d'Henri IV ; Louis XIII Marie de Médicis, régente	
		1612 : Paix entre la France et l'Espagne et fiançailles de Louis XIII avec Anne d'Autriche
	1614 : Révolte de Condé	
	1617 : Assassinat de Concini	
		1618 : Début de la guerre de Trente ans
1620		
	1624 : Richelieu rentre au Conseil	
	1627-1628 : Siège de la Rochelle	
1630	1629 : Édit de grâce d'Alais	

FRANCE : CIVILISATION	EUROPE : CIVILISATION
1592-1635 : Jacques Callot 1592-1655 : Pierre Gassendi 1594-1665 : Nicolas Poussin 1596-1650 : René Descartes	1593-1678 : Jordaens
1598-1666 : François Mansart	1596-1613 : Œuvre théâtrale de Shakespeare 1599-1641 : Van Dyck 1599-1660 : Vélasquez
1600 : Réforme de l'Université de Paris 1600-1682 : Claude Gellée dit le Lorrain 1602 : Fondation des Gobelins	1600-1681 : Calderon 1605 : Cervantès : *Don Quichotte* (première partie)
1606-1684 : Pierre Corneille	1607 : Monteverdi : *Orfeo* 1606-1669 : Rembrandt 1608-1674 : Milton 1610 : Galilée invente le télescope
1612-1670 : Le Vau 1613-1688 : Claude Perrault 1613-1680 : La Rochefoucauld 1613-1700 : Le Nôtre	
1616 : Agrippa d'Aubigné : *Les Tragiques*	1615 : William Harvey découvre la circulation du sang 1618-1682 : Murillo
1619-1655 : Cyrano de Bergerac 1619-1690 : Le Brun 1621-1695 : Jean de la Fontaine 1622-1673 : J.-B. Poquelin (Molière) 1623-1662 : Pascal	1623-24 : Le Bernin : le *baldaquin* de Saint-Pierre de Rome
1626-1696 : Marquise de Sévigné 1627-1704 : Bossuet 1628-1703 : Charles Perrault	1629-1682 : Ruysdael 1632-1675 : Vermeer de Delft
1631 : Théophraste Renaudot fonde la *Gazette*	1632-1677 : Spinoza 1632-1704 : Locke 1632 : Galilée : *Dialogue*

DATES	POLITIQUE	RELATIONS INTERNATIONALES
		1635 : La France déclare la guerre à l'Espagne
	1639-1641 : Révolte des « Nu-pieds » en Normandie	
1640	1640 : Refonte générale des monnaies en France	
	1642 : Complot et exécution de Cinq-Mars Mort de Richelieu	1642 : Fondation de Montréal
	1643 : Mort de Louis XIII ; Louis XIV Régence d'Anne d'Autriche	1643 : Bataille de Rocroi
1650	1648-1653 : La Fronde en France 1649 : Siège de Paris par le roi 1651 : Exil de Mazarin 1652 : Les troupes royales reprennent Paris 1653 : Fouquet, surintendant des Finances	1648 : Traités de Westphalie
		1655 : Traité de commerce franco-anglais 1658 : Bataille des Dunes ; les Anglais prennent Dunkerque 1659 : Traité des Pyrénées
1660	1660 : Mariage de Louis XIV et de Marie-Thérèse	

18

FRANCE : CIVILISATION	EUROPE : CIVILISATION
	Rembrandt : *La Leçon d'ana-tomie*
1633-1687 : Lulli	1633 : L'Inquisition force Galilée à abjurer ses « erreurs et hérésies »
1635 : Fondation de l'Académie française	
1636 : Corneille : *Le Cid*	
1636-1711 : Boileau	
1637 : Descartes : *Discours de la Méthode*	
1638-1715 : Malebranche	
1638 : Saint Vincent de Paul fonde l'œuvre des Enfants Trouvés	
1639-1699 : Racine	
1640 : Fondation de l'Imprimerie royale à Paris	
Corneille : *Horace*	
1640-1720 : Coysevox	
1642-1732 : Boulle	1642 : Rembrandt : *La Ronde de nuit*
	1642-1727 : Newton
	1644 : Torricelli invente le baromètre
1645 : Construction du Val-de-Grâce	
1645-1696 : La Bruyère	
1646-1708 : Jules Hardouin-Mansart	1646-1716 : Leibniz
1647-1714 : Denis Papin	
1651-1715 : Fénelon	
1654-1705 : Bernoulli	1653-1713 : Corelli
1656 : Pascal : *Les Provinciales*	
1657-1717 : Fontenelle	
1658 : Création de l'Académie des Sciences	
1659 : Molière : *Les Précieuses ridicules*	
	1660-1725 : Scarlatti
1661-1670 : Travaux de Le Vau à Versailles	1660-1731 : Daniel de Foe

DATES	POLITIQUE	RELATIONS INTERNATIONALES
	1661 : Mort de Mazarin ; début du règne personnel de Louis XIV ; famine en France	
		1662 : Traité de Montmartre : La Lorraine cédée à la France
	1665 : Colbert, contrôleur général des Finances	
		1666 : Incendie de Londres
		1667 : Louis XIV conquiert les Pays-Bas
	1668 : Louvois, secrétaire d'État à la guerre	1668 : Conquête de la Franche-Comté Traité d'Aix-la-Chapelle
1670		
	1672 : Louis XIV s'installe à Versailles	1672 : Guerre de Hollande
		1674 : Le Diète germanique déclare la guerre à Louis XIV
		1675 : Mort de Turenne
		1678 : Traités de Nimègue
	1679 : Vauban commence son système de fortification	
1680	1680 : Les Dragonnades	
	1683 : Mort de Colbert Mariage de Louis XIV et de Mme de Maintenon	1683 : Déclaration de guerre à l'Espagne Louis XIV envahit la Belgique
		1683 : Siège de Vienne par les Turcs
	1685 : Édit de Fontainebleau : révocation de l'édit de Nantes	1684 : Trêve de Ratisbonne

FRANCE : CIVILISATION	EUROPE : CIVILISATION
1662 : Molière : *L'École des femmes* 1664 : Molière : *Tartuffe* 1665 : Molière : *Dom Juan* 1665 : La Rochefoucauld : *Maximes* 1666 : Molière : *Le Misanthrope* 1666 : Fondation de l'Académie des Sciences de Paris 1666-1670 : Claude Perrault : Colonnade du Louvre 1667 : Racine : *Andromaque* 1668 : Molière : *L'Avare* La Fontaine : *Fables* 1668-1733 : Couperin le Grand 1669 : Racine : *Britannicus* 1670 : Pascal : *Pensées* Bossuet : *Oraison funèbre* d'Henriette d'Angleterre Molière : *Le Bourgeois gentilhomme* 1672 : Molière : *Les Femmes savantes* 1673 : Molièrc : *Le Malade imaginaire* 1674 : Racine : *Iphigénie* Boileau : *Art poétique* 1677 : Racine : *Phèdre* 1678-1689 : Travaux d'Hardouin-Mansart à Versailles 1678 : Madame de La Fayette : *La Princesse de Clèves* 1680 : Fondation de la Comédie-Française 1683-1757 : Réaumur 1683-1764 : J.-Ph. Rameau 1684-1721 : Watteau	1666 : Newton réalise la décomposition de la lumière 1667 : Milton : *Le Paradis perdu* 1675 : Leibniz invente le calcul infinitésimal 1677 : Spinoza : *Éthique* 1678-1741 : Vivaldi 1682 : Newton découvre la loi de la gravitation universelle

DATES	POLITIQUE	RELATIONS INTERNATIONALES
		1688 : Louis XIV déclare la guerre aux Pays-Bas 1689-1697 : Guerre de la Ligue d'Augsbourg 1690 : Bataille de Fleurus
1690	1693-1694 : Famine en France	1692 : Batailles de la Hougue et de Steinkerque 1694 : Jean Bart bat les Hollandais
		1697 : Traités de Ryswick
1700	1701 : Frédéric Ier, roi de Prusse 1702-1704 : Révolte des Camisards 1707 : Vauban : *La Dîme Royale* 1709 : Famine en France. Le grand hiver	1702-1714 : Guerre de Succession d'Espagne 1703 : Bataille de Höchstädt 1706 : Bataille de Ramillies 1709 : Bataille de Malplaquet
1710	1710 : Destruction de Port-Royal-des-Champs	1713 : Traités d'Utrecht

FRANCE : CIVILISATION	EUROPE : CIVILISATION
	1685-1750 : J.-S. Bach
	1685-1759 : Haendel
1686 : Fontenelle : *Entretiens sur la pluralité des mondes*	
1687 : Denis Papin construit la première machine à vapeur	
1688 : La Bruyère : *Caractères*	
1688-1763 : Marivaux	
1689-1755 : Montesquieu	
1690-1743 : Lancret	1690 : Locke : *Essai sur l'entendement humain. Essai sur le gouvernement civil*
1691 : Racine : *Athalie*	1691 : Purcell : *King Arthur*
1694 : Dictionnaire de l'Académie française	
1694-1778 : Voltaire	
	1696-1770 : Tiepolo
1697 : Ch. Perrault : *Contes de ma mère l'Oye*	1697-1768 : Canaletto
1699-1779 : Chardin	
1703-1770 : Boucher	
1704-1788 : Quentin de La Tour	1704 : Newton : *Traité d'optique*
1707 : Denis Papin construit un bateau à vapeur	1707-1793 : Goldoni
1707-1778 : Linné	
1707-1788 : Buffon	
1708 : Regnard : *Le Légataire universel*	
	1710-1736 : Pergolèse
	1711-1778 : David Hume
1712 : Watteau : *L'embarquement pour Cythère*	
1712-1778 : J.-J. Rousseau	
1713-1784 : Diderot	
1714-1781 : Soufflot	
1714-1789 : Joseph Vernet	
1715 : Lesage : *Gil Blas*	

DATES	POLITIQUE	RELATIONS INTERNATIONALES
	1715 : Mort de Louis XIV ; Louis XV Régence de Philippe d'Orléans 1716 : Law fonde la « Banque géné- rale »	1714 : Traité de Rastadt 1716 : Traité franco-anglais de La Haye 1719 : Guerre franco-espagnole
1720	1720 : Faillite de la Compagnie d'Occident et du système de Law. Peste de Marseille 1725 : Mort de Pierre le Grand 1726-1743 : Le cardinal de Fleury Premier ministre	
1730		
		1733 : Campagne de Villars en Italie 1734 : L'empereur déclare la guerre à la France 1738 : Traité de Vienne
1740		
		1744 : La France déclare la guerre à l'Angleterre et à l'Autriche 1745 : Bataille de Fontenoy

FRANCE : CIVILISATION	EUROPE : CIVILISATION
1715-1747 : Vauvenargues	1714-1787 : Glück
1717-1783 : d'Alembert	1719 : Daniel de Foe : *Robinson Crusoé*
1721 : Montesquieu : *Lettres Persanes* Watteau : *L'Enseigne de Gersaint*	1722 : Bach : *Clavecin bien tempéré* 1723-1790 : Adam Smith 1724 : Bach : *Passion selon saint Jean* 1724-1804 : Kant
1725-1805 : Greuze 1727-1781 : Turgot	1726 : Swift : *Les voyages de Gulliver*
1730 : Marivaux : *Le Jeu de l'amour et du hasard* 1731 : Abbé Prévost : *Manon Lescaut* 1732-1799 : Beaumarchais 1732-1806 : Fragonard 1732-1807 : Joseph de Lalande 1734 : Voltaire : *Lettres anglaises*	1732-1809 : Haydn 1733 : Invention de la navette volante par Kay
1735 : Rameau : *Les Indes galantes* Marivaux : *Le Paysan parvenu* 1737 : Marivaux : *Les Fausses confidences* 1738 : Bernoulli fonde l'hydrodynamique Voltaire : *Discours sur l'homme* 1740 : Chardin : *Le Bénédicité* Boucher : *Le Triomphe de Vénus* 1740-1745 : Coustou : *Les Chevaux de Marly* 1741-1803 : Choderlos de Laclos 1741-1828 : Houdon 1742 : Gabriel, premier architecte du roi 1743-1794 : Lavoisier, Condorcet	1739 : Hume : *Traité sur la nature humaine*
1746 : Diderot : *Pensées philosophiques*	1746-1828 : Goya

DATES	POLITIQUE	RELATIONS INTERNATIONALES
		1748 : Traité d'Aix-la-Chapelle
1750		
		1755 : Tremblement de terre de Lisbonne
		1755 : Reprise de la guerre franco-anglaise
		1757 : Batailles de Rossbach et de Leuthen
	1758-1770 : Ministère de Choiseul	
1760		
	1762 : Catherine II, tsarine	
	1762 : Procès et exécution de Calas	
		1763 : Traité de Paris
		1766 : La Lorraine devient française
	1767 : Les Jésuites expulsés d'Espagne et de France	1768 : Achat de la Corse par la France
	1769 : Naissance de Napoléon Bonaparte	
1770		
	1771 : Exil du Parlement de Paris Réforme judiciaire de Maupeou	

FRANCE : CIVILISATION	EUROPE : CIVILISATION
	1747 : Franklin : découverte du principe du paratonnerre
1747 : Voltaire : *Zadig*	
1748 : Montesquieu : *L'Esprit des Lois*	1748 : Découverte des ruines de Pompéi
1748-1822 : Berthollet	1749-1832 : Gœthe
1748-1825 : Louis David	
1751 : Premiers volumes de l'*Encyclopédie*	
Voltaire : *Le Siècle de Louis XIV*	
1752 : Construction de l'École militaire par Gabriel	
1754 : Rousseau : *Discours sur l'origine de l'inégalité*	
1755 : Greuze : *Le Père de famille*	
1757-1821 : Corvisart	1756-1791 : W. A. Mozart
1757-1820 : Volney	
1758-1823 : Prud'hon	
1759 : Voltaire : *Candide*	1759 : Fondation du British Museum
	1759-1805 : Schiller
1760 : Rousseau : *La Nouvelle Héloïse*	1760-1842 : Cherubini
1762 : Rousseau : *Le Contrat social, l'Émile*	
1762 : Gabriel : Le Petit Trianon	
1762-1794 : André Chénier	
1764 : Voltaire : *Dictionnaire philosophique*	
1764-1790 : Soufflot construit Sainte-Geneviève, aujourd'hui le Panthéon	
1766-1817 : Madame de Staël	
1766-1824 : Maine de Biran	
1768-1848 : Chateaubriand	
1769-1832 : Cuvier	1769 : Mise au point de la machine à vapeur par Watt. Invention du « water-frame » par Arkwright
1770-1837 : Gérard	1770-1831 : Hegel
	1770-1827 : Beethoven
	1770-1843 : Hölderlin
1771 : Monge invente la géométrie analytique	1771-1832 : Walter Scott

DATES	POLITIQUE	RELATIONS INTERNATIONALES
1780	1774 : Mort de Louis XV ; Louis XVI Turgot contrôleur général des Finances 1776 : Disgrâce de Turgot 1777 : Necker, directeur général des finances 1785 : Affaire du Collier de La Reine	1783 : Traité de Versailles 1785-1788 : Expédition de La Pérouse 1786 : Traité de commerce franco-anglais 1787 : Constitution des États-Unis d'Amérique
	1788 : « Journée des tuiles » à Grenoble 1789 : Réunion des États Généraux	1788 : Entrée en vigueur de la constitution américaine

FRANCE : CIVILISATION	EUROPE : CIVILISATION
Lavoisier analyse la composition de l'air 1771-1835 : Le baron Gros 1772-1837 : Fourier 1775 : Beaumarchais : *Le Barbier de Séville*	1774 : Gœthe : *Werther*
1775-1836 : Ampère	1775-1851 : Turner 1775-1854 : Schelling
1776 : Construction des premiers rails en fer 1778-1850 : Gay-Lussac 1780-1867 : Ingres 1781 : Rousseau : *Confessions* 1781-1826 : Laennec	1776-1837 : Constable 1777-1811 : von Kleist 1781 : Herschel découvre la planète Uranus Mozart : *L'Enlèvement au sérail*
1783 : Lavoisier réalise l'analyse de l'eau. Première ascension en ballon par Pilâtre de Rozier	1785 : Invention du métier mécanique par Cartwright 1786 : Mozart : *Les Noces de Figaro*
1783 : Beaumarchais : *Le Mariage de Figaro* 1783-1842 : Stendhal 1784-1855 : Rude	Les frères Grimm : Jacob (1785-1863) et Wilhelm (1786-1859)
1785 : Lamarck : *Dictionnaire de botanique* David : *Serment des Horaces* 1786 : Première ascension du Mont-Blanc 1786-1853 : Arago 1787 : B. de Saint-Pierre : *Paul et Virginie* 1788-1827 : Fresnel	1787 : Schiller : *Don Carlos* 1787 : Mozart : *Don Giovanni* 1788 : Fondation du *Times* 1788-1824 : Lord Byron 1788-1860 : Schopenhauer

3 *Famille et culture au village*

● *Plus de quatre Français sur cinq vivent au village sous l'Ancien Régime.*
Massivement paysanne, la culture populaire est aussi très profondément
enracinée au cœur de chaque terroir. Et malgré des différences locales ou
régionales, notamment celles qui sont dues aux façons de parler, elle porte
les traits généraux caractéristiques des civilisations agraires européennes,
dans leur variante française. L'historien doit tenter de restituer cette cohérence générale, faute de pouvoir présenter en détail les originalités de
chacun de ces milliers de petits mondes.

Les campagnes traditionnelles sont alors depuis des siècles le théâtre
d'efforts acharnés pour assurer la survie, dans un environnement dominé
à grand-peine par les hommes. La culture est de ce fait essentiellement
constituée d'attitudes et de croyances collectives visant à réaliser la pérennité d'une société assiégée par de multiples dangers. Techniques et mentalités sont les expressions, dans les conditions de l'époque, d'une lutte constante des forces de la vie contre celles de la mort.

Venir au monde est difficile. Y rester l'est plus encore : la famille constitue le premier cadre indispensable de cette culture paysanne fortement
marquée par la faim, les peurs et la violence. De nombreux autres liens de
solidarité, resserrés à de multiples occasions de sociabilité, apportent aux
défis qui se posent des réponses en forme de rituels sociaux. Grâce à ces
derniers, les villageois trouvent le dynamisme, l'énergie et les recettes
nécessaires pour tenter de vivre le mieux possible. Le calendrier de la vie
quotidienne ainsi que la religion populaire produisent un sens de permanence que certains historiens qualifient d'immobilisme. Mais le monde
villageois n'est nullement figé, comme en témoignent les révoltes populaires, les bûchers de sorcellerie ou le succès rapide de l'alcool et du tabac.
Tout au plus cherche-t-il à conserver sa cohésion interne en digérant d'inévi-
tables changements venus de l'univers extérieur.

Du berceau à la tombe, l'être humain est un produit, en même temps
qu'un agent de la culture. Les historiens français insistent depuis plus de
trente ans avec juste raison sur ces thèmes passionnants, qui mériteraient
assurément de plus longs développements que la rapide esquisse suivante
(excellente synthèse par François Lebrun, 1975).

VENIR AU MONDE

Les curés d'Ancien Régime devaient tenir un compte exact des trois principaux sacrements qu'ils administraient : baptême, mariage et extrême-onction. Les registres paroissiaux en question constituent les sources de la
démographie historique, telle que l'ont pratiquée Louis Henry et Pierre

30

Goubert. Le premier a mis au point en 1956 la méthode dite de reconstitution des familles : expérimentée à propos du village de Crulai en 1958, celle-ci consiste à relever tous les actes en question pour une paroisse, puis à regrouper sur une fiche de famille les renseignements relatifs à chaque union matrimoniale. La chose ne devient réellement intéressante que pour la période postérieure à 1670, lorsque le pouvoir royal se préoccupe de plus en plus du nombre de ses sujets, tout en légiférant pour imposer une tenue systématique des registres paroissiaux.

Les lois de la démographie

Pierre Goubert a magistralement défini les caractéristiques essentielles du système démographique français, dans sa thèse sur le Beauvaisis de 1600 à 1730, parue en 1960. L'école de démographie historique a depuis cette époque affiné ses méthodes et multiplié les recherches, dont une synthèse de haut niveau est fournie dans l'*Histoire de la population française*, sous la direction de Jacques Dupâquier.

Le modèle démographique français se caractérise par une lente progression dans le long terme, et non pas par une « histoire immobile », comme l'ont prétendu certains auteurs. Si l'on prend comme référence les frontières actuelles de la France, on estime que la population est de 15 à 18 millions d'habitants vers 1500, de 18 à 20 millions vers 1600, pour atteindre 21,5 millions vers 1690-1700, 24,6 millions en 1740, 27,5 millions en 1780 et un peu plus de 28 millions en 1790 (claire synthèse par Benoît Garnot, 1988). On note l'accélération du XVIIIᵉ siècle, marquée en particulier par un gain de 100 000 habitants par an entre 1750 et 1780. Paradoxalement, cette croissance correspond à un affaiblissement démographique de la France en Europe, car d'autres pays réalisent des progrès beaucoup plus spectaculaires. Alors qu'un Européen sur quatre était sujet de Louis XIV, on n'en compte plus qu'un sur cinq au moment de la Révolution. Le pays demeure néanmoins un géant démographique pendant tout l'Ancien Régime. Et s'ils diminuent un peu en pourcentage au XVIIIᵉ siècle, les paysans n'ont jamais été aussi nombreux en chiffres absolus qu'à la veille de 1789 : clin d'œil du destin, puisque le monde nouveau dont nous avons hérité a surtout été bâti par la minorité citadine, alors que la France a pu résister à toute l'Europe coalisée en puisant abondamment dans son extraordinaire réservoir rural.

• *La démographie n'est pourtant pas uniquement une tendance.* Pour les êtres de chair et de sang qui en subissent les lois, elle est aussi constituée de brusques oscillations que l'on nomme « crises démographiques », depuis les travaux de Jean Meuvret et de Pierre Goubert. Représentées sur les graphiques par des successions de pics et de vallées — les fameuses « dents de scie » —, ces crises se manifestent par la multiplication par quatre ou cinq du nombre normal des décès, ainsi que par une forte baisse des conceptions et par un effondrement du total des mariages. La fin du phénomène s'affirme lorsque les sépultures reviennent à des taux habituels, tandis que les mariages et les conceptions atteignent des sommets beaucoup plus marqués qu'en temps normal. On se précipite vers les noces, vers les œuvres de chair, comme pour compenser l'effroyable mortalité qui a pu atteindre ou dépasser un quart de la population du village dans un laps de temps généralement compris entre six mois et deux ans. Chacun sait d'ailleurs bien qu'il reverra les mêmes scènes tous les dix ou quinze ans en moyenne, parfois beaucoup plus souvent, surtout au XVIIe siècle.

L'existence de ces crises démographiques cycliques, destinées à s'atténuer au XVIIIe siècle, est l'une des principales caractéristiques du système démographique d'Ancien Régime. Les spécialistes discutent d'abondance sur leurs causes : la hausse des prix et la famine qui en résulte ; les épidémies ; la conjonction des deux comme à Beauvais ou à Amiens en 1630. D'autres auteurs signalent à juste titre que nos connaissances sont encore fragmentaires, car la France est alors faite de diversités, voire de spectaculaires différences. Aucun ne nie la redoutable importance du phénomène dans la formation d'une psychologie collective de la mort, et donc de la vie, très éloignée de nos conceptions de la fin du XXe siècle.

La mort est en effet au centre des préoccupations de la vie, comme l'atteste le cimetière construit au milieu du village. Cependant, au lieu de se désespérer face à sa douloureuse réalité, les êtres humains composent avec elle pour l'apprivoiser, autant que faire se peut. Leurs attitudes envers l'enfant ne doivent donc par être jugées à l'aune d'une sensibilité anachronique, mais par rapport à la chaîne de phénomènes du temps qui déterminent ce que nous aurions tort d'appeler de l'indifférence parentale : une ruse collective pour supporter la mort fréquente des tout-petits.

La natalité est alors très élevée : autour de 40 ‰ en moyenne, soit deux fois et demie plus que de nos jours. La mortalité est cependant trois fois plus importante qu'aujourd'hui, car elle se situe autour de 30-38 ‰. Ces chiffres disent le tragique de l'existence et expliquent la lente progression de la population. Car il faut deux enfants pour produire un adulte, selon la formule de Pierre Goubert. Un bébé sur quatre, environ, meurt dans les heures, les jours, les semaines, qui suivent sa naissance : le taux de mortalité infantile, calculé avant l'âge d'un an, est de 280 ‰ en moyenne de 1740 à 1789, avec de très fortes variations régionales (ce taux est actuellement de 11 ‰ !). Un autre quart des enfants n'atteint pas vingt ans, beaucoup étant fauchés avant cinq ans par les maladies infantiles ou plus tard par divers accidents. Les survivants ont à vingt ans une espérance de vie d'une vingtaine d'années de plus. Nombreux sont ceux qui pensent que le cycle de la destinée humaine est comparable à celui de l'existence du Christ, mort à trente-trois ans.

Rites de passage de la naissance

Venir au monde n'est pas aisé. Y rester dépend beaucoup de la chance et de pratiques culturelles qui tentent de compenser l'impuissance des médecins en ce domaine. Il est en effet possible que les croyances ou les pratiques courantes n'aient eu aucune efficacité pratique, du moins si nous en jugeons d'après nos certitudes techniques et rationalistes. Elles n'en étaient pas moins indispensables pour expliquer et exprimer l'inacceptable, pour donner aux vivants l'impression de pouvoir agir sur leur destin, avec ou sans l'aide de Dieu.

Tel est le sens des cérémonies et des rites de passage liés au phénomène mystérieux entre tous, parce qu'éminemment dangereux, de la naissance : il s'agit pour le moins de ne pas subir passivement le jeu des événements. La grossesse est en tous points une aventure inquiétante, qu'il faut entourer de garanties, afin de la contrôler autant qu'il est possible. Dès le départ, les traditions régionales fournissent d'innombrables recettes pour peser sur le choix du sexe du nouveau-né. Les femmes se passent de bouche à oreille ces conseils sur les moments précis, les positions à adopter ou les méthodes utilisables pour obtenir assurément un garçon, en général, lors de la conjonction des deux semences, masculine et féminine, par laquelle la médecine officielle d'origine antique explique la génération. La fille est en effet rarement souhaitée ou même bien accueillie dans le monde paysan, car son arrivée signifie souvent à terme fractionnement du patrimoine et toujours nécessité de surveiller sa vertu pour garder intact l'honneur de toute la famille.

Les mécanismes internes du corps humain, en particulier le mystère biologique constitué par les règles des femmes ou bien encore le développement de l'embryon dans le giron maternel, ne sont connus qu'empiriquement et très imparfaitement par les gens du peuple. Les causes de la stérilité sont obscures : on les impute aisément à des faits surnaturels, aussi n'est-il pas rare de voir des femmes en peine venir frotter leur nombril nu contre la statue d'un saint réputé rendre fécondes celles qui le prient avec ferveur. Nul sens de l'impossible ne s'attache à ce phénomène ou à celui de la gestation, si bien que les opinions les plus étranges à nos yeux peuvent circuler à ces sujets : vers la fin du XVIe siècle, Marnix de Sainte-Aldegonde, un protestant, juge ainsi sévèrement (pour d'évidentes raisons religieuses) « celles qui sont devenues joyeuses mères de beaux enfants pour avoir ceint la ceinture de Notre-Dame, ou baisé les braies [pantalons] de saint François ; ou bien pour s'être étendues sur l'image de saint Greluchon, pour avoir levé le devantier [vêtement de devant] à saint Arnault, ou pour s'être vouées à saint Faustin en Périgord, que les femmes du pays appellent saint Chose, ou finalement pour avoir tiré les cordes du clocher de l'église Notre-Dame de Liesse à belles dents ». On pouvait aussi invoquer sainte Anne, boire de l'eau dans le crâne de saint Guignolet, ceindre la ceinture de sainte Foy ou encore, comme le fit en son temps l'épouse du roi saint Louis, s'en remettre à saint Thibault pour obtenir une postérité. Toutes les classes sociales partagent en effet une telle vision du monde. Les médecins eux-mêmes croient aux monstres, les savants ne s'étonnent qu'à peine d'entendre parler de gestations éléphantesques, voire d'enfants capables de parler en sortant du ventre de leur mère.

Comment pourrait-il en être autrement ? Le merveilleux n'est ici qu'une forme de la terreur sacrée saisissant les hommes devant les mystères en cours dans le corps de la femme. Celle-ci ne porte-t-elle pas l'empreinte du divin, pour produire un nouvel être à l'image de Dieu ? Et à ce moment terrible, des dangers immédiats pèsent sur elle, sur le nouveau-né, ainsi que sur tous ceux qui approchent de cette porte ouverte à la fois sur la vie et sur la mort. Gestes ou tabous ont alors pour but de faciliter la délivrance de l'accouchée en même temps que celle de tous les acteurs de ce drame primordial.

L'exclusion totale des hommes, tenace habitude que l'époque contemporaine ne fera pas toujours entièrement disparaître, est une pratique culturelle générale. L'accouchement est affaire de femmes, car il s'agit d'abord d'une cérémonie destinée à exorciser la peur autant que la douleur, tout en assurant le mieux possible la survie de la mère et de l'enfant. La mode inaugurée par Louis XIV en 1663, lorsqu'il appelle un accoucheur masculin auprès de sa maîtresse, Mademoiselle de La Vallière, n'aura guère de suites à la campagne. Les sages-femmes réellement mieux formées et plus compétentes du XVIIIᵉ siècle ont d'ailleurs fort à faire pour s'imposer aux matrones ou aux vieilles peu qualifiées, dont le rôle est moins technique que sociologique et psychologique. Qu'elles causent des hécatombes de mères et de bébés par leur ignorance n'est pas douteux. Mais l'opinion publique locale se moque bien de voir leurs mains sales, leurs ongles souillés porter la mort au corps de la parturiente : nul n'a conscience du danger d'infection, en une ère prépastorienne. Chacun craint plutôt que les traditions ne soient pas respectées, que les recettes habituelles ne soient pas appliquées, ce qui compromettrait indéniablement les chances de survie de la mère et de l'enfant.

La cérémonie tout entière relève en effet de la magie. D'une magie de passage à l'humain, en provenance d'un lieu inconnu qui ne peut être que surnaturel. D'une magie d'insertion sociale, par la répétition des actes et des paroles léguées de génération à génération. Lorsque les choses se passent bien, les femmes présentes « soignent » l'accouchée et le nouveau-né. Le cordon ombilical est coupé, puis on le met en contact avec la tête de l'enfant pour lui assurer une longue vie. Il arrive que le crâne du bébé soit remodelé par les doigts d'une femme présente, tandis que son corps est lavé dans des décoctions diverses.

Les pratiques en question relèvent clairement de la notion de rite de passage : l'instant est précisément celui d'un important changement d'état pour les principaux intéressés, avec de très gros risques de mort pour eux. Qu'y faire, puisque la médecine est pratiquement impuissante si l'enfant se présente mal ? D'autant que l'Église interdit la césarienne sur une femme vivante, en préconisant de sauver la vie spirituelle de l'enfant par le baptême plutôt que la vie temporelle de la mère, comme le fait encore la Sorbonne en 1730. Bien que certains chirurgiens de la seconde moitié du XVIIIᵉ siècle passent outre une telle interdiction en tentant de sauver la mère, la plupart des paysannes n'ont même pas l'occasion de voir se poser la question. Pour calmer leurs douleurs, les vieilles leur entourent la cuisse droite avec une peau de vipère, par exemple, les exhortant surtout par leur présence et par leurs actes à supporter une destinée sur laquelle nul ne peut peser d'aucune autre manière.

● *Religion et superstitions.* Il n'est pas toujours aisé de démêler la part de la religion établie de celle des croyances moins orthodoxes, péjorativement définies comme des superstitions, dans cet ensemble de rites sociaux liés à la naissance. L'impureté de la mère est à la fois affirmée par les coutumes qui lui prescrivent de ne pas avoir de relations sexuelles avec son époux avant un certain temps, et par l'Église qui exige d'elle un rite de relevailles quarante jours après l'accouchement. Dans le même ordre d'idées, les enfants mort-nés, alors nombreux, sont redoutés par les populations, ce qui explique peut-être en partie la multiplication des sanctuaires à répit, dédiés à Notre-Dame, où on les porte pour les baptiser : ils sont censés revivre pour recevoir le sacrement qui leur évite d'errer dans les limbes et assure leur salut, avant de retomber dans un dernier sommeil. Sans doute faut-il penser que les stipulations ecclésiastiques ont d'autant plus de chances d'être suivies par les populations qu'elles correspondent à des convictions profondément ancrées, également résolues de manière magique dans certains cas. Le zèle populaire à faire ondoyer les nouveau-nés en péril de mort, dans l'attente du véritable baptême s'ils survivent, ou la facilité d'application des décisions royales de 1698 exigeant le baptême dans les vingt-quatre heures ne sont pas sans relation avec des traditions culturelles anciennes valorisant de tels rites de passage.

Certains auteurs ont pu souligner l'existence d'une apparente indifférence au bien réel ou à la santé de l'enfant, puisque le baptême du nouveau-né peut aboutir à sa mort lorsque la mauvaise saison et les conditions matérielles transforment pour lui la chose en calvaire. Il faut cependant y voir le double résultat d'un sentiment religieux exigeant et d'un rite de passage indispensable, dans les formes traditionnellement admises par la communauté. Les deux ordres de phénomènes se complètent pour produire des attitudes complexes, mélangeant souvent l'orthodoxie à la magie, le recueillement au sens de la fête, lorsque le danger recule enfin et que la communauté accueille un nouveau membre sans perdre celle qui vient d'enfanter. Avec la mort exorcisée s'éloigne pour quelque temps la terreur du sacré et de l'inconnu, en attendant que reprenne sans cesse et sans fin le grand ballet social de l'accouchement avec son cortège de rites d'encadrement.

Autour du baptême

● *Sacrement essentiel pour laver l'enfant du péché originel*, afin de l'agréger à la communauté chrétienne, le baptême est aussi un phénomène culturel et social d'extrême importance. Nommé, le nouveau venu prend sa place dans une chaîne de solidarités. Le choix du prénom révèle en effet des choses cachées. Il n'est pas rare que le même prénom soit réutilisé plusieurs fois dans un foyer donné, surtout si l'enfant qui le porte meurt ou que sa vie ne paraisse tenir qu'à un fil, surtout aussi s'il s'agit du prénom du père ou de la mère. De véritables stratégies sont ici visibles : elles visent à assurer la permanence familiale malgré les ravages de la mort. Car reprendre obstinément les prénoms hérités des parents, voire des grands-parents ou d'autres proches, pour les affecter plusieurs fois de suite à de fragiles créatures, permet de proclamer la pérennité de l'ensemble au-delà des inéluctables décès individuels. Il y a à la fois de la magie et du sens religieux dans cette attitude : le prénom place son possesseur sous la protection d'un saint, tout en réincarnant en lui un prédécesseur qui a compté dans la famille. Nul besoin de démêler les deux ordres de phénomènes, car les gens de l'époque ne se posent probablement pas le problème en pratiquant ce que l'on peut appeler un « travail de deuil », c'est-à-dire une banalisation du décès des êtres chers, pour mieux affronter les peines et les dangers de l'existence.

Chaque génération tisse ainsi patiemment les fils de relations sociales constamment menacées par la mort. Le choix des parrains et marraines relève du même objectif. Avant le concile de Trente, certains parents en donnaient plusieurs à un même enfant, afin de mieux assurer son salut spirituel et matériel en cas de disparition de ses géniteurs (fait assez fréquent dans les conditions du temps). Le parrain et la marraine uniques du XVIIe ou du XVIIIe siècle ont de ce fait de réelles et lourdes charges. Il est fréquent de voir les paysans s'adresser à quelqu'un de plus riche et de plus puissant qu'eux-mêmes, le seigneur du lieu ou le curé, par exemple. On peut ainsi suivre l'établissement de faisceaux de relations entre les familles, qui aboutissent à des clientèles lorsque les enfants arrivent à l'âge adulte : cadeaux, gestes de protection contribuent en effet à fidéliser les individus en multipliant les relations sociales au village. Tel prénom manifeste parfois la mainmise d'une famille sur le terroir, les filleuls le diffusant à leur tour vers leurs propres parents, amis ou clients. De telles relations ne sont pas exemptes d'un peu de sens sacré ou magique : parrains et marraines ne peuvent épouser le père ou la mère du filleul, en cas de veuvage ; certaines croyances interdisent entre eux toute relation sexuelle, sous peine de déclencher de terribles tempêtes et des orages.

● *Le bébé est un mort en puissance.* On ne saurait donc s'étonner de voir se multiplier à son sujet les précautions destinées à lui assurer tout simplement la vie. Les rites du baptême sont à replacer dans ce cadre. Tout y porte sens, mais sur divers plans et non pas seulement sur celui de la religion établie. Cette dernière joue d'autant mieux son rôle dans l'ensemble qu'elle ne se heurte pas à des traditions anciennes ou à des tabous. Innombrables, ceux-ci expriment l'importance autant que le danger du moment : la mort éventuelle de l'enfant ne sera pas imputée au froid, mais à la présence d'une sorcière ou à l'absence des rites magiques préconisés pour porter le bébé, par exemple. La mère n'assiste pas à l'événement, puisqu'il se place très peu d'heures après l'accouchement : sa présence ne serait en aucun cas souhaitée, car elle risquerait de tirer vers la mort cet être sur la tête duquel il faut multiplier les exorcismes pour l'agréger, peut-être, à la vie. Le bébé reçoit en effet le saint chrême, pour son salut, et le chrémeau, c'est-à-dire un voile ou un bonnet de lin blanc. Partout en France, ce morceau d'étoffe joue un rôle magique éminent, à tel point que sa perte signifie celle de l'enfant. Il est habituel de ne pas nettoyer ce petit crâne, défendu par la crasse et par le chrémeau contre toutes les influences malignes, pendant les semaines qui suivent. Comme si s'affirmait la nécessité d'un voile protecteur nouveau pour remplacer la membrane amniotique abandonnée au sortir du corps maternel. Certains enfants, nés « coiffés », en d'autres termes enveloppés dans cette membrane, sont d'ailleurs réputés être particulièrement chanceux. Séchée et mise au cou du bébé dans un sachet, cette « petite peau » assure la sauvegarde de son possesseur en le rendant, dit-on, invulnérable aux coups tant qu'il la porte.

QUELQUES « SUPERSTITIONS » DE LA NAISSANCE D'APRÈS JEAN-BAPTISTE THIERS (1679)

● *Des superstitions qui regardent les cérémonies qui précèdent le baptême*

Les premières cérémonies qui précèdent le Baptême, sont celles qui concernent l'accouchement des femmes, et la naissance des enfants. [...]

Il faut donc marquer d'autres superstitions qui conviennent à ces cérémonies.

I. C'en est très constamment une de croire qu'un enfant ne sera point sensible au froid, qu'il n'appréhendera point l'hiver, si peu après qu'il est sorti du ventre de sa mère, on lui trempe les pieds et les mains dans de l'eau qui n'aura point été chauffée ; et que si au même temps on lui frotte les lèvres d'une pièce d'or, il les aura toujours vermeilles.

II. C'en est aussi très certainement une, de s'imaginer qu'une femme grosse ne sentira aucune douleur en accouchant, pourvu qu'elle demeure assise pendant l'Évangile de la Messe à laquelle elle assistera quelques jours auparavant. Car quelle faculté peut avoir cette posture pour faciliter son accouchement ?

[...] V. Il y a des pères et des mères, qui ne pouvant élever d'enfants, prennent pour parrains et pour marraines les deux premiers pauvres qu'ils rencontrent dans leur chemin, qu'ils trouvent dans les hôpitaux, ou qui se présentent à leurs portes. Les uns le font pour s'épargner la peine d'aller chercher des parrains et des marraines qui leur conviennent, et c'est paresse ; les autres pour se dispenser d'un repas que l'on donne en certains lieux aux parrains et aux marraines, au retour du Baptême, et c'est avarice ; les autres enfin dans la pensée que les enfants que ces pauvres tiennent sur les fonts baptismaux, vivront plus longtemps, et c'est une superstition qui regarde la divination des événements et des rencontres. Car n'y ayant nul rapport entre la pauvreté ou les richesses, et la brièveté ou la longueur de la vie, quelle apparence que la pauvreté ou les richesses des parrains et des marraines, puisse rendre la vie des enfants plus courte ou plus longue ?

Mais toute superstition cessante, c'est aller contre la fin que l'Église s'est proposée dans l'institution des parrains et des marraines, que de prendre pour parrains et pour marraines, les premiers pauvres qui se présentent, soit dans les chemins, soit dans les hôpitaux, soit aux portes des maisons. Car pourquoi l'Église veut-elle que l'on donne des parrains et des marraines aux enfants dans leur Baptême, sinon afin que les enfants ayent en la personne de leurs parrains et de leurs marraines, des pères spirituels et des mères spirituelles, qui les fassent souvenir des promesses qu'ils ont faites à Dieu dans le Baptême, qui leur donnent les avis dont ils ont besoin pour la conduite de leur vie et le règlement de leurs mœurs ; qui leur apprennent à prier Dieu, et qui les instruisent des Mystères de notre Religion ? [...]

[...] VI. Ce n'est pas aussi une pratique qui mérite d'être approuvée, que celle de donner des noms de Saints à des enseignes, à des hôtelleries, et à d'autres maisons. Il me semble que c'est mettre les saints un peu trop à tous les jours, et les traiter un peu trop familièrement, que d'en user de la sorte. Cependant le torrent de l'usage le veut ainsi, et on aurait peine à en arrêter le cours. On sait que par là on nomme les enseignes, les hôtelleries et les autres maisons, comme on nomme les églises et que comme on dit *l'Église de Notre-Dame, l'Église de Saint-Pierre, l'Église de Saint-Jacques, etc.* On dit de même *l'enseigne de Notre-Dame, l'hôtellerie de Saint-Pierre, la maison de Saint-Jacques, etc.* La réformation de cet abus serait à désirer. Mais c'est inutilement qu'on la désirerait, puisqu'on en néglige une infinité d'autres plus importantes pour l'Église et pour l'État. [...]

VIII. On s'imagine quelquefois qu'il y a de la fatalité dans certains noms ; que les uns sont heureux et les autres malheureux, et qu'il n'en faut pas donner de ceux qui sont malheureux aux enfants. Mais comme le bonheur ou le malheur des enfants doit être uniquement rapporté à la providence divine, c'est encore une superstition des cérémonies et des rencontres que croire qu'il y a des noms qui font le bonheur des enfants, et qu'il y en a au contraire qui font leur malheur. [...]

IX. Quoique les noms que l'on reçoit au Baptême, servent quelquefois d'aiguillon à ceux qui les portent, pour imiter les actions de leurs saints Patrons, ce serait néanmoins être superstitieux que de s'imaginer, que pour avoir des enfants braves et magnanimes, il n'y aurait qu'à leur donner des noms qui auraient quelque rapport à la guerre, à la bravoure, à la magnanimité, au meurtre, et au carnage, comme faisaient les peuples Barbares. [...]

● *Des superstitions qui regardent les cérémonies qui suivent le baptême*

[...] III. C'était encore autrefois l'usage du Périgord de bénir du vin après le Baptême, et d'en faire boire à l'enfant nouvellement baptisé. [...]

IV. Depuis un peu plus d'un siècle la coutume s'est introduite en quantité de Paroisses, et particulièrement de la campagne, de sonner les cloches après le Baptême des enfants. Ce sont à mon avis les Sonneurs, les Sacristains, les Fossoyeurs, les Bedeaux, qui l'ont introduite, par la considération de l'intérêt bursal [financier] qui leur en revient. Car ils ont grand soin, les cérémonies du Baptême étant achevées, de conduire les Parrains et les Marraines au pied du Clocher, de leur présenter les cordes des Cloches, de les leur faire sonner, et de les sonner eux-mêmes, afin d'avoir lieu de leur demander de l'argent pour la récompense de leur peine, avec cette précaution néanmoins qu'ils ne les sonnent qu'à proportion du profit qu'ils en espèrent. [...]

V. Après que les enfants avaient été baptisés, on les portait autrefois sur un Autel de la Paroisse, d'où on ne pouvait les retirer qu'auparavant les Parrains et les Marraines ne les eussent rachetés par présents et à prix d'argent. [...]

VI. Il y avait encore une autre coutume non moins détestable. C'est celle de porter les enfants de l'Église au cabaret, après qu'ils avaient été Baptisés, et de les faire racheter par argent, ou de payer du vin à ceux qui les y avaient portés. Mais les Synodes et les Rituels de divers Diocèses condamnent positivement cet abus.[...]

VII. Les festins déréglés qui se font en certains lieux le jour du Baptême des enfants, ne sont guère moins blâmables que ces deux coutumes mais je ne voudrais pas les taxer de superstitions. [...]

Outre les superstitions particulières qui concernent la purification des femmes, j'en ai remarqué encore quelques autres, qui ne sont pas moins répréhensibles.

1. — Lorsqu'une femme est morte en couche, la sage-femme qui l'a accouchée, ou une autre femme, se présente à l'Église, et se fait relever en sa place, dans la pensée ou que la défunte ne pourrait pas voir Dieu, ou qu'on ne la pourrait pas faire entrer dans l'Église, ou que son corps ne pourrait pas être inhumé en terre sainte sans cette cérémonie, qui est à proprement parler, un culte indu, faux et pernicieux, un culte superflu, une vaine observance des choses sacrées. Elle se pratiquait néanmoins autrefois en bien des lieux mais elle est condamnée formellement. [...]

2. — Autrefois à Argenteuil, proche Paris, on faisait encore bien pis que cela. Car on purifiait non la sage-femme, ou une autre femme, mais la femme même qui était morte en couche, c'est-à-dire, on faisait les mêmes prières et les mêmes cérémonies sur la bière, que l'on aurait pu faire sur elle-même, si elle eût été en état de venir à l'Église pour y recevoir la bénédiction après ses couches. C'est une particularité que j'ai apprise de feu M. De Rex, Curé d'Argenteuil, qui m'assura qu'il n'eut pas de peine à faire entendre raison à ses paroissiens sur cette pratique, et à les en désabuser.

3. — Croire qu'une femme accouchée est Juive, jusqu'à ce qu'elle se soit présentée à l'Église pour être purifiée, et que jusqu'à ce temps-là il ne lui est pas permis de faire du pain, ni aucune autre chose dans son ménage, ni même de prendre de l'eau bénite en entrant dans l'Église ; c'est pourquoi la sage-femme qui l'accompagne dans cette cérémonie, lui en jette lorsqu'elle y entre, et elle n'en prend point qu'elle ne soit relevée. On sait assez à quel dessein cela se fait, mais à quelque dessein que cela se fasse, c'est un faux culte, et une vaine observance, pour ne rien dire davantage. [...]

4. — S'imaginer qu'une femme accouchée fait un grand crime de sortir de sa chambre, et de regarder le ciel ou la terre, avant que d'être relevée, et d'avoir entendu la Messe. C'est encore ce qui s'appelle une vaine observance.

5. — Croire que si une femme en sortant de l'Église après ses relevailles, rencontre des gens de bien, ou de méchantes gens, son enfant tiendra infailliblement des uns ou des autres ; et que si elle rencontre un garçon, elle accouchera la première fois d'un garçon ; ou d'une fille, si elle rencontre une fille : cette superstition se rapporte et à la vaine observance, et à la divination des événements et des rencontres.

6. — S'imaginer que les femmes qui se sont blessées, et qui ont accouché ensuite de leurs blessures, et à cause de leurs blessures, ne doivent aller à l'Église, pour être purifiées, que les mercredis, ou les vendredis ; et que si elles y vont à d'autres jours, elles se blesseront une autre fois dans leur grossesse. Ce qui est une autre superstition de la divination des événements et des rencontres, et une observance des jours.

7. — C'est encore une divination des événements et des rencontres, et une observance des jours, de croire que les femmes ne doivent point relever les Vendredis, et que celles qui relèvent ces jours-là n'auront plus d'enfants.

8. — Se persuader que les femmes ne doivent pas relever dans une Église le jour qu'on y a fait un mariage, et donné la bénédiction nuptiale, c'est une vaine observance et une observance des jours. [...]

9. — Les sages-femmes qui accompagnent les femmes accouchées, lorsqu'elles viennent à l'Église pour se purifier, y rapportent ordinairement le chrémeau qui a servi au Baptême de l'enfant, et que l'on réserve avec les autres chrémeaux, pour faire des cendres que l'on bénit le premier jour de Carême. Quelques-unes de ces sages-femmes mettent un double, ou un liard dans ce chrémeau disant qu'elles payent le chrême qui a été employé pour baptiser l'enfant. Mais cette pratique sent plutôt la Simonie que la superstition, à moins qu'on ne veuille la rapporter au culte indu, et à la vaine observance.

10. — En certains Diocèses la coutume est que les femmes après leurs relevailles, baisent l'Autel devant lequel elles ont été relevées, et visitent ensuite les autres Autels de l'Église. [...]

Jean-Baptiste Thiers, *Traité des superstitions*, éd. par Jean-Marie Goulemot, Paris, Le Sycomore, 1984 (orthographe modernisée).

• *Biographie de Thiers*. Né à Chartres le 11 novembre 1636, élève de la Sorbonne où il prend les grades de maître ès arts, puis de bachelier en théologie, enfin de docteur, il reçoit en 1666 la cure de Champrond-en-Gastine au diocèse de Chartres ; il doit renoncer à ce bénéfice en 1691 à la suite de ses démêlés avec le grand archidiacre et le chapitre cathédral de Chartres ; il reçoit en janvier 1692 la cure de Vibraye, au diocèse du Mans, où il meurt le 28 février 1703. Auteur de nombreux ouvrages, dont certains restés manuscrits, Thiers n'a donné lieu à aucun travail d'ensemble. Par contre, il a sa notice dans de nombreux dictionnaires. La plus complète et la mieux informée est celle de Lucien MERLET, *Bibliothèque chartraine*, Orléans, 1882 (p. 423-433) ; la plus récente, celle de E. AMANN dans le *Dictionnaire de théologie catholique* de VACANT, MANGENOT et AMANN, Paris, t. XV, 1946 (col. 617-618).

• *L'Église condamne officiellement toutes ces superstitions,* comme elle les nomme. Dans la réalité, les prêtres composent le plus souvent avec les habitudes locales et les besoins des gens. Ils savent bien que la première année de vie est particulièrement menacée, si bien qu'il est impossible d'interdire toute magie sans désespérer des acteurs pour qui la prière est souvent aussi un moyen d'action concret dans la lutte pour la survie. Les théologiens condamnent cette pratique du « donnant donnant ». Ils ne peuvent empêcher les parents de recourir aux saints guérisseurs, voire à des techniques encore moins orthodoxes pour soigner les innombrables maladies de l'enfance, pour assurer un sevrage aisé, pour faire marcher ou parler un enfant retardé, pour tenter de sauver un petit être ébouillanté ou blessé par accident.

Le massacre des innocents n'est pas une image vaine en ces siècles de fer. Il y a tant de dangers que la mort des petits est un fait fréquent donc banal : nouveau-nés citadins morts pendant le transport à dos d'homme vers des nourrices campagnardes ; bébés atteints de « flux de ventre » lors des changements de température ou par suite de l'utilisation de « cornets », sorte de biberons primitifs, évidemment sans stérilisation ; enfants abandonnés qui agonisent sur le chemin ; enfants attaqués par les animaux en liberté, chiens ou porcs, sans parler des bêtes sauvages. La mort fauche sans effort des cohortes entières de ceux qui ont eu l'infortune de naître au mauvais moment, au mauvais endroit, mais aussi des autres, riches ou pauvres. S'étonnera-t-on alors d'une apparente indifférence des parents au sort du nourrisson, leur intérêt croissant avec l'âge, c'est-à-dire avec la multiplication des chances de survie de leurs rejetons ?

Indifférence parentale ou exorcisme social ?

Les historiens ont remarqué la froideur des pères de famille signalant en quelques mots et avec très peu de sentiments la mort des bébés, dans les livres de raison (Philippe Ariès, 1960). Ils ont observé la fréquence des étouffements d'enfants, ceux-ci dormant souvent dans le lit des parents et étant écrasés pendant leur sommeil. Les évêques français édictent fréquemment des statuts synodaux à ce sujet, pour tenter d'empêcher ce que certains auteurs nomment des formes d'infanticide déguisé. Il est possible que l'attitude corresponde parfois à une limitation des naissances, dans une société où l'infanticide proprement dit et l'avortement sont punis de mort, tandis que la contraception efficace est rare. Du moins peut-on penser que ces parents accueillent avec fatalisme un tel décès, sans avoir eu l'impression de le provoquer volontairement : « Dieu l'a donné, Dieu l'a repris. » La profession de foi en question correspond d'ailleurs bien à la façon dont les adultes considèrent la prime enfance, si menacée qu'il vaut mieux attendre un peu avant de s'attacher au petit être en question, puisqu'on risque très vite d'avoir à enregistrer son décès.

• *Ne s'agit-il pas encore ici d'une attitude de façade,* d'un conformisme social qui exige de ne pas manifester trop de sentimentalité envers les enfants, surtout lorsqu'ils sont en bas âge ? Tout donne à penser que l'amour maternel ou paternel n'est pas plus étranger à nos ancêtres qu'à nous-mêmes, mais qu'il ne peut ni ne doit s'exprimer dans des épanchements publics, voire privés. Il faudra bien reprendre entièrement ce dossier pour mieux comprendre que cette apparente indifférence est un masque social, un moyen d'exorciser la mort inéluctable de trop nombreux bambins. Une sorte d'état d'esprit fataliste se greffe sur des stratégies collectives de banalisation du phénomène. Comme le réemploi des prénoms des décédés, comme les rites magiques de protection, celles-ci visent à apprivoiser la Camarde et à voiler l'insoutenable réalité. Une société de l'indifférence au jeune enfant ? Plutôt une société de la ruse face à la mort fréquente des tout-petits : réflexes mentaux et conformismes collectifs permettent ainsi de soutenir le mieux possible ce tragique incontournable constitué par l'hécatombe des innocents. Pour éviter l'anachronisme, il importe donc de ne pas exagérer l'insensibilité supposée des gens de l'Ancien Régime : la mortalité infantile est devenue si faible, de nos jours, que le décès d'un nouveau-né apparaît comme un scandale à nos contemporains, déclenchant de ce fait de puissantes vagues de sentiments. Il ne pouvait en être de même voici trois ou quatre siècles, quand une cuirasse d'indifférence affectée pouvait seule aider les gens à faire face aux drames répétés des morts de petits enfants.

La place manque pour étudier la deuxième enfance jusqu'à sept ans, la troisième jusqu'à quatorze ans, et l'on verra plus loin le rôle des jeunes garçons célibataires groupés dans les « royaumes de jeunesse » en attendant le mariage. Sacrement, ce dernier est aussi en tous points l'un des grands rites de passage de la vie, d'autant qu'il se situe alors généralement à mi-chemin entre le baptême et l'extrême-onction.

AMOUR, MARIAGE ET SEXUALITÉ

Mariage tardif et endogamie

● *La société rurale est fondamentalement collective.* Vivre seul y est difficile, si bien que le célibat définitif ne concerne guère que 5 % des campagnards. « Fil d'or qui ne se rompt qu'à la mort », le mariage est une nécessité économique autant que sociale ou psychologique pour la plupart des gens. Tardif, homogamique et endogamique, il est l'un des principaux mécanismes du modèle démographique français sous l'Ancien Régime.

Depuis qu'ils dépouillent les registres paroissiaux tenus par les curés, les historiens ne peuvent plus croire au mariage précoce : seuls les princes ou les grands aristocrates, notamment les ducs et pairs de France, se singularisent par la jeunesse des conjoints. Tous les autres promis convolent tardivement en justes noces, l'âge moyen ayant d'ailleurs tendance à reculer encore au XVIIIe siècle pour les deux sexes. D'importantes différences régionales et chronologiques existent, mais pour simplifier on peut dire que les garçons se mettent alors la bague au doigt vers 27-28 ans, les filles vers 25-26 ans. Les démographes y voient un mécanisme collectif inconscient de limitation des naissances, puisque les femmes qui vivent jusqu'à leur ménopause évitent ainsi un certain nombre de gestations : le recul constant de l'âge au mariage a des effets autorégulateurs sur la démographie, empêchant la multiplication des graves famines en réduisant le nombre des bouches à nourrir. Quant aux économistes, ils mettent en évidence les phénomènes agricoles : le monde paysan est alors « plein » dans les conditions techniques de l'époque, si bien que les nouveaux ménages doivent attendre la disparition des précédents pour les remplacer. La mort du père est souvent un préalable au mariage, même s'il faut nuancer les choses en tenant compte de la croissance de la population, surtout au XVIIIᵉ siècle, ainsi que de ses conséquences : augmentation du nombre des célibataires ; fragmentation des héritages ; exode vers les villes, etc.

Les explications démographiques et économiques ne se contredisent pas : elles définissent chacune à leur manière l'importance primordiale du mariage comme phénomène stabilisateur et régulateur d'une société rurale traditionnelle. Celle-ci n'est nullement immobile, car elle doit répondre aux défis multiples posés par les famines, les épidémies, les pillages des gens de guerre, tout en conservant son unité interne malgré les poussées démographiques ou les problèmes de toute nature qu'elle rencontre. À la fois rigide dans ses formes sociales ou rituelles et flexible en matière d'âge d'accès, le mariage est l'outil principal de cette incessante adaptation aux événements d'un monde doté d'une forte cohérence interne.

● *Homogamie et endogamie.* La cohérence en question provient de l'application de règles implicites d'homogamie et d'endogamie, articulées sur des pratiques très codifiées, c'est-à-dire très ritualisées, qui laissent place à l'amour, mais qui exigent de chacun des comportements conventionnels. L'homogamie socio-professionnelle est une constante : les fils de laboureurs épousent des filles de laboureurs, les enfants de manouvriers se marient entre eux, etc. Les exceptions sont rares, sauf à partir de la fin du XVIIIᵉ siècle dans certaines régions, sauf lorsque les villes exercent une influence directe sur les campagnes, sauf lorsque certaines filles trouvent un conjoint plus riche qu'elles, en particulier lors du remariage de veufs avec enfants après une épidémie. La norme est d'ailleurs généralement imposée par la pression publique : les jeunes hommes célibataires du lieu font de terribles charivaris aux couples mal assortis, en cas de forte différence d'âge ou de fortune, en particulier. Il leur arrive aussi d'exiger d'un fiancé venu d'ailleurs le paiement d'un droit important en nature ou en argent, pour lui permettre de courtiser et d'épouser une fille du lieu. La relative fréquence des combats sanglants, parfois mortels, où le jeune marié « étranger » perd la vie pour avoir refusé de suivre la coutume, témoigne de l'importance du deuxième principe signalé, celui de l'endogamie : de manière habituelle, les trois quarts des conjoints se sont choisis dans le même village, le reste provenant le plus souvent d'une petite couronne de communautés situées à moins de vingt kilomètres du premier.

Des variantes existent évidemment. Lorsque la paroisse est très peu peuplée, il faut souvent aller plus loin chercher un époux ou une épouse. D'autant que les pratiques homogamiques et endogamiques aboutissent en plusieurs générations à des imbrications de parentés, donc à des impossibilités matrimoniales énoncées par l'Église (jusqu'au quatrième degré canonique, c'est-à-dire jusqu'à la quatrième génération à partir de la souche commune). Des dispenses sont parfois accordées, si l'étroitesse du « lieu » risque d'empêcher tout mariage, par exemple. Et dans un village donné, on observe souvent l'existence d'un nombre important de familles apparentées, dont les intéressés ne connaissent pas toujours exactement les rapports. Les apprentis démographes doivent aussi se méfier des nombreuses homonymies rencontrées : même nom, même prénom, voire parfois même âge, ce qui ne facilite évidemment pas le dépouillement des sources.

La sexualité avant le mariage

On peut donc se demander quelle est la marge de choix laissée en pratique aux jeunes gens. Étroitement canalisés par ces diverses conditions vers un stock bien connu mais assez réduit de partis possibles, les garçons et les filles doivent de plus attendre souvent très longtemps les délices de l'hyménée. Tout concourt d'ailleurs à valoriser ce moment tant attendu, qui est celui de l'accès à la véritable vie adulte. Est-ce à dire que ce long stade de marge, pouvant atteindre une quinzaine d'années à partir de la puberté, est une période de continence volontaire ? Le fait que les naissances illégitimes ne dépassent guère 1 % en moyenne dans les villages du XVIIe siècle a conduit des historiens à le prétendre. Il est vrai que le discours de l'Église condamne nettement les relations sexuelles hors du mariage. Les manuels destinés aux confesseurs conseillent à ces derniers de vérifier que l'acte de chair est bien accompli dans le but de faire des enfants et non pas pour le plaisir. Les jeux amoureux, notamment ceux où l'on perd la semence, sont réprouvés entre mari et femme. La seule position considérée comme normale, parce que réputée féconde, est celle de l'homme sur la femme. Celle-ci ne doit évidemment pas accepter les actes impudiques, en particulier la sodomie, avec son légitime époux. Il est en réalité difficile de vérifier ce qui se passe dans le lit conjugal. Certains confesseurs pensent même qu'il faut être très prudent pour ne pas donner aux chastes dames des pensées qu'elles n'auraient pas eues toutes seules.

En fait, il importe de bien distinguer les normes et les pratiques. La culpabilisation de la chair est une évidence au XVIIe siècle. Elle l'est nettement moins au siècle précédent, lorsque les bâtards sont nombreux dans toutes les couches sociales. Elle s'atténuera à nouveau au XVIIIe siècle, en particulier dans les villes, lorsque l'Église perdra de son influence sur les populations. Par ailleurs, il est douteux que tous les paysans français du XVIIe siècle se soient transformés aisément en puritains, alors que leurs ancêtres pratiquaient lestement et sans pudeur excessive les choses de la chair. Jean-Louis Flandrin pense que des exutoires assez nombreux leur étaient accessibles : sodomie et bestialité, théoriquement punies de mort mais rarement poursuivies à la campagne, si l'on en juge par la rareté des cas dans les archives judiciaires ; masturbation, qui selon lui a alors pu se généraliser ; relations sexuelles des célibataires avec des femmes mariées ou avec des prostituées ; etc. Les jeunes paysans sont sans doute moins chastes que ne le pensent plusieurs auteurs. Dans certaines régions, ils continuent à pratiquer une cour amoureuse poussée, passant la nuit dans la chambre de leur belle (ce que l'on nomme *kiltgang* en Suisse). Dans d'autres, par exemple, en Corse ou en Pays Basque, la cohabitation avant le mariage reste fréquente au XVIIᵉ siècle et les conceptions prénuptiales — avances sur le mariage — ne sont pas toujours rares.

• *Le thème de la culpabilisation de la chair* reflète sans doute plus les hantises des moralistes que les réalités rurales. Il trouve cependant un certain terrain au village, surtout lorsqu'il correspond à des problèmes préalables : les hommes établis s'en servent pour retarder encore l'accès des célibataires au pouvoir, dans le contexte de l'allongement de l'âge au mariage. Tout comme les stipulations ecclésiastiques concernant la continence en carême ou durant l'avent ne s'appliquent bien que si les populations y trouvent des raisons supplémentaires, magiques notamment, de les suivre. Et l'on sait que les prêtres ne réussissent pas alors à déraciner les nombreuses superstitions liées à l'amour ou au choix du conjoint. Témoin, entre autres, le rite du nouement de l'aiguillette par lequel un jaloux pense empêcher les relations sexuelles entre les époux en faisant un nœud à une corde, tout en prononçant des incantations au fond de l'église, durant la cérémonie nuptiale.

L'importance culturelle et sociale du mariage apparaît dans cet exemple : rite de passage, il ouvre la porte du surnaturel et du sacré parce qu'il implique toute la communauté, car de sa réussite dépend chaque fois l'avenir heureux ou malheureux de celle-ci. Aussi le processus complexe y conduisant n'est-il pas laissé au hasard. Des traditions locales solidement enracinées, généralement semblables dans toute la France, en contrôlent les étapes. Puis, à partir du milieu du XVIᵉ siècle, l'Église et l'État précisent à leur tour des règles systématiques visant à mieux encadrer des aspects jugés immoraux ou éloignés des orthodoxies officielles.

La cour amoureuse

Les témoignages littéraires paraissent pratiquement exclure l'amour du mariage. Les aristocrates comme les poètes n'expriment habituellement guère de passion pour l'épouse, lui préférant la « mie », c'est-à-dire l'aimée ou l'amante. Il est tentant d'appliquer les mêmes notions au monde villageois, d'autant que nos connaissances sont imparfaites à son propos, car les paysans n'écrivent guère, manifestant de ce fait encore plus rarement que les élites leurs sentiments sur le sujet. De nombreux documents indirects, notamment les archives judiciaires, permettent cependant de rectifier l'opinion méprisante des écrivains contemporains sur des populations jugées par eux inférieures, barbares et brutales. Paradoxalement, l'amour ou la passion sont plus aisément possibles dans les masses paysannes les moins aisées qu'au sommet de la société rurale : l'absence d'héritage ou d'enjeu de pouvoir laisse plus de liberté à la majorité des paysans qu'aux autres. Les « marieurs », ces diplomates subtils qui arrangent des alliances sur demande des parties, interviennent plutôt dans des stratégies matrimoniales entre puissants et dominants que dans les épousailles des pauvres. Ces derniers ne sont pourtant pas libres d'agir à leur guise, car ils sont étroitement canalisés par des coutumes contraignantes, c'est-à-dire par un consensus implicite de la population en la matière.

LE MARIAGE EN NORMANDIE

Le choix du conjoint

a) Déposition de Gilette Ozou, veuve de Robert Le Chevalier, 66 ans, de Cametours, mère de la future épouse.

« Sa fille estante allée demeurer en qualité de servante chez Louis Lecluse de lad[ite] parr[oisse] de Carantilly il y eut deux ans à la Magdelaine derniere et ou estoit serviteur led[it] Estienne Helaine viron six mois apres qu'ils furent ensembles ils contractèrent amitié l'un pour l'autre dont la d[ite] fille en donna advis à lad[ite] parlante laquelle luy déclara qu'elle ne s'opposoit point à ses bons desseins et qu'elle feroit ce qu'elle jugeroit à propos d'estre bon a faire ne croyant pas pour lors qu'il y eust aucune parenté entre eux. »

29.12.1701

b) Extrait de la déposition de Julien Fleury, 69 ans, laboureur, de Couville, père de la future épouse.

« Interrogé s'il na point obligé sa fille à donner consentem[en]t aux recherches que Jean Regnard requerant a fait d'elle, a dit que non, et quil la tousiour laissée dans sa volonté pour se choisir un epoux tel quelle le jugeroit agreable ; connoissant en sa d[ite] fille quelle netoit point capable de faire aucun ma[u]vais choix, et quil a bien reconnu que tant par la proximité de sa demeure et de celle dud[it] Renard, qui a meme demeuré quatre ans ou environ chez luy, il se nourrissoit entre led[it] Renard et sa d[ite] fille une amitié depuis longtemps sans quil se soit passé entre l'un et lautre aucun abus ; laquelle, amitié est devenue jusquau point quil seroit bien difficile sans quelque préjudice, de la rompre, ce qui a fait qu'il a donné très volontiers son consentement pour passer outre a la celebration du mariage. »

22.11.1718.

Une fréquentation

Déposition de Jean Vallée, 27 à 28 ans, marchand mercier, du Mesnilbus ; marié à une cousine du futur époux (tisserand).

Il sait certainement « que led[it] Jean Yon demeuroit valet domestique chez le[dit] Guillaume de Lausney et que des lors led[it] Jean Yon et lad[ite] Marie fille dud[it] Guillaume ont contracté une grande amitié l'un pour l'autre ; que depuis quatre ans ou viron ils ont fait beaucoup de voyages et de pelerinages ensemble à Saint Ortaire, à Saint Marcouph, à la foire Saint Christophle et ailleurs qu'il y a viron trois ans que ledit Yon donna à la dite de Lausney une bague et qu'il luy donna encore une foy d'argent pour arre de mariage en la p[rése]nce meme dud[it] Guillaume de Lausney son père et de Marthe le Landais sa mere, dans leurs maisons il y a viron deux mois et qu'ils se sont promis respectivement s'espouser que toutefois les pactions de leur mariage ne sont point encore redigées par escrit par le retardement qu'y apporte led[it] Guillaume de Lausney. »

Extrait de la déposition de Marie de Lausney, 32 ans, fille de Guillaume, sergent ordinaire de la paroisse du Mesnilbus, future épouse.

« Il est vray que des il y a deux ou trois ans au moins elle et led[it] Jean Yon se sont réciproquement promis de s'espouser que... ses père et mere y ont donné leur consentement et qu'en leur présence et de leur agrément led[it] Yon luy fist p[rése]nt d'une bague en leur maison vers le commencement du mois de decembre dernier. »

11.1.1709

● *La rencontre entre les jeunes gens se fait en de nombreuses occasions :* fêtes, veillées, pèlerinages, messes, travaux des champs, etc. La pruderie n'y est pas toujours de mise, en particulier lors de la fête des moissons, ainsi qu'à l'occasion des danses sur la place publique du village ou autres lieux. Néanmoins, le regard de tous pèse sur chacun des acteurs. Les vieilles femmes de la veillée, par exemple, surveillent les manèges des jeunes gens. Elles ne tolèrent pas toutes les privautés amoureuses, même si elles ferment les yeux sur des baisers furtifs, des attouchements et des agaceries. La cour amoureuse n'est d'ailleurs pas toujours individuelle : les garçons célibataires s'y emploient surtout le soir et la nuit, en groupes armés, accompagnant un amoureux venu donner une sérénade sous la fenêtre d'une fille. Les pères laissent faire, que l'ardent jeune homme demande à entrer quelques instants, ou plus longtemps. Le danger vient alors surtout de concurrents capables de déclencher un combat collectif dans l'obscurité, pour défendre leurs prétentions.

Se placer ainsi sur un marché matrimonial étroit nécessite une conduite virile, afin de plaire à une fille tout en écartant les autres soupirants. Si bien que toute l'existence des jeunes hommes est tendue vers ce but : elle se déroule en successions de parades, aux danses, sur la place, dans tous les lieux possibles, pour valoir plus aux yeux des belles. Enfin, après de longues années d'attente, vient le moment crucial de la demande en mariage. Le père de la dulcinée reçoit l'impétrant, ou ses représentants. Il exprime le plus souvent indirectement son accord ou son refus par des gestes banals reliés au foyer, à la maison et à la nourriture : pour dire non, il lui suffit d'éteindre les tisons du feu en parlant de choses et d'autres, ou de n'offrir au visiteur que des mets réputés pauvres, comme des œufs, de l'eau. Le régaler d'un verre de vin ou d'un plat de viande, attiser le feu et y placer des bûches parallèlement au foyer indique qu'il accepte de marier sa fille. Le soupirant peut alors fréquenter assidûment la maison pour « faire l'amour » à celle-ci, c'est-à-dire pour la courtiser sous le contrôle des parents.

• *Les relations sexuelles* ne sont nullement impossibles avant ou après l'accord paternel, bien que la virginité des filles soit considérée comme un trésor collectif de l'honneur familial et que les frères se vengent parfois de manière sanglante d'un galant trop empressé. Dans certaines régions, les fiançailles permettent en réalité de commencer une vie commune, avant de déboucher longtemps après sur le mariage, ou parfois même de ne jamais y arriver. L'Église se méfie profondément de telles attitudes. Les évêques jansénistes de Pamiers et d'Alet interdisent purement et simplement les fiançailles au XVIIe siècle. Dans la majeure partie de la France elles sont au contraire rendues obligatoires, à la même époque, mais en exigeant que le mariage se fasse très vite, deux ou trois jours plus tard, afin d'éviter toute cohabitation antérieure. Les tribunaux d'Église (les officialités) aident d'ailleurs à christianiser les pratiques en recevant de nombreuses plaintes pour rupture de promesses, souvent introduites par des filles délaissées.

Un contrat de mariage peut être signé quelques jours avant la cérémonie religieuse. Il est systématique dans les régions de droit romain et fréquent en pays de droit coutumier, au nord de la Loire. Malgré la faiblesse de leurs apports et le coût de l'acte lui-même, de nombreux paysans très modestes font donc rédiger de tels documents qui permettent aux historiens de réaliser des études socio-économiques intéressantes. La source déforme cependant un peu les perspectives, car les gens aisés y sont évidemment plus représentés que les autres.

Rites et formes du mariage

Quant à la cérémonie de mariage, elle mêle étroitement des aspects sacramentels, magiques et sociaux. Elle constitue en effet le plus important rite de passage de la vie de chacun, ce qui l'entoure d'interdits multiples et d'obligations diverses. Les démographes ont remarqué un taux minimum d'union durant l'avent (décembre pour l'essentiel) ou le carême (46 jours à partir du mercredi des Cendres, date mobile située entre le 6 février et le 10 mars) : l'Église préconise en effet l'abstinence ainsi que la pénitence pendant ces périodes. Mais peut-être les interdits sont-ils plus sociaux que religieux ? Car les protestants eux-mêmes les suivent au XVIIe siècle, alors que le calvinisme ne reconnaît aucun empêchement en ce domaine. De la même manière, on se marie très peu pendant la moisson, du 15 juillet au 15 août, ou pendant les vendanges de septembre-octobre dans les pays de vignobles. Le rythme du travail et des loisirs influe directement sur la courbe des mariages. Tel est aussi le cas de ce que les ecclésiastiques nomment des superstitions et l'historien des tabous liés à une conception magique de l'univers. En Berry ou en Sologne, on évite de se marier en mai, de crainte que l'enfant ne naisse en plein carnaval, ce qui le rendrait idiot. Pourtant, le mois de mai n'est pas encore parfaitement dédié à la Vierge comme il le sera au XIXe siècle. L'Église officielle dénonce d'ailleurs la crédulité des paysans, en rappelant au XVIIe puis au XVIIIe siècle que seuls l'avent, le carême, les dimanches et les jours de fête ne doivent pas voir de cérémonies nuptiales, toutes les autres périodes étant autorisées. Or les populations cultivent soigneusement des interdits traditionnels variables selon les lieux mais permanents durant des siècles. Le vendredi est considéré comme néfaste, d'autant qu'il rappelle la mort du Christ et qu'il est impossible de faire « gras » lors des repas. Le samedi, trop proche du dimanche consacré à la messe, s'exclut de lui-même. Mercredis et jeudis ne déchaînent guère l'enthousiasme, à tel point que les évêques de Grenoble en 1690 ou d'Auxerre en 1695 se plaignent de la désaffection de leurs ouailles pour ces journées, en matière de mariage.

À certaines exceptions près (jours de marchés locaux, par exemple), les mariages se célèbrent surtout un mardi (67 % à Thoissey, en Bresse, ou 46 % en Vexin au XVIIIe siècle), ou accessoirement un lundi (respectivement 11 % et 40 %). Les fiancés ont pu pieusement se préparer, en communiant pendant la messe dominicale. Il est par ailleurs probable que ceci permet de prolonger le temps de repos d'une longue plage de festivités, car il n'est pas rare que les aspects joyeux ou alimentaires s'étendent sur plusieurs jours, les préparatifs du banquet donnant le signal d'une période de joie et d'abondance qui tranche avec la vie ordinaire. Ne parle-t-on pas souvent du « saint lundi », jour de transition marqué par la fréquentation des tavernes avant le retour des travaux et des peines ?

Les noces consacrent en effet une rupture du temps ordinaire. Elles ne concernent pas seulement les familles en cause, car elles s'ouvrent par le banquet sur une foule importante (de plusieurs dizaines à plusieurs centaines, et pas seulement à la mode de Bretagne !), puis ensuite par la danse sur la place à la totalité de la communauté, voire aux jeunes gens des environs venus nombreux profiter de l'aubaine. Alors se jouent des scènes sans cesse réitérées d'intégration, d'harmonisation sociale, en dépit de possibles dérapages. Tout est proprement collectif dans cette grande représentation d'un renouvellement des bases mêmes de la société.

Le cortège partant vers l'église, musique en tête, mime d'abord la séparation, c'est-à-dire la dédramatisation d'un phénomène de rupture : la fiancée fuit ou se cache, avant ou pendant cette marche. Le rite explique qu'elle va changer d'état, perdre sa virginité (au moins en théorie), c'est-à-dire perturber l'équilibre social et magique établi. Tel est aussi le sens du « rite de la barrière », rencontrée sur le chemin avant l'arrivée à l'église : les jeunes hommes du lieu placent un obstacle, parfois un simple ruban, pour matérialiser leurs droits collectifs sur les filles, en exigeant de la noce un paiement à l'occasion de la perte d'une chance matrimoniale pour eux. Si les intéressés sont trop chiches, ou s'ils refusent, ils sont gratifiés de quolibets ou même d'un bruyant charivari, ce qui incite souvent les autorités à tenter d'interdire la coutume, notamment au XVIIIe siècle.

À l'église, que l'on atteint généralement en retard, le prêtre du lieu reçoit l'échange des consentements : le sacrement se fait « en face d'Église » mais n'exige pas la participation active du curé. Si bien que certains profitent d'une cérémonie religieuse pour échanger leurs promesses à l'insu de l'officiant, ce qui rend valable un mariage refusé par les parents mais pose aux autorités le problème des sanctions à prendre en ce domaine. Pendant la cérémonie, le mari tente de mettre la bague au doigt d'un seul coup à sa femme, tandis que celle-ci essaye de faire tomber l'anneau : de cette lutte symbolique, observée par l'assistance, dépend d'après la tradition la direction effective du ménage. En d'autres termes, un ensemble de signes d'agrégation à la communauté chrétienne et à la société des adultes mariés succède aux rites de séparation précédents. Le moment est particulièrement important pour la chance ou la malchance future du couple, notamment pour sa postérité : le prêtre exhorte les mariés à bien vivre, mais les participants expriment aussi souvent de manière grivoise cet avenir prévisible, tandis que les jaloux tentent à ce moment précis de nouer l'aiguillette de l'époux. Enfin, après la signature des registres de mariage (et de leurs doubles à partir de 1736), les mariés viennent sur le parvis jeter des présents ou des pièces de monnaie aux curieux assemblés et surtout aux enfants présents : rite de fécondité, assurément, ainsi que de rupture avec l'état enfantin antérieur, pour s'agréger au monde des adultes.

• *La suite des événements renforce encore la cohésion sociale,* en faisant place à cette nouvelle unité dont l'apparition perturbe obligatoirement l'ordre établi, en exprimant la nécessaire montée du nouveau pour remplacer l'ancien, c'est-à-dire en informant les générations précédentes de leur effacement prochain au profit du nouveau couple. La fête recouvre d'un voile de joie cette terrible réalité ; les rites atténuent les inquiétudes, plus ou moins conscientes, liées à ce brusque mouvement de la roue de la vie. Le cortège rejoint la maison du père de la mariée, non sans perdre nombre de ses membres dans les tavernes de la route. Les jeunes gens font le plus de bruit possible, tirant des salves d'arme à feu au XVIIᵉ siècle par exemple, pour exprimer leur joie ou — selon les ethnologues — pour écarter du chemin les influences mauvaises. L'abondance de la boisson et de la nourriture, parfois pendant plusieurs jours, manifeste la victoire des forces de la vie sur la grisaille des jours de travail comme sur la pénurie alimentaire ordinaire. Dans certaines provinces, les jeunes célibataires viennent demander leur part du festin, combattant, blessant parfois, tuant à l'occasion le marié trop fier ou récalcitrant.

• *Les rites magiques atteignent alors leur point culminant,* juste avant le départ des époux vers les délices de la nuit de noces. Le soulier de la mariée lui est parfois volé, afin de l'empêcher de *courir.* Sa jarretière lui est enlevée par un garçon d'honneur. Les morceaux en sont distribués aux assistants, pour porter chance, tandis que de la vaisselle, jetée à terre, est brisée dans le même but et que les plaisanteries fusent. Toutes ces manifestations reflètent l'importance du thème de la sexualité lié à celui de la fécondité, comme s'il était nécessaire de multiplier les symboles à ce sujet et de rire à propos de choses très graves pour la survie des groupes humains. Vient enfin l'instant crucial du départ des époux, que l'on tente de retenir, puis que l'on vient chahuter dans leur lit, à l'occasion du rite du *chaudeau,* ou de la *rôtie* : les jeunes hommes apportent une mixture réputée aphrodisiaque, une sorte de soupe au vin très épicée, présentée fréquemment dans un pot de chambre, avec des allusions scatologiques et sexuelles ; ils exigent que les mariés l'ingurgitent, en profitant de l'occasion pour rompre leur intimité. Sans doute s'agit-il de vérifier au passage les traces évidentes de la virginité perdue, de la puissance sexuelle du mari, à la recherche de présages de fécondité pour le couple, comme le font les matrones en examinant les draps le lendemain.

En effet le nouveau ménage n'est pas encore parfaitement libéré de l'enfance. Pour prouver qu'il a réellement pris sa place dans le cycle sans cesse réitéré de la vie, il lui faut encore participer à plusieurs cérémonies durant une année : messe pour les morts des deux familles le lendemain (assez fréquemment) pour relier les vivants à ceux qu'ils remplacent ; retour de noces avec repas et danse chez les époux, le dimanche suivant ; participation au bout d'un an aux cérémonies du carnaval ou aux feux de la Saint-Jean. À ce moment précis, si un enfant est né, le jeune couple est définitivement installé dans son nouvel état. Le rite de passage est réussi. La société est renforcée et revivifiée, alors même que tout mariage porte potentiellement des charges de destruction en mettant en contact des groupes familiaux différents, des classes d'âges diverses, ce qui fait peser sur tous des dangers réels mais aussi surnaturels, lors d'une rencontre hautement valorisée des existences individuelles avec le destin collectif.

Les autorités et le mariage

Les autorités ne s'y trompent pas. Si elles s'intéressent peu aux formes folkloriques, ou encore magiques, de la cérémonie, elles connaissent son énorme importance sociale et religieuse. L'Église du concile de Trente a entrepris de revaloriser le sacrement. Au XVIIe siècle, la sainteté et l'indissolubilité du mariage sont fortement réaffirmées. Certaines formes de séparation de corps et de biens sont admises par les officialités, pour adultère ou folie du conjoint, mais ce *divortium* n'est pas le divorce au sens actuel du terme. Seule la mort rompt finalement le fil d'or du mariage. L'autorité royale renforce d'ailleurs la sacralité du phénomène en multipliant les ordonnances destinées à appuyer l'action ecclésiastique. En mai 1573, l'ordonnance de Blois exige la publication de trois bans préalables, la présence de quatre témoins au moins, ainsi que l'inscription dans un registre de catholicité, sans oublier des enquêtes de moralité par le curé et la nécessité de l'autorisation des parents ou des tuteurs. Une ordonnance de 1606 déclare nuls les mariages clandestins, dits aussi « à la gaulmine », lorsque le prêtre a assisté sans le savoir à un échange de consentement. D'autres textes suivent en 1629, 1639 et 1697 : à cette date, Louis XIV fait préciser que les époux doivent résider depuis six mois au moins dans la paroisse, s'ils viennent d'un autre village du diocèse, ou depuis un an s'ils arrivent d'ailleurs. Sous une telle impulsion, les évêques demandent aux prêtres d'avoir un rôle plus actif que par le passé en bénissant les cérémonies ; de plus, ils leur interdisent de marier des enfants mineurs (moins de 25 ans pour les filles et de 30 ans pour les garçons) sans l'approbation formelle des parents.

● *Cet intérêt croissant des pouvoirs extérieurs* prouve que le mariage n'est nullement une simple affaire privée. Les paysans en faisaient déjà un élément primordial des relations sociales et culturelles. Le roi comme l'Église y voient désormais un moyen de mieux moraliser, de mieux encadrer des populations jugées à la fois indisciplinées et superstitieuses. Il s'agit bien d'essayer de contrôler le chrétien du berceau à la tombe, comme l'indiquent les registres paroissiaux où sont consignés les sacrements de baptême, mariage et extrême-onction.

L'HEURE DU TRÉPAS

Le dernier grand sacrement de la vie du chrétien est aussi l'un des principaux rites de passage de la société rurale. Comme les autres, il voit se mêler intimement des phénomènes orthodoxes et magiques. Les intéressés ne sont probablement pas capables de tracer une frontière entre les deux ordres de choses. Ils cherchent surtout à se libérer de l'angoisse de la mort en l'intégrant dans le cours normal des choses, dans le cycle habituel de l'existence des groupes.

L'importante mortalité infantile déjà signalée fausse les moyennes, lorsque les historiens ont pu les calculer. À vingt ans, l'individu ordinaire a des chances de vivre encore deux décennies, mais de telles constatations cachent de grandes différences sociales dues à une meilleure alimentation, à de bonnes conditions de vie et au recours à la médecine, par exemple. Il est en effet possible de vivre vieux, comme Louis XIV (76 ans) ou Voltaire (84 ans), y compris dans le peuple : telle sorcière douaisienne du XVIIᵉ siècle est réputée centenaire, encore qu'une approximation soit fréquente en ce domaine dans la bouche des humbles, peu intéressés par les chiffres exacts. Pourtant les femmes de vingt à quarante ans risquent de disparaître à la suite d'une grossesse, tout comme chacun peut craindre, on l'a vu, les terribles effets des crises démographiques avant la deuxième moitié du XVIIIᵉ siècle.

La mort en ce village

• *La mort est donc une compagne* plus familière et plus impressionnante que pour les Français de la fin du XXᵉ siècle. Le glas sonne fréquemment, même dans les petits villages. La souffrance est omniprésente : étrangers blessés ou malades rarement aidés par les habitants ; criminels torturés puis exécutés en public ; enfants en bas âge abandonnés ; blessés et accidentés traînant leurs misères pendant plusieurs semaines à la vue de tous, en attendant que l'infection ne les emporte, etc. Les médecins, rarement installés à la campagne avant le XVIIIᵉ siècle, les chirurgiens, un peu plus nombreux, ne peuvent réellement soigner la majorité des patients, qui d'ailleurs ne s'adressent pas toujours à eux. Dieu, les saints guérisseurs, les devins et les sorciers reçoivent aussi beaucoup de malades et de blessés venus chercher quelque espoir, à défaut d'une véritable guérison.

Les paysans apprennent ainsi à bien souffrir, à bien mourir. L'Église enseigne le fatalisme, en particulier à propos de la mort des petits enfants, on l'a vu. Chacun doit donc sa vie durant se préparer à comparaître devant le Juge suprême, ce qui explique pourquoi les gens craignent plus la mort brutale, sans confession, que la lente agonie susceptible de laisser le temps de se mettre en règle avec sa conscience. L'extrême-onction est indispensable au salut de l'âme : les populations jugent très sévèrement les prêtres qui laissent par négligence mourir quelqu'un sans ce viatique. Un tel sens religieux n'est pourtant pas uniquement spirituel. Il est fréquent de noter l'aspect automatique de la foi des humbles. Le sacrement se fait garantie, par exemple pour ce paroissien blessé à mort par son curé : exigeant un confesseur, il finit par demander d'aller chercher son assassin, pourtant ivre, parce qu'il est le seul disponible à ce moment crucial. D'autres cas rencontrés dans les sources criminelles racontent que des victimes agressées crient « confession », après avoir reçu un coup fatal puis affirment pardonner à leur meurtrier pour mériter le salut éternel, ce repentir final effaçant à leurs yeux les violences, les blasphèmes, et les injures qu'ils ont pu commettre dans le feu du combat.

● *Nombre de témoignages concordent pour décrire la mort à la fois chrétienne et superstitieuse* des humbles de l'époque moderne. Des recettes traditionnelles permettent de savoir si un malade va guérir ou décéder, d'après les cris des oiseaux à l'extérieur, ou encore par des procédés de divination : si l'on perd ses cheveux, un ami doit mourir ; si l'on rêve que l'on perd une dent, un proche parent est mort ou va mourir (*Traité des superstitions* de Jean-Baptiste Thiers, curé de Champrond, 1679). Puis vient le temps de la séparation avec les vivants et des rites de passage qui y sont liés. Les plus savants croient que l'âme s'échappe alors de sa prison sous la forme d'un petit corps humain : les miniatures de la fin du Moyen Âge représentent parfois cet homuncule en train de sortir de la bouche du cadavre. Les paysans pensent à un phénomène identique, car ils préconisent de ne pas laisser d'eau dans la pièce, afin d'éviter que l'âme ne s'y noie. Dans d'autres régions, plus tard, lorsque les glaces deviennent courantes, il est recommandé de les voiler, apparemment dans le même but. Et il est fréquent d'aller avertir les animaux, en particulier les abeilles, de la mort du maître de maison, sinon des calamités et des malheurs pourraient en résulter. La veillée funéraire, la présence de pleureuses professionnelles obéissent au moins autant à des considérations magiques ou sociales qu'à des expressions de sentiments. Tout cet ensemble constitue en fait un vaste « travail de deuil », selon l'expression des ethnologues, pour apprivoiser la mort, pour rendre tolérable aux vivants ce phénomène irrémédiable mais peu compréhensible.

Le village des morts

Car la mort chrétienne, faite d'espoir d'un monde meilleur, n'a pas totalement fait disparaître une conception plus ancienne des choses. Simplement cousu dans un suaire pour être enterré à fleur de terre dans le cimetière paroissial, le mort d'humble origine rejoint un village des décédés situé au cœur même de celui des vivants, autour de l'église paroissiale. Installé au milieu de ses semblables selon des règles de solidarité calquées sur celles des vivants, il n'est peut-être pas totalement ni parfaitement disparu. Car les décédés ont leurs passions, leurs haines, qu'ils expriment lors d'apparitions spectrales pour tourmenter les vivants. Du moins ces derniers croient-ils que la séparation avec les défunts n'est pas un processus brutal et définitif, mais une sorte de transition lente qui exige des rites d'apaisement. D'autant que chacun traverse souvent le cimetière (lequel n'est pas toujours entouré par des murs ou des murets) pour se rendre à l'église. Les animaux y passent, déterrant parfois des restes humains, mal protégés par suite d'un type d'ensevelissement superficiel. Et l'odeur des cadavres rappelle aussi à l'occasion leur présence proche. Les gens sont d'ailleurs habitués et attachés à cette proximité, malgré tous ses inconvénients aux yeux des hygiénistes du XXᵉ siècle. À tel point que la décision royale de transférer les cimetières hors des villes, en 1776, déclencha des émeutes populaires pour tenter de s'y opposer.

● *Les morts sont très présents dans les villages durant tout l'Ancien Régime.* Au XVIᵉ siècle, il n'est pas rare de voir la société des vivants chercher une sorte de contact et de dialogue avec ses défunts en certaines occasions. Les jeunes hommes à marier en sont généralement les maîtres-d'œuvre : ils sonnent les cloches pour les trépassés ; ils n'hésitent pas à jouer ou à danser dans le cimetière. Les adultes se joignent à eux au moment de la toussaint, parfois pour des repas collectifs sur les tombes, dans le cadre d'un véritable rite de communion avec les disparus. Mais l'Église se met à dévaloriser de telles attitudes à partir de la deuxième moitié du XVIᵉ siècle. Désireuse de séparer franchement le profane du sacré, elle tente de les interdire en les définissant comme d'intolérables excès. Le rire de telle vieille femme à l'occasion d'un enterrement lui vaut une accusation de sorcellerie, alors qu'il témoignait peut-être d'une traditionnelle manière d'apprivoiser la mort, comme le font encore parfois les banquets funéraires où la tristesse cède du terrain devant l'appétit vital, sous prétexte que le défunt aurait préféré voir ses proches joyeux plutôt que tristes.

Le catholicisme du XVIIᵉ siècle véhicule d'ailleurs une autre image du trépas et de la vallée de larmes que traversent les humains. Il combat des conceptions très enracinées selon lesquelles la séparation n'est qu'un processus continu, permettant donc la présence agissante de fantômes venus se plaindre des humains qui n'ont pas suivi les normes et les rites établis. Mais il est assurément difficile de détacher complètement les paysans de leurs traditions pour leur imposer une notion beaucoup plus spirituelle, alors que les réalités de la mort vécue restent très fortement marquées par la peur du pouvoir effectif des défunts, notamment des bébés morts sans baptême. Des recherches récentes ont montré la survivance de certaines de ces conceptions dans le village de Minot, en Châtillonnais, au XXᵉ siècle.

Les morts exemplaires des saints sont beaucoup mieux documentées que celles des gens ordinaires. Si ces derniers sont évidemment capables de terminer leurs jours de la même manière que les élites du christianisme, il leur arrive aussi sans doute plus souvent de mourir dans les formes culturelles et sociales dominantes au sein de leur communauté. Autres temps, autres hommes, autres mœurs ! Il est en effet douteux qu'au seuil de la tombe les paysans se soient trouvés en rupture avec les traditions acquises depuis leur venue au monde. Que leur culture soit profondément marquée par le christianisme, surtout à partir du XVIIᵉ siècle, n'est pas douteux. Mais elle diffère aussi très profondément de celle des puissants et des riches, des courtisans et des citadins, ne serait-ce que par suite des conditions de vie dans les campagnes.

4 La faim, les peurs et la violence au village

Loin des riches qui s'empiffrent, au point de souffrir d'excès alimentaires, les paysans de l'Ancien Régime se situent généralement au seuil de la survie, tout en connaissant régulièrement de sévères famines. La faim n'est souvent pour eux que le premier élément d'une chaîne de fléaux incluant les épidémies ou les misères de la guerre. Ils ne désespèrent pas pour autant, car ils affichent collectivement un extraordinaire dynamisme vital, traduit par des brutalités et par une agressivité considérées comme excessives par des historiens du XXᵉ siècle : la violence n'est pourtant pas uniquement destructrice, dans le monde rural ; elle constitue aussi souvent une véritable technique de survie et d'adaptation aux dangers.

DE CARÊME EN COCAGNE : FAIM ET RÊVES ALIMENTAIRES

Un monde de pénurie

La France moderne est un pays essentiellement céréalier, où la subsistance des humbles passe par la culture des « bleds », au prix d'efforts de travail beaucoup plus intenses, par exemple, que ne l'exige le maïs dans le Mexique des Aztèques au début du XVIᵉ siècle. Aliments mystiques, dans tous les sens des termes, le pain et le vin de la messe sont les bases fondamentales de la vie de tous. Légumes, viande de basse-cour ou de braconnage, spécialités régionales (il existe un monde des châtaignes, un autre du seigle, un univers de la bière ou du cidre, etc.), complètent de manière diverse cette alimentation, sans fondamentalement changer les données du problème. Les rendements sont faibles et les conditions techniques ne produisent pas d'évolution spectaculaire avant le XVIIIᵉ siècle. Dans un monde « plein », en léger progrès démographique dans le long terme, la majorité des paysans ne peuvent généralement avoir à la bouche qu'un goût de trop peu. Il n'est pas possible d'entrer ici dans les détails d'un sujet vaste et important (Robert Mandrou, 1961). Il suffit de signaler cette donnée de base pour comprendre les conséquences d'une sous-alimentation chronique ou d'une malnutrition génératrice de fréquentes avitaminoses en temps normal comme pour analyser les phénomènes plus graves encore liés aux sévères famines du XVIIᵉ siècle.

● *Le corps humain*, en premier lieu, témoigne de ces réalités. L'étude iconographique montre (dans la peinture de Jérôme Bosch par exemple) des faces édentées, des individus courbés, cassés ou fatigués. La théorie des deux races sur le sol français, qui distingue les descendants des envahisseurs

Francs de ceux des Gallo-Romains dégénérés, correspond peut-être un peu à des différences dues à l'alimentation. Les nobles sont probablement plus grands, si l'on en juge par les armures conservées, que les paysans moyens dont certains cimetières permettent d'étudier la taille et l'aspect probable. Sans exagérer ces différences, il faut noter l'usure physique plus rapide des ruraux, soumis à de dures conditions de travail. Leur teint hâlé n'est pas du tout à la mode, car les belles dames comme les aristocrates évitent soigneusement le soleil, préférant la pâleur affectée, ce qui marque ainsi encore plus les oppositions avec les gens du peuple. Ces derniers souffrent de misères physiques de toute nature, aggravées par la consanguinité, suite à l'endogamie villageoise : beaucoup de choses dépendent effectivement des circonstances climatiques, de la pression sur les terres et aussi, bien sûr, de la richesse des terroirs. Au XVIIIᵉ siècle, les Solognots en parfaite méconnaissance du danger couru, ont une espérance de vie très brève, suite à la consommation de seigle ergoté, véhicule de graves maladies.

Dans les provinces les plus riches, la vie n'est cependant pas aisée pour le plus grand nombre. Les rendements moyens atteignent cinq pour un, c'est-à-dire cinq grains pour un planté. Compte tenu des divers impôts, de la perte lors du stockage, de la nécessité de prélever la semence de l'année suivante, les paysans qui exploitent de faibles superficies (la majorité de la population) n'ont pas de surplus à vendre. Ils manquent même de farine à la « soudure », entre la fin de l'hiver et la nouvelle récolte. Se nourrir est une obsession constante, traduite par la célèbre prière qui monte vers Dieu : « De la peste, de la famine et de la guerre, délivre-nous, Seigneur. » Les contrastes se marquent donc nettement, en ville surtout mais également au village, entre les bien nourris, dont font partie les moines bien gras, et les affamés, comme le montrent des gravures d'après Pierre Brucgel le Vieux (né vers 1525-1530, mort en 1569) représentant *La Cuisine maigre* et *La Cuisine grasse*.

● *La part des « maigres »*. Les rythmes alimentaires du commun peuple intègrent la notion ordinaire de pénurie. Il est certainement moins difficile aux plus pauvres qu'aux nantis de faire « maigre » le vendredi. Quant aux jeûnes préconisés par l'Église, ils s'adaptent bien à une société d'insuffisance alimentaire en marche chaque hiver vers la famine. Au-delà des aspects religieux, les périodes de pénitence de l'avent, en décembre, et du carême, avant Pâques, jouent un rôle important dans l'économie alimentaire. Alors que les réserves s'épuisent, surtout à l'approche du printemps, ces obligations sont d'autant mieux observées qu'elles permettent de faire durer autant que possible les ressources.

Un deuxième type de temps alimentaire est constitué par la parcimonie et par l'économie des jours ordinaires : soupes, pain frotté d'ail ou d'oignons, farine utilisée sous diverses formes, légumes du jardin, volaille à l'occasion, en forment la base. Le sens sacré lié au pain, au vin et au sel n'est pas seulement d'essence ecclésiastique. Il provient aussi de la nécessité vitale d'en user avec précaution, sans gaspillage aucun. Le pain, cuit parfois au four commun, est consommé durant longtemps, sec, puis franchement rassis, car il ne saurait être question d'en perdre une miette. Le vin, dans beaucoup de régions et même nettement plus au nord que les limites actuelles de la vigne, est indispensable pour couper l'eau que l'on boit rarement pure, car elle véhicule nombre de maladies, comme les gens le savent d'expérience. Le sel de la vie, enfin, coûte particulièrement cher dans les pays de grande gabelle, où chacun doit en consommer une certaine quantité, dite « le sel du devoir », pour s'acquitter de l'impôt de ce nom.

Rêves de Cocagne

● *Une troisième dimension alimentaire* est liée aux fêtes. Cette humanité normalement mal nourrie, astreinte périodiquement aux privations, rêve d'abondance. Ceux qui peuvent tuer le cochon en font une large fête collective : ils invitent parents et amis à venir se gaver de chair fraîche, avant de préparer les salaisons pour toute l'année. L'explosion de joie et les excès réellement boulimiques à cette occasion ont frappé les observateurs. Ils se retrouvent lors des fêtes de toute nature, en particulier à l'occasion des mariages. Ils culminent durant la période du carnaval, c'est-à-dire dans la succession de plusieurs jours « gras » dont fait partie le mardi du même nom : juste avant l'entrée en carême, le mercredi des Cendres, les gens inventent pour quelques temps un véritable paradis alimentaire. Ils consomment alors une bonne partie de leurs réserves, ce qui peut paraître paradoxal, compte tenu de leur régime habituel. La chose est cependant indispensable à leurs yeux : l'année est faite d'alternances des trois rythmes alimentaires signalés. Le dernier prend la forme d'un exutoire. Il est en réalité la condition nécessaire pour supporter les privations et les jeûnes du reste du temps.

Pierre Bruegel, fin observateur des paysans brabançons (un peu plus gras que la plupart des Français...), a représenté avec talent les extrêmes dans le *Combat de Carnaval et de Carême*. Les ruraux jouaient d'ailleurs réellement sur la place publique cette sorte de pièce de théâtre collective opposant le gras représentant de Carnaval, monté sur un tonneau, à la vieille de carême. Car il s'agissait pour eux de phénomènes vitaux, liés aux notions mêmes d'existence et de fécondité. Le mannequin de Carnaval brûlé dans la liesse sur de nombreuses places publiques, le soir du mardi gras, exprimait la venue d'un temps redoutable de jeûne, d'attente inquiète aussi durant la période de la « soudure », longtemps avant de savoir si la moisson serait bonne ou mauvaise et donc si la vie serait normale ou pénible. En prévision de cet avenir incertain, il fallait attirer magiquement la fertilité sur le terroir par le rite en question en se gavant, à proprement parler, de délicieux espoirs. (Voir *Carnavals et mascarades*, sous la dir. de Pier Giovanni d'Ayala et Martine Boiteux, Paris, Bordas, 1988.)

L'estomac de la plupart des gens est donc soumis à de véritables cycles, de la pénurie habituelle à l'excès ponctuel, en passant par des jeûnes sévères. La psychologie collective qui en résulte est faite de contrastes brutaux, de frustrations et de hantises. Les rêves de « bouffe » appartiennent à cet ensemble, sous la forme des « Pays de Cocagne » (Jean Delumeau, *La Mort des pays de Cocagne*, Paris, Publ. de la Sorbonne, 1976). Issus du mythe savant de l'âge d'or, ceux-ci représentent des régions imaginaires où tout est nourriture d'accès aisé. La France du XVIe et du XVIIe siècle en connaît au moins 12 variantes et les Flandres 40, dont le célèbre tableau peint en 1567 par Bruegel : un clerc, un chevalier et un paysan sont endormis dans ce cadre mirifique, où le porc rôti vient à petits pas se faire déguster, où un œuf à la coque à deux pattes approche pour être consommé, où un oiseau dépose de la nourriture dans la bouche ouverte d'un quatrième paresseux, éveillé celui-là.

Il est hors de doute que le thème provient du monde rural. On peut néanmoins se demander si le traitement artistique ou littéraire qui lui est donné ne correspond pas en outre aux hantises des nantis face au danger potentiel représenté par les « ventres creux ». Les mythes « dévorants » se multiplient précisément en ces siècles marqués en France par une pression fiscale croissante sur les humbles, suivie au XVIIe siècle d'une nette dégradation de leurs conditions de vie : ne définissent-ils pas aussi un peu des peurs des « gras » face à des « maigres » soupçonnés de vouloir à tout prix s'emplir la panse ? D'autant qu'éclatent de nombreux soulèvements paysans dans le deuxième quart du XVIIe siècle. Il est vrai que les révoltés ne contestent pas l'ordre social établi. En criant souvent « Vive le roi sans la gabelle », ils définissent plutôt des difficultés d'existence croissantes liées aux ponctions fiscales, car celles-ci contribuent à resserrer autour d'eux une véritable chaîne de fléaux.

CALAMITÉS NATURELLES, ÉPIDÉMIES ET GUERRES

Les conditions de vie paysannes sont étroitement dépendantes des phénomènes naturels, ainsi que des terribles ponctions humaines opérées par les grandes épidémies. Lorsque se conjuguent les malheurs, que s'y ajoutent les misères de la guerre, les populations atteignent le fond de l'abîme, puis repartent à la conquête de l'existence avec un surprenant dynamisme, en attendant que ne se renoue encore et sans cesse la chaîne des fléaux, jusqu'aux années plus heureuses du XVIIIe siècle.

Nature et culture

• *Les cycles des saisons.* La civilisation paysanne de l'Ancien Régime est beaucoup plus directement liée que la nôtre aux cycles ordinaires de la nature. Les ruraux n'ont évidemment aucune prise directe sur les conditions climatiques, dont dépend pourtant étroitement leur survie. Sans en avoir vraiment conscience, ils subissent d'ailleurs les effets du « petit âge glaciaire » installé en Europe du milieu du XVIe siècle jusqu'au milieu du XIXe siècle. Cette tendance au refroidissement apparaît parfois dans les plaintes des chroniqueurs. Les villageois ne peuvent que souffrir et attendre, en empilant sur eux, s'ils en ont les moyens, des vêtements qui ne sont jamais imperméables, en brûlant bûches ou fagots dans leur cheminée pour tenter de résister bien médiocrement au froid. Les grands hivers sont terribles. Ils laissent d'épouvantables souvenirs, tel celui de 1480-1481 dans les régions du Nord ou le célèbre grand hiver de 1709. Dans le premier cas, des témoignages écrits prétendent que les bébés mouraient dans leurs langes et les cavaliers sur leur cheval.

La nature rythme sans ménagement la vie humaine. Si les loups affamés n'osent venir jusqu'aux villages qu'en cas de long et rude hiver, ils n'en rôdent pas moins dans les bois de nombreuses régions en temps ordinaire. Et la nuit redoutable rétrécit chaque fois l'espace humanisé aux dimensions des foyers individuels ou des veillées collectives des temps froids. Se grouper pour avoir chaud ensemble tout en se donnant du courage face aux difficultés de la vie ou aux peurs explique l'importance de ces habitudes grégaires. On comprend aussi pourquoi les paysans attendent avec impatience la fin de la trop longue saison hivernale, en fêtant avec joie le retour des jours plus longs, lors du bûcher de la Saint-Jean, le 24 juin. Les couples qui sautent alors au-dessus des flammes portent des espoirs magiques de fécondité des terres et des femmes, avec le retour de la deuxième grande saison de l'année, annonçant l'approche des moissons. Les demi-saisons ne sont pas ignorées, mais elles n'ont pas l'importance fondamentale des deux autres, dans une société directement reliée à l'intensité et à la durée de l'ensoleillement. En tout temps, le chant du coq annonce à la fois le début des travaux et la fin d'une période inquiétante : n'est-ce pas l'heure où les légendes disent que les sorcières, voire le diable, perdent leur pouvoir, ce qui les force à rentrer dans leurs tanières ? De la même manière, les sources judiciaires marquent l'influence sur les tempéraments de la tombée de la nuit : à ce moment particulier, entre chien et loup, les paysans se laissent aisément aller à la violence, signe vraisemblable d'une montée obscure d'inquiétude à l'approche des ténèbres.

• *La nuit n'est-elle pas le moment de tous les dangers,* en particulier de l'épouvantable calamité qu'est l'incendie ? Le monde paysan est en effet un univers du bois. Souvent simples et basses, à pièce unique, au sol de terre battue, les maisons sont bâties de bois et de matériaux légers (colombage, chaume sur le toit, etc.). Seules quelques habitations de gens riches sont plus hautes, car elles utilisent des productions locales dures, telles la pierre, la brique, l'ardoise. L'église est parfois le seul bâtiment de ce genre au village. Si bien que le « feu de méchief », c'est-à-dire l'incendie accidentel, fait des ravages soudains et importants dans les pays d'habitat groupé, comme d'ailleurs dans les villes. Le feu fait peur, d'autant qu'il se propage facilement depuis le foyer ouvert, ou encore lors de la chute d'un chandelier, d'une torche, d'une bougie. Bois et paille flambent alors avec rage, tandis que les victimes ne peuvent qu'attendre pour rebâtir, si elles ont pu échapper elles-mêmes aux flammes.

• *Quant aux calamités naturelles,* elles s'abattent fréquemment sur une humanité tout aussi incapable d'y faire face autrement que par la résignation, avec la volonté ultérieure de réparer les dégâts. En se souvenant de l'horreur liée aux tremblements de terre de la fin du XXe siècle, malgré l'utilisation de moyens techniques importants pour y faire face, on peut sans peine imaginer le complet désarroi des paysans de l'époque moderne lors de telles catastrophes, dont les chroniques locales rapportent d'innombrables exemples : ruptures de digues sur les côtes, notamment dans les Pays-Bas ; inondations dues aux fleuves et aux rivières ; tremblements de terre ; grands vents ou tempêtes ; orages destructeurs ; pluies de « sang » ; comètes et prodiges ; etc. Les intéressés font d'ailleurs peu de différence entre ce que nous nommons normal et ce qui nous paraît être du domaine du surnaturel. Pour eux, ces diverses calamités sont « naturelles », c'est-à-dire inscrites dans le plan divin d'organisation de l'univers. Les prédicateurs fulminent souvent contre les péchés des hommes, expliquant de cette manière telle ou telle tragédie. En d'autres termes, tout le monde pense que Dieu punit ainsi ceux qui l'offensent, en leur envoyant des signes (la pluie de « sang » par exemple) et en multipliant les épreuves. À moins qu'il ne s'agisse du déchaînement de forces démoniaques, ce qui revient un peu au même, car le diable n'agit qu'avec la permission du Créateur pour faire souffrir les humains, puis pour tenter de les séduire en profitant de leur désespoir. La prière élevée vers Dieu paraît donc toujours être le remède le plus efficace contre ces maux. Tel est le cas des processions conduites par le curé pour exorciser les animaux nuisibles gâtant les récoltes, ou encore des sonneries de cloches pour écarter un orage menaçant, même au temps des Lumières du XVIIIᵉ siècle ! Une attitude mentale identique prévaut dans le domaine des épidémies.

De grandes épidémies et de multiples maladies

Les paysans de l'Ancien Régime n'ont aucune conception de ce que nous appelons l'hygiène. Ils ignorent évidemment l'existence des microbes ou de l'infiniment petit, tout en percevant la maladie comme une sorte d'agression venue du dehors pour miner leurs forces. Leurs conditions de vie ouvrent de ce fait la porte à de nombreuses contagions. La promiscuité, par exemple lors du partage du lit commun par les parents et les enfants, facilite la marche des épidémies, que les veillées ou d'autres occasions de rencontre transportent dans tout le village. Il ne faut cependant pas exagérer les choses ni porter sur elles un regard anachronique. Le fumier pourrit très souvent à quelques pas de la porte, devant laquelle sont jetées les matières fécales, en l'absence de lieux d'aisance spécifiques ; les déjections des animaux jonchent le sol, parfois même celui de la maison, lorsqu'une précieuse vache s'y trouve, séparée des humains par une cloison ou non, sans parler des chiens, des poules, des porcs laissés en liberté. Mais ces conditions sont celles de beaucoup de sociétés paysannes dans des espaces et des temps différents. Si elles choquent nos sensibilités, elles ne produisent pas nécessairement des handicaps insurmontables en matière de santé. Car les villageois qui ont survécu à l'enfance, aux calamités et aux maladies sont résistants. Habitués à supporter le froid, la fatigue et la douleur, ils sont aussi partiellement immunisés contre certains germes. En effet, l'Europe possède un relatif équilibre microbien, hors du domaine des grandes épidémies. La preuve en est fournie par la découverte des Amériques, suivie d'une brusque prolifération chez les Indiens, dès le XVIᵉ siècle, de souches bactériennes importées par les conquérants mais dont ceux-ci ne souffraient pas de manière excessive. La grippe a ainsi fait des ravages extraordinaires au Pérou, alors qu'elle réapparaît de manière récurrente et parfois tragique en Europe sans provoquer des hécatombes d'une même ampleur.

● *De multiples maladies n'en sévissent pas moins.* Elles opèrent de sévères ponctions dans les catégories les plus fragiles de la population : femmes en couches, enfants en bas âge, vieillards. La sous-alimentation chronique de nombreuses familles paysannes expose plus aisément leurs membres aux poussées de mortalité, suite aux maladies saisonnières en particulier. L'arrivée de l'été se manifeste souvent pas des « flux de ventre » liés à l'alimentation ou à la consommation d'eau polluée. D'innombrables fièvres, doubles, tierces, quartes selon l'intervalle séparant les poussées, existent à côté de manifestations de typhoïde, de rougeole, de variole, de diphtérie, de petite vérole... Les descriptions de l'époque ne permettent pas toujours d'identifier avec exactitude ces événements calamiteux, ou encore les cancers, les avitaminoses, etc. Le scorbut des marins, la rage ou bien la gangrène sont plus aisément repérables par l'historien. Inguérissable, la rage est l'objet de pèlerinages thérapeutiques à Saint-Hubert d'Ardenne, mais le saint guérisseur n'empêche pas au stade final l'étouffement de l'enragé par ses proches, pour éviter la transmission du mal.

La lèpre, la syphilis et les pestes constituent par ailleurs les dangers les plus redoutés par les Européens du temps. En net recul depuis le Moyen Âge, la lèpre conduit encore ceux qui en sont affectés à la mort civile par l'exclusion sociale. Lorsqu'il passent quelque part en agitant leur crécelle pour prévenir les gens, ceux-ci s'éloignent. Des léproseries, situées hors des villes, accueillent ces morts en sursis, marqués du doigt de Dieu, devenus inutiles au monde.

La syphilis provient peut-être d'Amérique. Transmise aux conquérants français de l'Italie sous le nom de « mal de Naples » à la fin du XVe siècle, elle fait ensuite des ravages dans toutes les couches sociales, gagnant l'Angleterre, où on la qualifie de « mal français ». François Ier n'est pas le seul à en mourir, car la médecine ne peut que retarder l'issue fatale en utilisant des décoctions de bois de gaïac ou en préconisant de très éprouvantes cures au mercure, qui font abondamment souffrir, suer et baver les malheureux patients.

Le redoutable pluriel du mot pestes recouvre un ensemble complexe et symbolique de grandes épidémies qui ne sont pas toutes transmises par le bacille de Yersin. Certaines n'ont en commun avec la peste que la peur panique qu'elles déclenchent : le feu Saint-Antoine désigne sans doute plutôt l'ergotisme gangreneux, suite à la consommation de seigle parasité par un champignon. Depuis la terrible Peste noire de 1348, la peste pulmonaire continue ses ravages en Europe, parallèlement à la peste bubonique (du nom des « bubons » ou boursouflures sur le corps du malade) transmise par la puce du rat. Endémique jusqu'au début du XVIIIe siècle, cette dernière produit localement de manière récurrente des poussées virulentes dans les campagnes et surtout dans les villes, foyers plus clos dans leurs murailles.

● *De nombreux recours existent contre les maladies ou les épidémies.* Rares sont cependant ceux qui se révèlent très efficaces. La médecine officielle suit les leçons d'Hippocrate, c'est-à-dire la théorie des humeurs : elle prétend guérir par les saignées, les lavements et les potions. Par chance, peut-être, pour les paysans sous-alimentés, elle ne s'exerce guère à la campagne avant le XVIIIe siècle, ne leur retirant donc pas le sang et la force qu'ils n'ont pas en trop. Des chirurgiens de village, moins savants mais plus adroits, peuvent tenter tant bien que mal de guérir leurs maux : certains clients survivent aux trépanations qu'ils opèrent ; d'autres viennent leur demander de panser des blessures, d'ouvrir des abcès ou de préconiser des drogues et des herbes calmantes. Beaucoup plus nombreux sont ceux qui se mettent entre les mains de guérisseurs locaux, de devineresses et de sorcières, dont les divers secrets peuvent parfois soulager les patients. Herbes, incantations, gestes magiques constituent l'essentiel de leur panoplie. En dernier lieu, il est possible de s'adresser à Dieu, ou plutôt et plus souvent à ses saints et à la Vierge. Une géographie efficace du sacré existe dans toute l'Europe. Notre-Dame joue un rôle de généraliste, tout en se spécialisant parfois dans la protection contre les « flèches » de la peste ou en rendant temporairement la vie aux nouveau-nés décédés sans baptême. Les saints guérisseurs, quant à eux, répondent à une demande extraordinairement ample. Les circonstances de leur martyre sont aussi par magie sympathique celles de leurs spécialités médicales. Les saints décapités guérissent les maux de la tête. Saint Roch est invoqué pour la peste, qui l'avait frappé. Avant le milieu du XVIe siècle, des traditions locales mal vues des autorités religieuses attachent la fécondité des femmes à telle statue de bienheureux ou poussent des mères à porter dans tel sanctuaire leur enfant retardé pour la marche ou pour la parole. La lutte du concile de Trente pour épurer ces superstitions ne portera d'ailleurs pas toujours ses fruits par la suite, tant est grand le besoin de sécurité et de guérison des populations.

● *La peur* est le plus souvent la compagne fidèle des maladies ou des épidémies. Des boucs émissaires sont aisément trouvés par des foules affolées : juifs, sorcières, « engraisseurs de porte » (gens venant mettre un onguent maléfique sur celle-ci) se font fréquemment poursuivre et lapider par la foule, les juges n'hésitant pas à les condamner s'ils échappent aux fureurs populaires. Tout témoigne d'une réelle impuissance devant des phénomènes imputés soit à la colère divine soit à la malice diabolique. Un mécanisme mental dynamique pousse alors les êtres humains à chercher des explications, fussent-elles magiques ou peu rationnelles. Les principales conduites signalées traduisent en tout cas une forte vitalité, propre à dépasser le désespoir et le découragement. Les plus riches des citadins fuient leur ville empestée. Les plus pauvres doivent y rester, comme les paysans dans leurs villages ; ils se mettent alors à rejeter hors d'eux-mêmes l'angoisse, en identifiant de prétendus coupables, en se livrant au pillage ou à la violence, voire en faisant la fête pour profiter de leurs derniers instants.

Il est surprenant de constater à quel point l'univers mental campagnard est à la fois marqué par des peurs intenses et par des facultés tout aussi importantes de les dépasser. En tout cas, la vie au village n'est ni immobile ni tranquille durant ces siècles de fer, les choses commençant à changer au XVIIIe siècle. Ceci explique d'ailleurs l'inlassable courage des populations, capables de reconstruire patiemment, constamment, leur cadre de vie dévasté par la guerre et par les chaînes de fléaux qui y sont liées.

Les misères de la guerre

Les diverses régions françaises ne connaissent pas au même moment ni durant tout l'Ancien Régime les effets de la guerre. Certaines restent même durablement à l'écart des conflits. Mais depuis la guerre de Cent ans, de nombreux paysans ont eu l'occasion d'en souffrir, surtout à l'époque des guerres de Religion, de 1562 à 1598, ou encore dans les régions frontières pendant les conquêtes de Louis XIII et de Louis XIV, sans oublier les difficultés de la guerre de Succession d'Espagne, lorsque les coalisés de la Grande Alliance de La Haye pénètrent en territoire français, de 1708 à 1712.

Alors règnent les misères de la guerre, dramatiquement représentées dans les gravures du lorrain Jacques Callot (1592-1635). Les armées ennemies ne sont pas toujours pires que les troupes mercenaires du prince, logées chez l'habitant, capables de voler et de piller sans vergogne pour compenser l'arrivée irrégulière de leur solde. Les provinces les plus exposées, Artois, Flandre, Roussillon, Lorraine, etc., connaissent ainsi le va-et-vient des troupes, ce qui se résume au mieux, pour les paysans par des prélèvements importants sur les récoltes et le bétail, par des ravages pour affamer les ennemis, par des excès, par des viols de femmes et de filles. Au pire, lorsque la bataille se déroule trop près, tout risque d'être détruit. Les gens ont à peine le temps de fuir vers les bois, vers une carrière, ou encore dans l'église, en emportant leurs biens et leurs animaux les plus précieux. La misère s'installe alors durablement, car les travaux des champs ne peuvent avoir lieu, si bien que la famine se prolonge longtemps après le retour à la normale. La désorganisation est souvent plus grave que les morts enregistrées. À la faim s'ajoutent les maladies ou les épidémies, atteignant une population désemparée, affaiblie par les privations, traumatisée et angoissée.

● *Et pourtant, cette même humanité ne désespère jamais.* Elle répond au défi mortel qui lui est posé par une série de réactions proprement vitales. Rares sont les villages définitivement abandonnés. Le danger passé, les paysans reviennent au même endroit pour réparer, ou pour reconstruire s'ils y trouvent table rase. La force des traditions enjoint de reprendre les mêmes réseaux routiers, ainsi que de rechercher la permanence en tout point pour combattre le découragement. Il arrive même parfois que l'on transporte à l'abri l'essentiel des structures légères constituant habituellement la maison, pour les réinstaller à l'endroit initial après le départ des troupes. La somme de travail exigée par la situation est immense, notamment pour remettre en état les friches ou les vignes en pays de vignobles. Elle manifeste une obstination identique à celle qui s'exprime dans le régime démographique : après la pluie, le beau temps ; après le danger, la reconstruction, de la même manière que les couples se précipitent vers l'autel pour se remarier à l'issue d'une sévère mortalité.

Ces attitudes ont leur revers. Les ruraux souffrent trop de la guerre pour considérer sans émotion les militaires. Face à des spécialistes du combat, volontiers méprisants envers la paysannerie, ils adoptent un comportement traditionnel de méfiance. Lorsque les conditions sont à leur avantage, ils n'hésitent pas à poursuivre le soudard isolé ou la petite troupe de militaires. Le port d'armes fréquent, surtout dans les zones frontières, aboutit de ce fait à des blessures, parfois mortelles : deux sociétés antagonistes expriment ainsi leur différence fondamentale. Tout étranger est d'ailleurs considéré avec suspicion par les villageois. La guerre ne fait que renforcer ce sentiment. Quant au soldat d'origine terrienne retournant dans sa communauté, il ne reçoit pas facilement un bon accueil : un certain nombre de jeunes ruraux s'enrôlent, attirés par la carrière qu'ils imaginent glorieuse et rentable, mais ils ont ensuite du mal à se réintégrer dans leur village, lorsqu'ils reviennent, parfois estropiés ; la fonction de tavernier, demandant force et autorité, est l'une de celles qui s'ouvrent alors le plus aisément à eux, car ils ne peuvent pas toujours se contenter des peines et des labeurs de l'agriculture.

En réalité, la guerre est plus pénible pour les ruraux par ses conséquences indirectes que par les décès liés aux combats ou aux occupations. Elle déséquilibre durablement leur société, accentue les antagonismes avec les militaires, y compris ceux qui servent le même prince, et surtout déclenche des réactions en chaîne orientées vers la survie à tout prix. Elle est donc à la fois un frein démographique, économique, social et un important élément d'instabilité psychologique collective. Elle encourage les communautés à se replier sur elles-mêmes en développant de fortes réactions de xénophobie ou d'agressivité.

Guerres, famines, épidémies colorent de peur et d'inquiétude le monde rural d'Ancien Régime. De telles données expliquent les fréquentes réactions violentes des individus et des groupes : réponses à l'insécurité, celles-ci n'ont pas uniquement une dimension négative, car elles permettent des adaptations à une réalité souvent difficile, parfois même très dangereuse.

LA VIOLENCE AU VILLAGE

Les historiens notent tous l'importance des crimes de sang, en particulier des homicides, dans les campagnes du XVIᵉ ou du XVIIᵉ siècle. Certains ajoutent que les choses évoluent dans le courant du XVIIIᵉ siècle, la violence tendant à décroître et le vol à augmenter, sous l'effet d'un adoucissement des mœurs. Mieux vaut peut-être parler à ce sujet d'une lente confiscation de la violence par les pouvoirs établis, notamment par la justice, alors que la situation antérieure relève plutôt d'une banalisation de la brutalité au village.

Il ne faut pourtant pas imaginer que les ruraux se livrent sans retenue à tous les excès dans le cadre d'une sorte de loi de la jungle. Les rapports de force sont en effet fréquents dans ce monde inégalitaire, à l'image de toute la société du temps. Les coups prolongent vite les échanges verbaux entre hommes et femmes, riches laboureurs et pauvres manouvriers, soldats et paysans, célibataires et hommes mariés, etc. Mais ils s'inscrivent dans le cadre de codes sociaux, voire de rites puissamment établis, en faisant souvent l'économie du recours au regard extérieur d'un juge.

• *Les documents judiciaires ordinaires ne sont donc pas suffisants* pour approcher ce phénomène qui leur échappe en grande partie. Témoignages et descriptions littéraires ou artistiques définissent souvent mieux cette violence multiforme très fréquente. S'y ajoutent les grâces royales accordées à des meurtriers : elles se comptent par milliers, ce qui définit l'ampleur du problème, puisqu'elles ne s'appliquent théoriquement pas aux crimes crapuleux ni aux récidivistes et autres brigands. J'ai pu en relever près de 3 500 pour la seule province d'Artois de la fin du XVe siècle à 1660 (Robert Muchembled, 1989). Dans ce territoire de langue française appartenant alors aux ducs de Bourgogne puis aux rois d'Espagne leurs successeurs, la violence sanguinaire grave est extrêmement banale. Elle n'est que la pointe émergée d'un ensemble de brutalités verbales ou physiques entre les personnes impossible à chiffrer mais fort important.

Faut-il en déduire que la plupart de nos ancêtres étaient des criminels ? Ce serait aller un peu vite, car les affaires réellement sérieuses aux yeux de la justice et des paysans eux-mêmes sont alors minoritaires face aux formes multiples d'une violence considérée comme ordinaire, que le prince n'hésite pas à pardonner par une lettre de rémission, contre une amende proportionnelle à la richesse du demandeur. Pourvu que le coupable fasse alors une paix privée avec les héritiers de la victime, les tribunaux ne se mêlent plus ensuite d'une telle situation. En réalité, la forme de violence concernée par la grâce princière appartient à des mécanismes de régulation de la société paysanne, ce qui explique le consensus aisément établi à son sujet. L'analyse des cas artésiens montre la prédominance d'une agressivité des dimanches et des jours de fête, en particulier au cours du printemps et de l'été. Les conflits se nouent plus fréquemment au crépuscule ou le soir, à la taverne ou à la sortie (55 % des cas), définissant une sociabilité très conflictuelle liée aux loisirs plutôt qu'au travail. Épées et couteaux, puis même pistolets et fusils au XVIIe siècle, témoignent du port d'armes très fréquent, bien que des édits du prince tentent souvent de l'interdire ou de le limiter. Le fait que l'Artois soit une région frontière ardemment disputée entre la France et les Habsbourg ne suffit pas à lui conférer une puissante originalité en ce domaine : dans toutes les provinces françaises, armes ou bâtons servent généralement à écarter les multiples dangers sur le chemin des paysans.

Dans ces conditions, chacun peut aisément devenir un meurtrier. Toutes les catégories de ruraux sont en effet représentées dans les documents, y compris les seigneurs et les prêtres. Au fond, ces homicides pardonnés si nombreux ne sont que des dérapages de la sociabilité ordinaire. L'ivresse ne fait généralement que révéler le fond des choses, c'est-à-dire souvent des querelles antérieures d'honneur ou d'intérêt, des désirs de vengeance, des frustrations et des frictions. Sans être absents, les mobiles proprement criminels (au sens du XXe siècle) sont minoritaires. Ils n'atteignent même pas le niveau des jeux ou des plaisanteries qui tournent mal, par exemple.

LETTRE DE RÉMISSION
POUR JEAN CHARBONNIER, DIT NAIN

« Savoir faisons que Nous avons reçu l'umble supplication de Jehan Charbonnier dit Nain, pouvre simple homme de braz et labour, Contenant que de toute son aage il s'est bien et deuement gouverné, sans avoir reproche ne estre reprins d'aucuns villain cas, et a tousiours gaigné sa vie à busché et fagoter boys sans qu'il ait gueres faict autre estat. S'est marié au lieu de Flonville [en Orléanais] où il a tousiours faict sa résidence et demourance, et esté chargé de femme et de plusieurs petitz enfans. Ung jour de mercredi depuis deux ans, mesmement ou mois d'avril y a ung an, se leva d'avec sa femme avec laquelle il avoit couché en sa maison. Et en se levant, demandant à sadicte femme si elle avoit de l'argent pour avoir du pain. Laquelle respondit qu'elle avoit deux lyars. Et après luy dist ledit suppliant qu'il avoit deux karolus, et qu'elle luy baillast lesdits deux lyards et qu'il luy bailleroit lesdits deux karolus pour avoir du pain à ses enfans. À quoy, luy fut dit par sadite femme qu'il en desgaigeroit sa serpe qui avoit esté engaigée pour son frere Robin chez ung nommé Berquerel.

Et après ces parolles, s'en partit, garny d'une congnie [cognée], et s'en alla au villaige de Mezieres, distant dudit Flonville d'une lieue, où illec abbatit demy arpent de boys pour Pierre Hantal, Seigneur de Le Plaigne. Et ce fait s'en alla en la maison de Le Plaigne, où il repeut en beut une pinte de vin, et luy prya ledit de Le Plaigne qu'il allast le lendemain fagoter ledit boys, ce qu'il fut accordé par ledit suppliant.

Et en issant [sortant] dehors de ladite maison, trouva ung nommé Thibaut Corbon, qui luy demanda dont il venoit. À quoy, luy fut dit par ledit suppliant qu'il venoit de chez ledit Seigneur de Le Plaigne. Et alors ledit suppliant et Corbon s'en allèrent chez Philibert Capperon, tavernier à Dreux, où ils beurent ung pot de vin et puis s'en allèrent chacun de son costé. Assavoir, ledit suppliant devant la petite hale dudit Dreux, où il trouva son frère Thomas, qui luy demanda si le boys estoit abbatu. À quoy ledit suppliant répondit que oy. Et alors ledit Thomas demanda audit suppliant s'il vouloit aller aux nopces de son oncle Colin. Auquel il respondit « Où yroit [?]. Je n'ay point d'argent. Voilà Robin, qui m'a mené aux tavernes et m'a fait despenser mon argent, et est ma serpe engaigée, et ne sçauroys de quoy besongner [travailler] ». Et alors s'en alla chez Françoys Berquerel, où ladite serpe estoit engaigée, et pria la femme dudit Berquerel qu'elle luy baillast ladite serpe et qu'il luy laisseroit sa congnée jusques à ce qu'il eust payé. À quoy elle respondit qu'elle ne la bailleroit point.

Et quant ledit suppliant vid qu'il n'avoit point sa serpe, de laquelle il devoit fagoter ledit boys dudit de Hantelle et gaingner sa vie et celle de ses enfans, il s'en alla tout desconforté, pensant passer par dedans le chasteau, ce qu'il ne peult faire parce que la porte estoit fermée et fut contraint se retourner par la porte du petit pont, où il trouva Denis Le Fevre et luy demanda s'il avoit veu ses frères. À quoy ledit Le Fevre respondit que oy, et qu'ilz n'estoient pas loing.

Et alors ledit suppliant comança à courir apres eulx et les [?] acouroit au lieu de la Loge Blanche. Et luy arrivé avec eulx, comença à dire à Robin, "Pardieu, tu es ung vaillant seigneur". Lequel Robin respondit, "Pourquoy ?" Et ledit suppliant dist, "Pour tant que pour ton plaisir tu m'a mené aux tavernes et m'avoit oy bien dit que tu me trahnoys [traînais]". À quoy ledit Robin dist audit suppliant qu'il avoit menty. Et ledit suppliant dist que c'estoit luy, et que pourtant s'il avoit des biens de s'alymosnie [aumône] et congé de son seigneur, qu'il ne laisseroit point à vivre s'il plaisoit à dieu.

Cela faict, marchèrent ensemble. Et en marchant ledit suppliant dist audit Robin, "C'est que tu diz que tu bateras ma femme". À quoy repondit ledit Robin qu'il la galleroit [frapperait] bien et ledit suppliant avec. Et ledit suppliant luy dist ces paroles semblables, "Tu feras tes fièvres quartaines". Et ledit Robin retourna et cuyda [voulut] frapper de sa main ledit suppliant, lequel bailla de sa congnée sur la teste dudit Robin de la teste de ladite congnée, tellement qu'il fendit la teste et le versa à terre. Et depuis pour estre mal pensé [pansé=soigné] ou autrement, allé de vie à trespas.

Pour raison duquel cas icelluy suppliant, craignant rigueur de Justice, s'est absenté du pays, auquel ne ailleurs en nostre royaume il n'oseroit bonnement retourner ne converser [demeurer, vivre]. En nous requérant humblement, attendu ce que dit est et que ledit suppliant a satisfait à parties intéressées, et autres cas s'est toujours bien conduict et gouverner, sans jamais avoir esté attainct ne convaincu, etc. Pourcquoy, etc. Si donnons en mandement par ces présentes aud. bailly de Dreux ou à son lieutenant au bailliage, ressort, ou jurisdiction duquel ledit cas est advenu, et à tous noz autres justiciers. Donné à Paris au mois d'avril, l'an de grâce mil cinq cens XXIIII, et de nostre regne le dixiesme. Ainsi signé par le conseil, Debesze visa, contentor Barthelemy. »

Archives Nationales, JJ 236, f° 472 v°-473 v°.
(Récit d'un fratricide, édité par Natalie Zemon Davis, *Pour sauver sa vie. Les récits de pardon au XVIe siècle*, Paris, 1988).

● *Les acteurs de ces multiples drames se sentent en représentation sous le regard des autres,* surtout s'ils s'entassent dans une taverne bondée, un soir de fête. S'ils frappent, à la tête dans près d'un cas sur deux, c'est pour montrer ce qu'ils valent, en répondant à un affront, et ne pas perdre la face. La localisation des blessures ne définit d'ailleurs pas de réelles intentions homicides ; le crâne, souvent protégé par une coiffe ou un chapeau, résiste assez bien aux coups de taille des armes blanches ainsi qu'aux bâtons : plus du tiers des blessés ne meurent pas de la gravité de leurs plaies mais de l'infection que les remèdes du temps ne savent pas enrayer, c'est-à-dire plus de huit jours, parfois même plus de trois semaines après le combat.

Un dernier élément précise l'aspect rituel, et de ce fait culturel, de nombre de ces affrontements. Les femmes y sont parfois présentes, mais elles sont très rarement agresseurs ou victimes, à la différence des « jeunes hommes à marier ». Les célibataires mâles des royaumes de jeunesse ont évidemment beaucoup de raisons de se sentir frustrés, puisqu'il leur faut attendre le mariage pendant dix ans et plus dans cet état considéré comme imparfait par les adultes. Ils se livrent alors beaucoup plus aisément à la violence que leurs aînés : ils fournissent en Artois près de 60 % de l'échantillon des accusés dont la situation familiale est connue (deux cas sur trois). De plus, on note une nette augmentation de leur agressivité entre le XVIe et le XVIIe siècle, ce qui correspond sans doute à l'allongement de l'âge moyen au mariage. En d'autres termes, les conflits entre jeunes gens ou ceux qui opposent des célibataires à des pères de famille sont en progression constante durant la période considérée. Il faut signaler l'indulgence croissante du souverain à leur égard et la banalité extrême, aux yeux de leurs concitoyens, de tels homicides commis par des êtres en devenir. Ne faut-il pas que jeunesse se passe, comme on dit alors ? Les comportements brutaux des adolescents sont de ce fait aisément tolérés par toute la société, peut-être pour leur fournir une sorte de compensation, afin de leur faire admettre d'attendre si longtemps en marge du monde établi. On verra plus loin de façon détaillée le fonctionnement de cette sociabilité juvénile très originale.

● *Au total, la société paysanne des XVIe et XVIIe siècles intègre assez facilement une violence générale exacerbée.* Cette dernière est véritablement tissée dans la trame même de la vie, surtout au moment du repos et des loisirs. Alors que le droit criminel mis en pratique par les tribunaux royaux définit théoriquement l'homicide comme un crime grave, les ruraux ont de multiples moyens de n'être jamais poursuivis pour avoir blessé ou même tué un autre être humain. La justice ne se risque qu'épisodiquement au village. Elle ne considère pas les crimes contre les personnes avec autant de sévérité qu'elle ne le fait en matière de sexualité, de morale, de vol, etc. L'agresseur peut néanmoins être pris sur le fait puis jugé, mais le cas est rare. Il lui est souvent loisible de fuir au loin, de se cacher avec la complicité de ses proches ou même de la communauté, voire de s'enrôler comme soldat : dans tous les cas, il peut alors demander au prince une lettre de grâce. Il l'obtient aisément, ce qui l'oblige à revenir la faire valider, sous contrôle judiciaire. Après avoir payé l'amende, il retrouve sans peine sa place dans la société locale. Pour éviter une vengeance familiale des proches de la victime, il leur a fait proposer ou leur proposera une « paix à partie ». Celle-ci prend parfois la forme d'un contrat civil rédigé par un notaire ou par un officier, prévoyant des dédommagements financiers, des messes pour le repos de l'âme du défunt, etc. Plus fréquemment verbale, elle implique une réunion des deux familles concernées à la taverne pour « boire la paix » en réglant le prix du sang. Puis la vie reprend son cours, avec son cortège de joies et de peines, de combats sanguinaires suivis d'arrangements entre les parties.

Un tel équilibre interne du monde rural est cependant lentement mis en cause à partir du règne de Louis XIV. Le roi continue à délivrer des lettres de rémission jusqu'à la Révolution, mais leur nombre décroît nettement, tandis que le seuil de tolérance s'élève : les homicides sont moins aisément absous qu'auparavant ; de simples blessures nécessitent parfois le pardon princier. Il est évident que la situation évolue du fait des légistes et des juges. Pour eux, le droit de grâce royal affaiblit profondément l'exercice de la justice ordinaire, car il banalise à outrance les crimes de sang. Les pouvoirs établissent alors lentement un nouvel état des choses en criminalisant ces derniers, c'est-à-dire en poussant la loi à pénétrer de plus en plus au cœur des villages. L'homicide se transforme de ce fait en cause publique, tout en conservant pour beaucoup de paysans des aspects privés hérités des pratiques antérieures. Le droit de vengeance familial est invité à reculer devant la justice officielle. Le XVIIIe siècle marque une nette évolution, sans transformer totalement ni partout l'ancienne conception rituelle de la violence. En Gévaudan au XIXe siècle, les paysans ne s'adressent toujours pas aisément aux juges pour régler de telles querelles. Quant à la Corse, elle voit parfois resurgir en cette fin du XXe siècle une notion de « vendetta » qui avait été commune aux paysanneries françaises et mêmes européennes du XVIe ou du XVIIe siècle.

Car la violence n'était pas alors uniquement destructrice. Elle appartenait aussi intimement à une sociabilité rurale particulièrement intense.

5 *Sociabilité et solidarités dans le monde rural*

Le monde paysan d'Ancien Régime accuse de fortes variations régionales, selon la capacité des terroirs à nourrir ceux qu'ils portent, selon l'ampleur des calamités ou le passage des troupes, etc. Mais partout s'affirme la nécessité impérieuse de faire front contre tous les dangers et toutes les adversités. Vivre seul est presque impensable au village, à de rares exceptions près : la sociabilité n'est pas uniquement intense ; elle se révèle indispensable pour la survie collective. Aussi les solidarités débordent-elles largement le cadre de la famille en s'imposant à chacun. Le ciment du groupe est à la fois constitué par des cadres communautaires imbriqués les uns dans les autres et par un puissant sens d'appartenance producteur de méfiance, voire de rejet de ce qui vient d'ailleurs. La sociabilité proprement dite prolonge ces structures en multipliant les occasions de se rencontrer, en établissant d'étroites solidarités entre groupes à l'occasion de diverses activités laborieuses ou festives. Les rituels qui en sont issus s'entrecroisent donc sans cesse pour mettre en scène de façon immuable les rôles sociaux traditionnels des femmes, des jeunes gens à marier et des adultes mâles.

LES CADRES DE LA VIE COMMUNAUTAIRE

La variété des terroirs français est suffisamment connue pour qu'il suffise d'y faire une brève allusion. Les villages groupés, les campagnes irrégulières du Sud, peu régies par des règlements généraux de culture, s'opposent aussi bien à l'habitat dispersé et aux champs enclos du massif armoricain ou de ses confins qu'à l'openfield du Bassin parisien, du Nord et de l'Est, marqué par des contraintes importantes (vaine pâture, assolement triennal).

Partout, cependant, se retrouvent au village trois éléments : le manse (mas, meix, masure, etc.), composé de la maison, de la cour, des bâtiments et du jardin ; les labours, caractéristiques d'une société de mangeurs de pain, de galettes, de bouillie... ; le saltus, c'est-à-dire tout le reste, avec la grande importance de la forêt pour cette civilisation paysanne du bois.

Trois pouvoirs de tutelle

● *Le pouvoir royal.* Partout aussi existent trois grands pouvoirs de tutelle qui encadrent toute l'existence du paysan. Assez lointain, le premier ne se manifeste pas toujours directement sur le terrain : le pouvoir royal est une entité vague, en l'absence de cadres spécifiques sur place, tels les tribunaux que l'on trouve au chef-lieu nommé bailliage au Nord ou sénéchaussée au Sud ainsi qu'en Bretagne, etc. Il se concrétise essentiellement par la perception de l'impôt direct, créé en 1439, nommé « la taille », dont l'unité de base est généralement la paroisse : répartie par « feu » (foyer fiscal) dans le Nord et par « tête » dans le Sud, la ponction fiscale produit finalement une somme qu'il faut porter à une circonscription nommé « l'élection ». En d'autres termes, les « asséeurs » locaux, des villageois parmi les autres, sont chargés de dresser la liste et de répartir l'impôt entre leurs concitoyens, si bien que ces derniers n'ont pas de contact avec l'administration royale, sauf en cas de non-paiement entraînant la saisie de leurs biens, par exemple. Ils peuvent bien crier « Vive le roi sans la gabelle » lors d'une révolte, quitte à tâter de la répression armée, il leur arrive très rarement de voir le souverain, à moins que la guerre ou la chasse n'amènent inopinément son passage dans la région.

• *Plus concrète, la seigneurie constitue un deuxième pouvoir,* souvent tenu par un noble, parfois par une abbaye, voire par un bourgeois. Elle implique des impôts (cens, banalités, dont l'obligation de moudre son grain au moulin banal ou de cuire son pain au four banal, droits de mutation lors des héritages, etc.). Elle impose sa justice, basse, moyenne ou haute selon les cas, la dernière étant seule admise à condamner à mort, mais perdant globalement de sa puissance dès le XVIIe siècle. Un seigneur peut tenir plusieurs villages ; au contraire, il peut y avoir plusieurs seigneuries sur un seul terroir, avec les querelles éventuelles susceptibles d'en découler. Certaines régions connaissent une puissante emprise seigneuriale, telle la Bretagne ou la Bourgogne, ce qui se traduit par une forte dépendance villageoise. D'autres, notamment le Midi, relèvent du cas inverse. Toute une variété de relations entre sujets et seigneurs se révèle donc possible. Des paysans peuvent aussi collecter les impôts seigneuriaux, siéger au tribunal (d'où parfois des juges analphabètes) et se distinguer ainsi de leurs semblables.

Le château du seigneur n'est pas toujours puissant ou somptueux. Il lui arrive de ressembler aux grandes fermes en dur de certaines régions. Assez fréquemment situé à l'écart du village, il matérialise une différence sociale de plus en plus exprimée à partir du XVIIe siècle, lorsque les nobles se mettent à fréquenter moins souvent qu'auparavant les fêtes villageoises, tout en affichant un mépris croissant pour le patois de leurs sujets et en préférant, s'ils en ont les moyens, les charmes de la vie citadine à l'existence campagnarde. Le seigneur se fait donc plus lointain. Dans ce cas, il charge un fermier ou un régisseur de la gestion de ses propres domaines. Sa tutelle continue néanmoins à s'exercer sur les paysans par l'intermédiaire d'un maire, mayeur, lieutenant, etc. (les titres varient selon les lieux), qu'il désigne ou qu'il accepte de nommer sur proposition de la communauté villageoise. Un tel personnage fait toujours partie des notables ruraux de l'endroit. Comme le régisseur, il détient de ce fait un surcroît d'autorité sur ses concitoyens, décidant, jugeant, percevant des droits au nom du maître.

● *Le troisième pouvoir de tutelle est constitué par la paroisse.* Selon la définition du juriste Jousse en 1769, celle-ci se caractérise par la présence de fonts baptismaux et d'un « curé qui y exerce toutes les fonctions curiales ». En d'autres termes, une paroisse ne correspond pas obligatoirement à un village, bien que le fait soit fréquent : plusieurs villages ou hameaux peuvent ainsi dépendre d'une église-mère, par exemple en pays d'habitat dispersé, des chapelles secondaires dites succursales ou annexes évitant aux fidèles de trop longs déplacements pour assister au culte quotidien, alors que le baptême ne peut être administré qu'à l'église-mère. Quant au curé, son rôle est de dire la messe, de donner les sacrements et de visiter les malades. Il est nommé par un « patron de cure » qui n'est pas obligatoirement l'évêque, ce dernier se bornant alors à ratifier le choix en question. La non-résidence des curés est donc fréquente, en particulier au début de l'époque moderne. Le titulaire se contente dans ce cas de percevoir les revenus de son « bénéfice » ecclésiastique, tel Rabelais pour Meudon. Il paye un salaire à un « desservant » pour le remplacer dans ses fonctions.

La paroisse est la cellule de base de l'organisation ecclésiastique. Le curé relève d'un doyen de chrétienté, lui-même dépendant d'un archidiaconé, partie constitutive d'un évêché. Mais les prêtres locaux disposent d'une grande autonomie et jouent un rôle fondamental dans toute la vie du village. En premier lieu, ils gèrent avec des laïques le patrimoine de la paroisse (terres, bâtiments, argent) : cette institution, la « fabrique », dont les membres sont parfois nommés « marguilliers », se préoccupe de l'entretien des lieux de culte, de l'aide aux pauvres, de l'enseignement, de la vie morale, à propos du choix du maître d'école ou de la sage-femme, par exemple. En deuxième lieu, le curé est généralement un intermédiaire entre les pouvoirs. Il lit en chaire les décisions du roi. Il s'occupe souvent des relations avec le seigneur. Il participe à l'assemblée de la communauté, c'est-à-dire aux réunions des représentants des habitants, souvent tenues à l'église ou à la sortie de la messe, pour discuter d'administration locale ou de la collecte des impôts. Enfin, *last but not the least*, il est le ciment de la religion et de la sociabilité. La foi n'est pas alors un choix individuel mais une obligation collective. Comme l'église et le cimetière sont au centre du village, elle est le cœur de la vie, car elle se manifeste par la nécessité absolue des sacrements ainsi que de la participation aux offices, surtout à partir du début du XVIIe siècle et plus encore après la révocation de l'édit de Nantes en 1685. Pour surveiller son troupeau, le prêtre tient ainsi des registres de baptêmes, de mariages et d'extrême-onction, dont les démographes du XXe siècle font un usage quantitatif très différent de leur utilité sous l'Ancien Régime. Les principaux moments de l'existence, les dimanches et les fêtes sont sous l'œil du prêtre qui entend en confession les secrets du lieu, qui mène les processions, qui vérifie la bonne tenue morale de tous, en particulier celle du maître d'école, etc.

Ainsi peut-on comprendre les préoccupations des autorités ecclésiastiques à partir du concile de Trente. Les prêtres concubinaires, ivrognes ou brutaux sont encore assez nombreux au XVIe siècle, car ils sont à l'unisson de leurs ouailles. Pour modifier le comportement de ces dernières, il faut offrir un modèle d'ecclésiastique plus rigoriste, mieux formé à ses missions dans le cadre de séminaires, capable de se distinguer des fidèles par sa conduite, ses vêtements, son style de vie. Profane et sacré se distinguent alors un peu plus aisément qu'aux siècles précédents. Le curé se fait de plus en plus l'auxiliaire du pouvoir royal ; il se montre aussi plus sensible qu'auparavant aux directives épiscopales, d'autant que les tribunaux d'Église, les officialités, surveillent discrètement mais assez efficacement les mœurs des prêtres de paroisse. En d'autres termes, le XVIIe et surtout le XVIIIe siècle voient lentement se renforcer l'emprise des pouvoirs extérieurs sur les campagnes, par l'intermédiaire des curés, non sans résistances de la part des populations et avec de grandes variations selon les lieux ou les provinces.

La communauté d'habitants

La France est en effet fort diversifiée sous l'Ancien Régime. Une preuve supplémentaire en est donnée par la situation de la communauté d'habitants. Cette structure constitue le noyau central de l'organisation villageoise. Autour d'elle s'entrecroisent les divers liens de solidarité. Vers elle convergent les tensions nées de l'exercice du pouvoir par les tutelles royale, seigneuriale et ecclésiastique. Elle représente la capacité d'autoadministration des paysans, en définissant leur sens d'autonomie, à tel point que l'on a pu à tort parler en ce domaine de « démocratie villageoise ». Mieux vaut évoquer la vigueur d'un sens collectif, souvent exprimé par opposition à un cadre puissant et contraignant. Si la communauté en question est très bien établie dans l'Est, en Lorraine ou en Bourgogne, c'est, de manière évidente dans le dernier cas, parce qu'elle permet de résister à une pression seigneuriale particulièrement forte (Pierre de Saint-Jacob, *Documents relatifs à la communauté villageoise en Bourgogne du milieu du XVIIe siècle à la Révolution*, Paris, 1962). Tout en restant sous la dépendance du seigneur, la communauté possède en effet une certaine marge d'action, n'hésitant pas à engager des procès contre lui en cas de nécessité.

● *Une assemblée des habitants représente concrètement cette communauté.* Composée en principe des chefs de famille domiciliés dans le village, elle se réduit souvent aux plus aisés et aux plus puissants d'entre eux, surtout vers la fin de l'Ancien Régime. Les femmes n'y participent que lorsqu'elles sont veuves : elles contituent alors un « demi-feu », c'est-à-dire la moitié d'une unité domestique. Lors des réunions, une ou plusieurs fois par an, sont traités les problèmes communs : police rurale, routes, entretien des lieux collectifs (dont l'église), respect des règles, des contraintes collectives de culture ou de pâture (notamment en région d'openfield), choix éventuel du collecteur d'impôt, dettes et emprunts nécessaires, gestion ou aliénation des droits d'usage, par exemple des biens communaux, etc. L'excessif endettement de nombre de communautés au XVIIe siècle offre au pouvoir royal l'occasion de renforcer son contrôle sur elles : édit de 1667 sur les dettes ; obligation de 1702 à 1716 de nommer un syndic perpétuel pour gérer les affaires du lieu. Une réforme de 1787 généralise l'assemblée de communauté dans tous les villages : le seigneur la préside, car il en est le « premier habitant ». S'y trouvent également le curé, le syndic et trois, six ou neuf membres élus.

On peut aisément suivre l'affaiblissement progressif de la communauté rurale aux deux derniers siècles de l'Ancien Régime. Peu à peu monopolisée par les notables locaux, elle cède du terrain sous l'effet de la constante progression des pouvoirs extérieurs vers le cœur du village. Lorsque des bourgeois y achètent des terres, autour des grandes villes, la cohésion de l'institution en pâtit, car des étrangers participent désormais aux délibérations. Cette évolution inéluctable, très différenciée selon les régions, marque un net changement des mentalités dans le courant du XVIIIᵉ siècle et surtout au XIXᵉ siècle. Le groupe villageois relativement clos des siècles précédents est corrodé à la fois par l'action des pouvoirs civils ou religieux venus du dehors et par l'évolution économique. L'endogamie villageoise reste dominante mais s'atténue un peu. En d'autres termes, les traditions constitutives de la solidarité globale contre le monde extérieur, y compris contre les paroisses voisines, perdent de leur efficacité avant comme après la Révolution.

● *Vers la « modernisation » des campagnes.* Ce domaine fournit donc une raison supplémentaire d'éviter de parler d'un monde paysan immobile. De part et d'autre du XVIIᵉ siècle se définissent des fonctionnements différents des cadres communautaires villageois. Apparemment figés, au plan institutionnel, ceux-ci se modifient subrepticement au plan social et mental. L'évidente diminution des crimes de sang au XVIIIᵉ siècle résulte sans doute en partie de problèmes de sources. Elle traduit aussi une évolution de la sociabilité conflictuelle des périodes antérieures, parce que les autorités luttent pied à pied pour atténuer la brutalité des paysans, afin de les amarrer plus étroitement à un monde « moderne ». Outre l'action directe des agents royaux et le rôle des impôts dans l'endettement puis la surveillance des communautés, outre les prétentions des seigneurs à récupérer d'anciens droits au XVIIIᵉ siècle, il faut ici insister sur le rôle éminent du prêtre : au confluent exact des traditions paysannes et des innovations extérieures, au centre géographique et symbolique de la communauté, il agit par la parole comme par l'exemple pour « civiliser » ces sauvages de l'intérieur. Certains des « coqs de village » aisés, liés au seigneur dont ils sont les maires ou les officiers, séduits par les prestiges de l'alphabet, désireux d'offrir à leurs enfants une promotion sociale par le collège ou par la ville, appuient de tels efforts. Le splendide isolement rural commence à se fracturer. La fin des terroirs n'est certes pas pour tout de suite, mais le processus est en place, pour aboutir au XXᵉ siècle à une réelle invasion des campagnes par la modernité.

Avant ces mutations, la société rurale traditionnelle valorise fortement l'appartenance au groupe de population en développant des réflexes culturels de défiances envers tous les êtres venus de l'extérieur. Cette réaction aisément xénophobe constitue un mécanisme interne de survie collective, face aux dangers et aux peurs. Plus profondément encore, elle reflète la nécessité vitale de l'apprentissage de la solidarité. Dans une civilisation où l'école n'est pas le principal vecteur de l'éducation, la sociabilité se charge de transmettre de telles valeurs aux nouvelles générations.

LIEUX ET RITUELS DE LA SOCIABILITÉ

L'espace vécu

● *La notion de sociabilité* recouvre une multitude de relations entrecroisées entre les individus. Au village sous l'Ancien Régime, l'homme ne peut exister seul, sous peine de se mettre — ou d'être — totalement en marge du groupe. Car la force de ce dernier repose sur sa capacité à insuffler aux membres des nouvelles générations de puissants mécanismes de solidarité. Du baptême au trépas, chacun vit ainsi sous le regard de tous, en assimilant sans s'en apercevoir des valeurs collectives à l'occasion de nombreux contacts avec les autres.

Vue par l'historien, cette situation pourrait aisément être idéalisée. Il ne faut cependant pas oublier que cette « chaleur » des relations humaines s'accompagne de violences fréquentes, dans des communautés très introverties, où les passions, les haines, l'amour, les conflits de puissance se recoupent, donc s'exacerbent. L'étroitesse du milieu social donne une puissance explosive aux commérages ou aux haines familiales alimentées par les problèmes matrimoniaux et par les partages successoraux. La sociabilité sert précisément à canaliser et à contrôler les multiples tensions potentielles, en les insérant dans le cadre de rituels obligatoires : loin d'être primitive, cette société gère le mieux possible son équilibre interne. Elle impose à chacun des codes de comportement rigoureux, quoique très différents des règlements élaborés par les pouvoirs politiques ou religieux extérieurs, comme on l'a noté à propos des formes de la violence sanguinaire. Pour simplifier, on pourrait dire que la sociabilité exprime une philosophie de l'existence qui s'impose à tous. À côté de la religion officielle, elle développe une sphère du sacré. Un sacré implicite, car les acteurs ne se posent pas la question de la validité des principes qui les meuvent, tout en étant persuadés de la nécessité de se comporter de cette manière pour se conformer aux attentes de la communauté.

● *La maison et la famille sont évidemment les points de départ d'une telle formation.* Elles ne jouent pourtant pas un rôle aussi important qu'au XXᵉ siècle ; le couple conjugal ne rejoint véritablement le foyer inconfortable que pour manger et dormir. La paysanne veille sur son bébé emmailloté tout en travaillant souvent à l'extérieur. Les enfants plus âgés arpentent le terroir sur ses pas ou sur ceux de leur père. S'il leur arrive de fréquenter l'école dominicale, lorsqu'elle existe, plutôt à la fin de l'Ancien Régime qu'au début, ils reçoivent l'essentiel de leur éducation par « ouï-dire et voir faire », c'est-à-dire en regardant et en écoutant dans tous les endroits où ils se trouvent.

Durant la seconde enfance, de sept à quatorze ans environ, les garçons sont notamment chargés de garder les troupeaux. Ils parcourent tout le territoire de la paroisse, s'installant aux limites de celle-ci, sur les terres vagues ou les communaux, à la lisière des bois, près des marais. Là, ils se heurtent à leurs semblables des environs. Défis, injures, coups, parfois même blessures opposent entre eux ces petits paysans qui n'aiment guère les étrangers : ce faisant, ils apprennent concrètement à se sentir différents des autres, c'est-à-dire à exprimer vigoureusement en actes ou en paroles

— sobriquets injurieux à l'égard des habitants des villages proches — la spécificité de leur communauté. On peut parler de rituels de combats entre jeunes bergers, capables ensuite de connaître pour la vie les limites de leur terroir et de développer en toutes occasions une solidarité active contre des voisins qui font de même. Les marges de la communauté sont âprement disputées, autant pour leur valeur économique que comme symbole d'un groupe soudé. D'ailleurs, les processions des Rogations conduites par le curé passent à ces endroits, traçant un cercle magique de prospérité autour des récoltes de la paroisse.

Au cœur de celle-ci, de nombreux lieux de sociabilité définissent sans cesse la cohésion de l'ensemble humain en question, ainsi que celle de ses sous-groupes. La fontaine est un endroit privilégié pour les femmes qui y échangent de menus services et des paroles amènes ou amères. Tel est aussi le cas du lavoir, du four banal où chacune vient cuire son pain, etc. Le deuxième sexe possède d'ailleurs ses secrets inaccessibles aux hommes, son langage ; ou du moins certains mots, certaines expressions lui sont propres. De tels bavardages débouchent sur des arrangements matrimoniaux, ou au contraire sur des haines que règlent entre eux les hommes des deux parties. Les femmes brassent ainsi les nouvelles, les cancans. Elles orientent fortement de nombreuses activités ultérieures. Elles préparent les baptêmes, les fêtes. Elles véhiculent les légendes et les peurs. Leur monopole lors des accouchements, leurs fonctions de cuisinières et souvent de guérisseuses, faute de la présence d'un médecin ou d'argent pour le payer, leur donnent une place éminente dans cette société. D'autant que les enfants sont éduqués par elles, en les suivant partout.

● *La puissance féminine s'exprime encore à l'occasion des veillées, de novembre à mars.* Typiquement collective, cette occupation a un rôle central dans la vie paysanne, en hiver. Elle dépasse souvent le cadre de la famille, s'étendant alors parfois à un nombre important de personnes. Certaines réunions accueillent les deux sexes de tous les âges, pour causer, boire, rire, chanter, danser, en économisant la lumière et le chauffage de la maison individuelle. Les aînés y travaillent : les hommes réparent et produisent des outils, par exemple, alors que les femmes filent ou cousent. Garçons et filles en âge de se marier s'y retrouvent pour une cour amoureuse, parfois un peu leste, mais « contrôlée par un tas de vieilles », comme le signale Noël du Fail à propos de la Bretagne du XVIᵉ siècle. Dans le Centre et l'Est de la France, des locaux spéciaux, quelquefois à demi enterrés, reçoivent beaucoup de monde, à l'exemple des « escraignes » de la région dijonnaise.

Sous ses divers aspects, la veillée traduit la puissance du sens communautaire. L'Église s'en méfie profondément, intensifiant à partir du XVIIᵉ siècle sa lutte contre les « impudicités » qui s'y déroulent. En réalité, il faut voir là l'effet d'une concurrence inacceptable pour les ecclésiastiques de la Contre-Réforme. Car les veillées diffusent une culture orale ainsi que des traditions collectives anciennes, notamment en matière de sexualité et de préparation au mariage. Les hommes d'Église s'inquiètent de ne pas pouvoir contrôler ces rituels au cours desquels les femmes transmettent de génération en génération une culture populaire souvent différente des préceptes de l'orthodoxie du Siècle des saints.

LA VEILLÉE

La plus classique des anciennes descriptions est celle que Noël du Fail fait d'une veillée bretonne :

C'est une vieille coustume en ce pays, et croy que par tout ailleurs, de se trouver et amasser chés quelqu'un du village au soir, pour tromper les longueurs des nuits, et principalement à l'hyver. Au temps, dit Lupolde, que nous estions aux escholes à Bern près Rennes... il se faisoit des fileries, qu'ils appellent veillois, tantost à la Valée, tantost à la Voisardière, à Souillas, et autres lieux de réputation, où se trouvoient de tous les environs plusieurs jeunes valets et hardeaux, illec [là] s'assemblans, et jouans à une infinité de jeux que Panurge n'eut onc [jamais] en ses tablettes. Les filles, d'autre part, leurs quenoilles sur la hanche, filoient : les unes assises en lieu plus eslevé, « verbi gratia » sur une huge ou met [pétrin, huche], à longue douettes [franges], à fin de faire plus gorgiasement pirouetter leurs fuseaux, non sans estre espiez s'ils tomberoient : car en ce cas y a confiscation rachetable d'un baiser, et bien souvent il en tomboit de guet à pans et à propos délibéré, qui estoit une succession bien-tost recueillie par les amoureux, qui d'un ris badin se faisoient fort requérir de les rendre. Les autres moins ambitieuses, estans en un coin prés le feu, regardoient par sur les espaules des autres plus avancées, se haussans sur le bec du pied, et minutans les grimaces qui se faisoient en la place et comble de l'hostel, tirantes et mordantes leur fil, et peut estre bavantes dessus, pour n'estre pas d'estoupes. Que si par fortune le gros Jean, Robin ou autre monstroient aux jeux qu'ils menoient le haut de leurs chausses à descouvert, ce n'estoient pas les dernières à rire à gorge déployée avec la main entr'ouverte devant les yeux, pour assurer toute chose et se garantir du hasle. Là se faisoient des marchez, le fort portant le foible : mais bien peu, parce que ceux qui vouloient, tant peu fust, faire les doux yeux, remettre les tetins, descendus sous l'aisselle par continuel mouvement du fuseau, en bataille et en rang, desrober quelque baiser à la sourdine, frappant sur l'épaule par derrière, estoient contreroolez par un tas de vieilles, qui perçoient de leurs yeux creux jusques dedant le tect aux vaches, ou par le maistre de maison estant couché sur le costé en son lict bien clos et terracé, et en telle veuë qu'on ne luy peut rien cacher. Je ne me veux pas restreindre si exactement et de si près... qu'on ne peust dire le petit mot, cahin caha, mais c'estoit faire l'amour par mariage : car en telles assemblées beaucoup d'honnestes familiaritez sont permises...

Un type assez particulier en est évoqué par Estienne Tabourot au début de ses Escraignes Dijonnaises :

En tout le pays de Bourgogne, mesme es bonnes villes, à cause qu'elles sont peuplées de beaucoup de pauvres vignerons qui n'ont pas le moyen d'acheter du boys pour se deffendre de l'injure de l'Hyver, trop plus rude en ce climat qu'au reste de la France : la nécessité mère des arts, a appris ceste invention de faire en quelque rue escartée un taudis, ou bastiment, composé de plusieurs perches fichées en terre en forme ronde, repliées par le dessus et à la sommité [sommet], en telle sorte qu'elles représentent la testière d'un chapeau, lequel après on recouvre de force mottes, gazon et fumier si bien lié et meslé que l'eau ne le peut pénétrer. En ce taudis, entre deux perches du costé qui est le plus deffendu des vents, l'on laisse une petite ouverture de largeur par adventure d'un pied, et hauteur de deux, pour servir d'entrée : et tout à l'entour des sièges composez du mesme drap pour y asseoir plusieurs personnes. Là, ordinairement les après souppées, s'assemblent les plus belles filles de ces vignerons, avec leurs quenouilles et autres ouvrages, et y font la veillée jusques à la minuict. Dont elles retirent ceste commodité que tour à tour portant une petite lampe pour s'esclairer et une trape de feu pour eschauffer la place, elles espargnent beaucoup, et travaillent autant de nuict que de jour pour ayder à gaigner leur vie, et sont bien deffendues du froid : car ceste place estant ainsi composée, à la moindre assemblée que l'on puisse faire, recevant l'air venant des personnes qui y sont, avec la chaleur de la trape, est incontinent eschauffée. Quelquefois, s'il fait beau temps, elles vont d'escraigne à autre se visiter, et là font des demandes les unes aux autres... A de telles assemblées de filles, se trouvent infinité de jeunes varlots [valets = garçons] et amoureux, que l'on appelle autrement des *Voüeurs*, qui y vont pour descouvrir le secret de leurs pensées à leurs amoureuses. ... Quant l'escraigne est pleine, l'on y dit une infinité de bons mots et contes gracieux...

Jean-Louis Flandrin, *Les Amours paysannes (xvie-xixe siècle)*, Paris, 1975.
(Noël du Fail et Estienne Tabourot sont des conteurs français du xvie siècle).

Les hommes possèdent également des lieux spécifiques de sociabilité. La forge est souvent remplie par ceux qui désirent bavarder, commenter des événements, préparer des décisions de famille ou de l'assemblée de la communauté. D'autres endroits ont pour tous une importance primordiale dans le cadre des relations humaines : la place, l'église, le cimetière et surtout la taverne.

● *La place du village.* L'apprentissage de la vie sociale se fait de manière extérieure, sous une forme très théâtralisée. Dans les régions d'habitat groupé, la place est de ce fait le centre d'une intense vie collective. Souvent proche de l'église, voire du château, bordée des maisons des habitants les plus aisés, de la taverne, ou même de plusieurs cabarets, elle voit converger les routes d'accès au village. Marchés et fêtes s'y tiennent. Les colporteurs y passent pour vendre de tout, depuis les peignes jusqu'aux petits livres à deux sous de la Bibliothèque bleue de Troyes dans l'Est ou le Nord. Dentistes, guérisseurs itinérants y installent leurs tréteaux. Dans certaines régions s'y déroulent des représentations théâtrales. De plus, on y danse pratiquement chaque semaine, malgré les dégâts et les saletés des animaux errants ou des troupeaux de passage. En été, la longueur des journées permet d'y flâner, surtout le dimanche et les nombreux jours de festivités, lorsque le travail est interdit. L'intensité des relations sociales amène à privilégier cet endroit, à la différence de la maison inhospitalière. Les campagnards aiment s'y asseoir sous les arbres, y jouer aux boules, aux cartes, à la paume (jeu de raquette), ou encore y tirer à l'arc ou à l'arquebuse. Certains regardent, portant parfois un jeune enfant sur les bras. D'autres profitent de l'occasion pour parader, pour faire la cour aux filles, tandis que les demoiselles ou les femmes plus âgées commentent les faits et gestes de chacun.

● *L'église paroissiale.* Les services religieux s'y déroulent dans le cadre plus large d'une sociabilité qui prolonge celle de la place ou de la taverne. Car le curé annonce des nouvelles, lit des édits royaux, avertit les habitants de la tenue d'une vente aux enchères. Les hommes se groupent à la sortie pour tenir l'assemblée de communauté, ou se rendent au cabaret. Pendant les offices, il arrive que l'on fasse du bruit, que l'on discute d'affaires au fond de l'édifice, tandis que les jeunes gens échangent regards et paroles. Les autorités ecclésiastiques tentent bien d'interdire les attitudes profanes en ces occasions, surtout au XVIIe siècle. La réitération des textes en question exprime la permanence d'habitudes anciennes. La maison de Dieu n'est pas toujours sacrée. Il arrive que l'on s'y batte, si bien que l'évêque doit venir reconsacrer l'édifice lorsque le sang répandu interdit d'y pratiquer le culte. En temps de guerre, les paysans y cherchent refuge, entassant là leurs biens les plus précieux, amenant parfois même des animaux. Il est vrai que les contemporains sont moins sensibles que nous à la différence de nature entre le profane et le sacré, malgré les efforts croissants de la hiérarchie ecclésiastique. Certains seigneurs n'ont-ils pas le privilège de pouvoir entrer à cheval dans l'église ?

● *Le cimetière*. Situé autour de l'église, mais pas toujours enclos de murs ou de murets, il constitue lui aussi un lieu de sociabilité, dans le prolongement de la place. Ses chemins souvent mieux entretenus que les autres routes sont fréquemment empruntés par les passants. Au XVIe siècle, il n'est pas rare d'y voir se dérouler des jeux, des danses, des banquets sur les tombes des défunts, notamment à l'occasion de la Toussaint. Socialement ordonné sur le modèle du monde des vivants (comme le cimetière de Minot en Châtillonnais l'est encore au XXe siècle), l'« âtre » est intégré à la vie villageoise. Les animaux peuvent y causer des dégâts, notamment les chiens errants. Mais ceci n'empêche pas les jeunes gens, en particulier, de s'y promener, d'y attendre ou d'y guetter quelqu'un, parfois même de s'y battre à mort, ce qui exige également une reconsécration par l'évêque. Le souci des autorités religieuses est néanmoins d'interdire les excès dans ce lieu, en y imposant le sérieux et le recueillement, en taxant d'inconvenance grave certaines attitudes, le fait d'y rire, par exemple. Cette lente évolution conduit à comprendre notre propre sensibilité à ce sujet.

La taverne

La taverne, enfin, résume à merveille la sociabilité villageoise, dont elle est le point focal, tant ses fonctions sont riches et multiples. Enfants et adolescents y observent leurs aînés se défier, se vanter, boire, jouer à de multiples jeux. Les femmes n'en sont nullement absentes, avant la réussite de l'offensive ecclésiastique, à partir du XVIIe siècle. Des familles viennent là conclure des accords de paix après une blessure ou un homicide, d'autres y terminent des tractations matrimoniales. Acheteurs et vendeurs de terres, loueurs de domestiques ou de manouvriers, discutent d'accords qu'ils scellent en buvant ensemble. Clercs et notaires sont invités à rédiger sur place les documents divers nécessaires à des analphabètes qui valorisent fortement l'écrit. Des écrivains publics attendent parfois le client, les paysans étant procéduriers et amateurs de contrats. Ceux qui savent lire récitent aux autres le contenu d'un livre de colportage. Des conteurs se produisent pour la délectation de tous. Les prostituées offrent leurs services à ceux qui le désirent, tandis que d'autres arrivent avec leur bûche en hiver, ou avec les aliments qu'ils souhaitent faire accommoder par le tenancier.

● *Tous les registres de la vie humaine sont représentés,* ensemble ou successivement, dans les cabarets villageois. Ceux-ci sont de véritables maisons du peuple : écoles d'ivrognerie et de violence, comme en témoignent les archives judiciaires, mais aussi instruments essentiels d'un constant remaillage social, puisque toutes les tractations s'y font ou s'y scellent par la boisson prise en commun. C'est dire que beaucoup de choses se passent en public, des émotions aux affaires en passant par les discussions religieuses ou les conventions « privées ». Cette ambiance collective renforce donc sans cesse les solidarités. Du moins est-ce là la conséquence finale d'une sociabilité à première vue très conflictuelle : les accrocs en question déchargent les tensions accumulées dans un monde villageois introverti et étouffant, sans mettre en cause les fondements de la vie communautaire. Car des rituels très précis de défense de l'honneur, des codes de politesse contraignants encadrent chaque acteur, lui interdisant en général de se laisser aller à ses purs instincts sur cette scène étroitement surveillée par de nombreux témoins.

Lieu primordial de la sociabilité villageoise, la taverne est à proprement parler un microcosme des plaisirs et des peines de cette humanité. Encore trop peu étudiée, elle mériterait d'amples développements. Il suffira ici de préciser qu'elle enseigne à tous des codes de comportements, par le biais de manières de boire qui expriment une sensibilité collective. Nul n'y saurait entrer naïvement, car l'endroit est un véritable théâtre du monde. Dans un espace restreint, la boisson exacerbe vite les passions. Le port d'armes devient alors l'instrument de querelles sanguinaires. Mais celles-ci n'éclatent pas au hasard. Les êtres présents sont éminemment socialisés. Il ne leur est pas possible de se laisser guider par leurs seules impulsions, car ils portent sous le regard de tous l'honneur de leur famille et de leurs parents, en même temps que le leur propre. Faire bonne figure est donc pour eux un devoir social, alors que les circonstances multiplient les occasions de friction, les défis, les jeux intensément vécus, les plaisanteries entre gens qui se connaissent bien. La présence d'ennemis ou de concurrents n'est supportable qu'à cause de l'existence de rituels contraignants de politesse. Moins raffinés que ceux des élites sociales, ces codes sont tout aussi complexes. Il faut en effet savoir se présenter selon les règles, en demandant une place s'il y a du monde, puis en acceptant de boire un pot commun à la santé des clients qui le proposent. Ces petits riens sont destinés à relâcher la tension créée par l'arrivée de tout nouveau venu, en montrant que personne n'a d'intention mauvaise. Par la suite, il est également nécessaire de savoir boire, rire, jouer, pisser ou vomir en compagnie, dans ce cadre éminemment collectif. Au XVIIe siècle, la pipe passe à la ronde. Tout refus constitue un affront, parce qu'il s'agit d'une rupture de solidarité.

Vues du XXe siècle, nombre de ces pratiques semblent parler d'un monde de promiscuité, de saleté et de violence. Il s'agit pourtant, dans bien des cas, de l'expression d'une sensibilité spécifique, qu'il ne faut pas juger de manière anachronique. Les plaisanteries triviales, par exemple, prennent fréquemment leur place dans de subtils rituels de défi : pisser dans le chapeau de quelqu'un ou urincr de la pièce du haut sur les buveurs attablés en dessous manifeste une volonté d'en découdre. Mais les choses doivent passer par plusieurs degrés successifs avant d'aboutir éventuellement à un combat ; lorsque l'offensé se sent trop faible, il abandonne la place. Il est ainsi possible de suivre des rituels de parade, notamment entre jeunes hommes : pour eux, l'essentiel est de prouver leur virilité. Dans ce cadre très théâtralisé, ils recherchent des satisfactions symboliques en s'imposant aux autres durant de longues heures, par leur adresse au jeu, par des plaisanteries, par des vantardises. Le dérapage vers la violence décrit dans les sources judiciaires n'est donc que la partie émergée d'un phénomène beaucoup plus vaste : le cabaret est un endroit de rupture de solidarité et de combats, mais il est encore plus fréquemment un lieu d'expression de la sociabilité, puisque tous les problèmes des habitants y arrivent avec eux, pour ne s'exprimer souvent que de manière indirecte, ritualisée, symbolique. La taverne joue donc un rôle primordial ; elle tisse obstinément du lien social et de la convivialité aux dimensions d'une communauté entière, en empêchant les tensions ou les haines d'avoir des effets définitivement destructeurs. L'équilibre villageois dépend fondamentalement d'une telle régulation, également présente dans d'autres lieux et sous la forme d'autres rituels collectifs.

● *Les autorités religieuses* ne voient évidemment pas les choses de cette manière. Elles luttent depuis toujours contre l'ivresse, la débauche, la violence que favorisent les débits de boisson. À partir de la fin du XVIe siècle, de nouveaux efforts sont déployés. Sous prétexte de moraliser les populations, la fréquentation des cabarets est interdite pendant les offices religieux et limitée, du moins théoriquement, le reste du temps. Les autorités civiles prêtent la main. Une telle concordance de vues exprime en fait une volonté de contrôle de ce que l'historien nomme la sociabilité paysanne. Les pouvoirs extérieurs au village tentent de restreindre le rôle des « institutions » qui la diffusent, telle la taverne, la place publique (interdiction des danses), la veillée, etc. Pour obtenir de bons chrétiens, obéissants et moins superstitieux qu'auparavant, l'Église s'intéresse en effet de près aux canaux de diffusion traditionnels de la culture paysanne. Elle souhaite les rendre moins efficaces, pour mieux recomposer autour d'elle la puissante solidarité commuautaire caractéristique de la vie villageoise. Mais elle ne parviendra certes pas à obtenir un monopole en ce domaine, tant les traditions sont anciennes et profondément ancrées dans les populations. Tout au plus réussira-t-elle à éviter la fréquentation systématique des cabarets par les enfants et surtout par les femmes. Culpabilisées, ces dernières traverseront plus souvent la place vers l'église que ne le feront leurs époux ou leurs pères : le Pas-de-Calais minier du XIXe et du XXe siècle enregistre ainsi une nette déchristianisation des hommes, dont la sociabilité reste fortement liée à la taverne, tandis que les femmes conservent plus d'attachement à la religion. Ces villes industrielles marquent ainsi une certaine continuité avec la civilisation rurale de l'époque moderne.

L'impossibilité de déraciner de telles traditions vient du fait que la cohésion même du village d'Ancien Régime repose sur des mécanismes de sociabilité portés à se reproduire à l'identique de génération en génération, grâce à la mise en scène immuable des rôles sociaux.

LA TRANSMISSION DES RÔLES SOCIAUX

Explicitement ou non, toute société accorde une grande attention aux procédures de remplacement des générations par les suivantes. Car l'arrivée des jeunes mâles au mariage est potentiellement un facteur de désordre, qu'il importe de limiter par des règles ou des coutumes. Celles-ci dépendent étroitement du type de civilisation considéré : il serait faux de croire que notre propre conception de la famille et du mariage soit une donnée universelle intangible. Ainsi les analyses du bon Dr Freud ne me paraissent-elles pas pouvoir s'appliquer aux paysans français de l'Ancien Régime : la famille nucléaire est généralement dominante dans leur monde, mais les rôles sociaux se forgent essentiellement en dehors d'elle, selon des principes très différents des nôtres. (Robert Muchembled, 1988.)

Plus que les historiens, les ethnologues insistent sur l'importance des stratégies matrimoniales. Ils mettent clairement en évidence l'existence dans toutes les sociétés d'un équilibre plus ou moins bien réalisé entre les adultes qui veulent maintenir aussi longtemps que possible le contrôle de leur pouvoir et les jeunes qui désirent y accéder rapidement, notamment par le mariage et l'héritage. Partout s'observent des contraintes limitant l'impatience des derniers. Plus subtilement se manifestent de leur part des auto-contraintes, fruits d'un apprentissage depuis l'enfance : elles sont d'autant plus efficaces qu'elles laissent assez d'espoir aux jeunes pour qu'ils acceptent d'attendre leur tour en se conformant aux règles établies, c'est-à-dire à la volonté collective de leurs aînés. Ainsi s'effectue aisément la reproduction sociale, lorsque les rôles sont bien délimités et pour l'essentiel acceptés. Dans la famille française bourgeoise du XIXe siècle ou du début du XXe siècle, l'autorité des pères au sein du noyau familial, ainsi que les coutumes d'héritage, produisent de tels effets.

Le cas des paysans de l'époque moderne est fondamentalement différent. On a pu noter l'importance de l'endogamie villageoise, autant que celle d'un mariage de plus en plus tardif durant ces trois siècles. Jeunes hommes ou jeunes filles accumulent donc les frustrations tout au long de l'attente — une décennie en moyenne —, qui s'écoule entre la fin de l'enfance et l'âge adulte, puisque seules les noces peuvent déterminer la plénitude d'une vie aux yeux de leurs contemporains. Comment peuvent-ils aisément accepter une telle situation ? La réponse réside précisément dans les formes de sociabilité spécifiques au monde rural : elles déterminent des rôles sociaux soigneusement séparés et elles offrent aux célibataires mâles des possibilités de défoulement leur permettant de supporter tant bien que mal leur marginalisation.

Les descriptions précédentes des relations villageoises, contiennent des indications sur la séparation des rôles sociaux, par exemple à la veillée, lorsque les vieilles femmes surveillent les jeunes filles lutinées par des garçons. Il est possible de distinguer trois grands groupes de population, en fonction de critères d'âge et de sexe : les adultes établis ; les femmes avec leurs petits enfants ; les garçons célibataires groupés en « royaumes de jeunesse ».

Les mâles établis

Les premiers possèdent collectivement le pouvoir au village. Ils imposent leurs volontés à leur famille, car le rôle du maître de maison est valorisé dans cette civilisation. Riches ou aisés, ils emploient des domestiques, mais ils obligent également leurs fils à travailler durement en attendant de pouvoir s'établir par héritage ou par mariage. Hors du foyer, ces pères nouent entre eux des relations nombreuses et fortes, qui leur permettent de présenter un front uni face aux prétentions des jeunes générations, même si des conflits les opposent les uns aux autres, même s'il arrive qu'ils mènent leur maisonnée au combat contre celle d'un autre chef de famille. Ils dirigent en effet la communauté, participant seuls, avec les veuves, aux assemblées, monopolisant les postes de marguilliers de la fabrique, de juges des tribunaux seigneuriaux, de maire ou de régisseur du seigneur, de collecteurs de taille. D'autres occasions de décider de toutes choses leur sont données, à la taverne, dans les processions, à la forge, au moulin, etc. Leur accord est indispensable à leurs filles pour se marier et il n'est pas rare qu'ils arrangent des unions entre leurs héritiers, selon des stratégies privilégiant le patrimoine ou les clientèles au détriment de l'amour. Les règles d'homogamie et d'endogamie déjà évoquées leur conviennent parfaitement, parce qu'elles évitent la dilution de leur puissance en limitant à la fois étroitement l'arrivée d'étrangers et les enrichissements spectaculaires destructeurs de l'équilibre établi. Ces pères sont de toute évidence des maîtres, autant que des garants d'une reproduction sociale dont ils ont assimilé les principes en se pliant aux mêmes règles, sous la tutelle de leurs prédécesseurs, lorsqu'ils étaient célibataires. Seuls les plus riches d'entre eux se laissent parfois séduire par les sirènes du changement, en alphabétisant leurs enfants et en rêvant de promotion (la carrière ecclésiastique) pour leurs fils, tout en accentuant leur emprise sur le village par le choix de bons conjoints pour leurs filles.

La part des femmes

Le monde des femmes et des jeunes enfants constitue un bloc dont la sociabilité est très différente de celle des précédents. Alors que ceux-ci vivent surtout leur puissance au-dehors, dans les champs, sur la place ou ailleurs, le deuxième sexe est plus centré sur le logis, mais non pas de manière exclusive. Suivies des jeunes garçons de moins de sept ans, les femmes de tous âges sont les gardiennes du foyer : cuisine, travail domestique, ramassage du bois, culture du jardin proche de la maison, soins aux petits animaux ou aux porcs, etc. Il leur arrive souvent de s'éloigner, pour ramasser des compléments de nourriture et des fagots ou pour participer aux gros travaux avec les hommes, mais les soins attachés à la demeure exigent leur retour fréquent vers ce lieu dans la journée, ce qui contribue à densifier les relations sociales avec leurs semblables du voisinage, par échange de services, bavardage, ou simplement par proximité. L'entraide féminine noue des liens solides, tout en créant également nombre d'inimitiés, par exemple en allant chercher du feu chez la voisine, ou bien en participant à un accouchement. Lavoir, fontaine, veillée prolongent ces échanges qui présentent aussi d'importants aspects pédagogiques. Les jeunes enfants sont éduqués dans ce cadre, en écoutant, en regardant leurs génitrices ou leurs sœurs. Les jeunes filles apprennent aussi leur futur rôle social d'épouse et de mère, en restant sous l'étroite surveillance de leurs aînées. Car l'honneur de toute la famille dépend de la pureté de ses filles. Outre les principes sans cesse rappelés en ce domaine, l'œil des plus vieilles mesure l'espace de liberté laissé à des demoiselles qui se marieront tard et qui sont donc soumises aux tentations, lors de la veillée ou ailleurs. Les mères sont censées empêcher les galants d'aller trop loin, tandis que les frères se chargent à l'occasion de tirer vengeance d'un séducteur parvenu à ses fins. Sans doute faut-il comprendre de cette manière l'absence de structure de sociabilité propre aux jeunes filles à marier ? À la différence des garçons, elles ne connaissent pas les « royaumes de jeunesse » : elles se contentent de se grouper sur la place à l'occasion des fêtes, ou de s'assembler lorsqu'elles le peuvent, toujours sous le regard du reste du monde féminin. L'enjeu est en effet trop important pour leur laisser toute liberté. Le proverbe « surveille tes poules, je lâche mes coqs » s'applique très bien à cette société. L'important n'est guère le sens de culpabilité qui nous occupe au XXe siècle, mais celui de la honte, c'est-à-dire de la déviation visible pour tous. La virginité des filles est en théorie (surtout au XVIe siècle) un bien familial précieux, car les garçons célibataires guettent l'occasion de satisfaire leurs pulsions sexuelles contrariées.

Les royaumes de jeunesse

Après un stade de transition, entre sept et quatorze-quinze ans, où ils apprennent la xénophobie en gardant leurs troupeaux aux marges du terroir, les garçons entrent pour longtemps dans ce que certains historiens nomment un ghetto sexuel. Les filles se méfient désormais d'eux, ne se laissent pas approcher, sauf dans le cadre de la cour amoureuse acceptée, puisqu'on leur a appris à y voir un danger extrême pour leur vertu et pour l'honneur de leur famille. Les deux sexes sont ainsi séparés par d'indivisibles frontières, alors même que les occasions de se côtoyer abondent, à la messe, sur la place ou ailleurs. Repoussés loin du monde des femmes, les garçons pubères ne peuvent pas non plus se mettre constamment dans le sillage de leurs pères. Ils développent de ce fait des solidarités spécifiques, seules capables de leur permettre d'exister entre les deux pôles précédents. Rétif de la Bretonne (1734-1806) raconte dans *Monsieur Nicolas* des scènes typiques de la Bourgogne rurale du XVIIIe siècle. Il prétend ainsi avoir vu un jour une douzaine de garçons d'une quinzaine d'années occupés à une « montre » masculine : « Tous, sans pudeur, exhibant leur verge, jouaient à qui mieux mieux à la rétraction du prépuce ». Il décrit aussi les activités des grands garçons, âgés de plus de vingt ans, sous la direction d'un « maître garçon ». Dans les deux cas, il s'agit d'une sociabilité très originale, attestée sous divers noms dans les campagnes françaises.

• *L'appartenance au groupe de jeunesse,* « royaume », « abbaye », « bachellerie », etc., est obligatoire. Un rite de passage marque l'entrée des garçons pubères : il faut payer sa « bienvenue », en argent, en nature ou en boisson. Le nouveau membre, âgé de vingt ans selon Rétif mais plus souvent proche de quatorze à seize ans, est alors autorisé à accompagner la bande, faisant le guet pour elle, portant les manteaux ou les armes, bref s'initiant à une éthique particulière, tout en subissant parfois quelques avanies, à l'exemple des « bizutages » étudiants de la Saint-Nicolas. Les activités principales de ces « jeunes fils à marier » que l'on ne désigne pas du nom d'adolescents, se déploient dans l'espace et le temps laissés libres par les adultes, soit le soir après le travail, la nuit, les dimanches, les jours de fêtes. Jeux, concours de force ou d'adresse, fréquentation de la taverne, organisation de festivités et de danses figurent parmi leurs principales occupations. Aux XVIᵉ et XVIIᵉ siècles, les membres de ces royaumes de jeunesse affichent une virilité triomphante, exprimée par la fascination des armes, voire par la recherche d'affrontements violents avec les bandes de lieux voisins, ce qui entretient et prolonge la xénophobie acquise par les petits bergers. En découlent de nombreuses blessures entraînant parfois la mort des victimes. Mais il faut bien que jeunesse se passe : de tels débordements sont aisément tolérés par les adultes, aussi bien que par le roi, lequel délivre facilement des lettres de grâce aux jeunes coupables d'homicides, on l'a noté.

L'indulgence en question s'explique par le fait que les célibataires sont contraints par la pression collective d'adopter ces attitudes conflictuelles. Les pères savent parfaitement que leur propre responsabilité est engagée, puisque la marginalisation des célibataires pendant de longues années est une manière de retarder le remplacement des générations. La brutalité qui en résulte est de ce fait banalisée, elle sert de soupape de sécurité pour éviter l'explosion de violences réellement destructrices. Un accord tacite laisse donc aux jeunes hommes un univers qui leur est propre. Ainsi s'explique également le rôle de surveillance morale exercé par les membres des royaumes de jeunesse : ils stigmatisent les maris cocus, placés nus et à l'envers pour une « chevauchée sur l'âne » à travers le village ; ils font des charivaris effrénés aux remariés ou aux barbons qui épousent des jeunes filles. Loin de constituer des désordres, ces faits et beaucoup d'autres expriment la position particulière de la jeunesse masculine, autorisée à punir les débauches et les excès en compensation des frustrations qu'elle accepte de se laisser imposer jusqu'au mariage.

ENTRE L'ENFANCE ET LE MARIAGE : L'ADOLESCENCE SANS LE NOM

Les grands garçons de Sacy

« Comme vous m'aviez demandé une fois la manière de faire ici l'amour, il faut que je vous conte ça. Pendant le jour, on ne se dit rien ; mais cependant quand on se rencontre, on se regarde avec un rire niais, et on se dit : "Bonjou, Claudine, ou Matron !" — "Bonjou, don, Piarrot, ou Toumas, ou Jacquot" répond la fille en rougissant d'un air gauche et en marchant de travers, un peu plus vite qu'elle ne faisait auparavant.

Mais le beau, c'est le soir. À l'heure où sortent les chauves-souris et les chats-huants, les grands garçons, après leur souper, rôdent dans les rues, cherchant les filles. Je dis "les grands garçons" parce qu'on n'est ici grand garçon qu'à vingt ans passés ; et alors, on est accepté à payer la maîtrise au "maître garçon", c'est-à-dire le plus âgé ou le plus ancien passé maître des garçons ; elle est de vingt sous, qu'un garçon est quelquefois un an à amasser dans notre pays, tant l'argent y est rare ! Les grands garçons rassemblent plusieurs maîtrises, comme trois ou quatre, et cela sert à les régaler un dimanche soir, et à donner une danse, au son des hautbois. Si un garçon s'immisçait de rôder avant l'âge de vingt ans, pour chercher une maîtresse le soir, ou avant d'avoir payé sa maîtrise, les grands garçons portent chacun leur houssine [baguette], avec laquelle ils le rosseraient d'importance. Quant aux maîtres garçons [ici : ceux qui ont payé leur maîtrise], ils ont toute liberté ; ils vont à toutes les portes cherchant les filles jusqu'à ce qu'ils aient trouvé une maîtresse ; et quand ils en ont trouvé une, ils le déclarent au maître garçon, qui en donne avis aux autres en ces propres termes : "Mes amis, Jacquot tel, ou Gilles tel, va à Margot, Jeanne ou Reine telle ; ainsi, au cas où personne n'aura jeté ses vues sur elle, il ne faut pas le troubler, mais le laisser tranquille, jusqu'à conclusion du mariage en place d'église." Les autres garçons répondent l'un après l'autre, et s'il y a rivalité, celui qui est rival le déclare. Le maître garçon leur dit alors : "Mes amis, jalousie ne vaut rien ; une fille est une fille, et il y a plus d'une fille dans le village ; voire dans les autres villages ; par-ainsi, je vous conseille de vous accorder, ou de tirer à la courte paille, à qui l'aura." Et ordinairement, les garçons acceptent de tirer, et tout est dit ; mais s'ils persistent chacun, alors le maître garçon leur dit : "Courez-en donc l'aventure, et que les parents en décident ; mais quand ils auront décidé, ainsi que la fille, j'entends que le refusé se retire." Et quand la fille veut l'un, et les parents l'autre, les grands garçons ne se mêlent pas de décider ; ils laissent faire les deux rivaux, en défendant seulement les voies de fait. Mais tout cela est rare.

Le plus souvent, à l'entrée de l'hiver, les garçons se partagent les filles, soit au sort, soit en choisissant, et chacun va tout l'hiver à celle qui lui est échue. Voilà comme les filles sont ici traitées ; elles n'ont seulement pas la satisfaction de recevoir celui qui leur plairait le mieux, et souvent il faut qu'elles aient tout l'hiver à côté d'elles, à la veillée, ou devant la porte quand il fait clair de lune, un gros pacant [individu du pays] qu'elles détestent. »

« Faire l'amour » : la cour aux filles

Il faut à présent vous dire comme les filles voient leur galant, et ce qu'elles mettent du leur, en faisant l'amour. Les garçons vont vers la fille longtemps avant de parler aux parents, pour voir si elle leur plaira, et s'ils lui plairont. Pour cela, ils rôdent quelquefois des mois entiers autour de la maison, avant de lui pouvoir parler. On en cause dans le pays, et la fille apprend que Pierrot ou Jacquot tel rôde autour de la maison pour elle. Un soir, par curiosité pure, elle prend un prétexte pour sortir, comme d'avoir oublié de fermer le poulailler, l'écurie aux vaches. Les parents n'en sont pas la dupe. Si le garçon leur convient, ils ne disent mot, et la fille sort. Si au contraire il ne leur agrée pas, la mère ou le père se lève, repousse la fille sur sa chaise ou sur sa selle, en lui disant : « Tins te là ; j'y vas moi-même » ; et alors le garçon, ne voyant pas sortir la fille, prend le parti d'entrer dans la maison, en disant aux parents : « V'lez-vous m'permettre d'approcher de vote fille ? » On ne le refuse jamais net ; on lui dit de s'asseoir. Il se met à côté d'elle, et on leur fait bonne ou mauvaise mine, jusqu'à ce qu'il s'attire un refus conçu en ces termes : « Tins te chez vous. » Mais si on a laissé sortir la fille le soir, alors le garçon l'approche en la câlinant : « Où qu'vous allez don, Jeanne ?

— Donner de la pâille à nos vaches...

— J'vas don vous ainder ?

— Ça n'est pas de refus, Jacquot. » Et il lui aide. Elle sort ensuite tous les soirs, et elle trouve toujours Jacquot. On s'assied dans un coin obscur ; la fille ou file, ou teille le chanvre, et alors le garçon lui aide, et on cause. Les dimanches on cause sans rien faire, et c'est le jour où le garçon se hasarde d'embrasser : il est rare cependant que les filles ne soient pas sages. Quand il commence à faire froid, elle l'invite à entrer dans la maison ; il accepte si elle lui a plu, car c'est un premier amour d'essai qu'ils ont fait là jusqu'à ce moment. On fait ordinairement l'amour deux ou trois ans, et il n'est guère question de mariage le premier hiver (à moins qu'il n'y ait milice), et les parents de la fille ne s'avisent guère de faire au garçon la demande ordinaire « Qu'est-qu'tu viens faire ici, Jacquot ? », que le second hiver de la fréquentation.

Montrer sa virilité

Rétif approchait de sa septième année lorsqu'il fut témoin « d'une chose qui surprendra et qui ajoute à la preuve que l'Espèce humaine, réunie en nombre, se corrompt à la campagne presque autant qu'à la ville. Une douzaine de garçons qui avaient le double de mes années, c'est-à-dire qui étaient à l'époque de la puberté, faisaient au soleil... une « montre » que je ne puis expliquer ». *Il la décrit cependant, dans une note en latin :* « Tous, sans pudeur, exhibant leur verge, jouaient à qui mieux mieux à la rétraction du prépuce. Allèrent-ils jusqu'à faire jaillir la semence ? Je ne pus, en raison de mon âge, le distinguer ; mais j'ai vu que personne ne rougissait ».

L'adolescence : un ghetto sexuel ?

De 15 à 20 ans environ, les garçons, déjà dangereux, quoique trop jeunes encore pour avoir le droit de songer au mariage, avaient peu de contact avec les filles désormais méfiantes. Une aventure de Rétif enfant, permet de sentir la différence qu'elles faisaient entre les petits et les grands, quoique l'auteur nous en propose une explication plus personnelle.

« La fête de Saint-Nicolas arriva. Les grands garçons payaient la messe ; les petits y assistaient. Nous étions alors à Sacy trois Nicolas, garçons d'âges différents : le Grand-Colas, long comme une perche ; Colas-Chabin, ainsi nommé de sa grande chevelure, hideusement crépue ; enfin Monsieur Nicolas, le plus jeune des trois. Mes sœurs m'avaient paré ce jour-là,... "comme un petit chérubin". Lorsqu'on sortit de l'église, les grandes filles se rangèrent sur le perron (comme avaient fait les grands garçons le jour de Sainte-Catherine, pour voir défiler) ; elles se disaient : "Lou P'tit-Colas ôt mieû érangé que l'Grand ; il a in pus biau chapiau, in pus biau bouquet", etc. Le Grand-Colas était un assez mauvais sujet ; ce qu'indiquait sa taille haute, efflan-quée, sa figure ignoble, qu'il paraissait craindre de montrer, tant il se courbait. Colas-Chabin était un sournois, à la physionomie rhynocérote. Ces deux Colas, dont le premier était le coryphée de la fête, et le second son lieutenant, auraient bien voulu que les filles les poursuivissent, ou seulement en être soufferts ! Ils me joignirent au bénitier, et m'offrirent leur protection : "Voilà les filles qui vous attendent", me dirent-ils ; "les trois Colas se doivent entr'aider ; marchez entre nous deux". Je les crus. En effet, le Grand-Colas était si redouté, si haï, que pas une fille n'osa m'approcher. Je marchais fièrement entre mes deux homonymes, quand je m'aperçus que je m'étais confié à deux traîtres. Déjà nous étions parvenus à la Croix-du-Reposoir, c'est-à-dire au tiers du village, quand je vis, un peu tard, que le Grand-Colas me livrait à deux groupes de filles, dont les unes précédaient et les autres nous suivaient de vingt pas. Je voulus fuir : je fus environné en un instant. Jamais je n'avais été si beau ; jamais je ne fus tant baisé. Mais bientôt les fourrageuses devinrent la proie du grand satyre et de son camarade. Dès qu'ils les virent occupées de moi, il se jetèrent sur elles, et ne les épargnèrent pas. Ils les raillaient, en disant : "Ha ! vou'v'lez dou p'tit ? En voiqui dou grand ; en voiqui dou mojîn [du moyen] !"... »

Jean-Louis Flandrin, *Les Amours paysannes (xvie-xixe siècle)*, Paris, 1975.
Extraits des œuvres de Rétif de la Bretonne (1734-1806) : *La Paysanne pervertie* et *Monsieur Nicolas*. Les scènes se passent à Sacy, en Bourgogne.

● *Pour les « grands garçons », tout est orienté par le sens et l'importance des noces.* Leurs exploits, leurs bravades ont pour but de les valoriser aux yeux des filles ou des pères, en leur donnant les meilleures chances d'accéder à un marché matrimonial étroit, difficile et très contrôlé. La structure de la bande offre à ces célibataires un foyer d'identité collective. Elle permet à chacun de s'appuyer sur les autres, mais aussi d'exprimer de manière compensatoire, par des bourrades ou des concours de force, par exemple, une sexualité qui ne peut pas aisément s'orienter vers l'autre sexe, tant celui-ci se révèle méfiant, tant il est surveillé par les mères, les pères et les frères. Très codifiée, la cour amoureuse implique d'ailleurs souvent le secours d'auxiliaires. Pour « faire l'amour », en Artois au XVIᵉ siècle comme dans la Bourgogne de Rétif de la Bretonne au XVIIIᵉ siècle, il importe de passer par des comportements rituels successifs dont rend compte cette expression n'impliquant pas alors obligatoirement des relations charnelles. Le soupirant rôde le soir près de la maison de celle qu'il désire conquérir. Accompagné des membres de son royaume de jeunesse et de musiciens, il vient faire une sérénade ou une aubade sous la fenêtre de la belle. Lorsque les choses sont bien avancées, le maître du lieu se retire, laissant la place, s'il agrée le galant. Dans certaines régions, au XVIᵉ siècle, celui-ci passe la nuit avec sa dulcinée, mais il est censé ne pas avoir de relations sexuelles avec elle. Car l'honneur de la fille est plus sûrement gardé par les mécanismes sociaux ou les autocontraintes que par la force : à ce stade, les privautés sont possibles et la vertu elle-même peut souffrir, parce que l'union paraît devoir se réaliser. Des vengeances en résulteront dans le cas contraire. Quant au jaloux qui convoite la demoiselle, il lui arrive de venir dans le même équipage chanter sous sa fenêtre, si bien que les affrontements en armes entre deux bandes supportant chacune leur champion sont très fréquents.

Vus avec le recul de l'historien, ces phénomènes ne traduisent donc pas une sorte de loi de la jungle. Au contraire, ils montrent l'efficacité de mécanismes cachés de régulation sociale. Et le discours moralisateur de l'Église de la Contre-Réforme sur la virginité des filles ne réussit bien à limiter les relations sexuelles hors mariage au XVIIᵉ siècle que parce qu'il renforce des traditions déjà solidement implantées auparavant. Au moment où s'allonge encore l'âge au mariage, les frustrations des jeunes hommes ne peuvent que s'intensifier, ce qui se traduit par des frictions plus fréquentes avec les hommes mariés. Mais à aucun moment ne se manifeste une réelle contestation par les royaumes de jeunesse du pouvoir des hommes mûrs. Le fait serait d'ailleurs fort étonnant, car l'existence même de cette sociabilité juvénile dépend au fond de la bonne volonté des adultes, c'est-à-dire de la latitude qu'ils octroient à leurs grands garçons. Comme le disent les ethnologues, les mâles dominants réussissent l'exploit d'imposer aux jeunes des règles contraignantes pour accéder au mariage, sans pour autant souffrir trop d'hostilité de leur part.

Générations et reproduction sociale

La froideur affective imputée par certains historiens à la famille conjugale prend sens dans cette perspective. On a vu que les rôles familiaux ne ressemblent guère à ceux du XXᵉ siècle : fortement présents par les contraintes collectives qu'ils imposent ensemble à toute la société, les pères s'effacent souvent du foyer, où les femmes sont chargées de la formation affective des filles et des jeunes enfants, tandis que les garçons pubères vont essentiellement chercher au loin, près de leurs semblables, de quoi former leur personnalité. Écrans ou évitements de ce type évitent la polarisation des rancœurs sur les véritables responsables des frustrations de la jeunesse : ces pères habilement cachés derrière leurs propres solidarités efficaces. Dans ces conditions, il n'est guère possible que la psychologie des générations paysannes successives soit analysable en termes freudiens avant l'affaiblissement des groupes de jeunesse, doublé d'un recentrage affectif de tous sur le noyau conjugal, dans le courant du XIXᵉ siècle et par la suite.

Sociabilité et solidarité traditionnelles ne sont donc que les facettes diverses de procédures d'éducation, d'initiation, de définition des rôles sociaux destinées à permettre la stabilisation de la société rurale, c'est-à-dire sa transmission à l'identique d'époque en époque, malgré les bouleversements de toute nature qui peuvent l'affecter. Alors que nos propres sociétés contemporaines reposent sur l'idée de progrès et qu'elles utilisent la culpabilisation pour canaliser les pulsions ou les désirs des individus, les paysans de l'Ancien Régime cherchent surtout à reproduire le plus exactement possible ce dont ils ont hérité. Ils emploient dans ce but les lois de l'honneur et celles de la honte, en d'autres termes la pression sociale résultant de la connaissance par chacun de tout ce qui concerne les autres. Secrets ou intimité ne leur sont certes pas totalement inconnus, mais ces notions ont d'évidence peu d'espace pour se déployer, dans une société très collective, dont l'immobilisme apparent cache une formidable lutte pour la survie, tant les conditions d'existence sont difficiles. Introverti, pour mieux conserver ses chances en ce domaine, le village est une cellule au noyau dur mais aux contours changeants, où toutes les forces sont mobilisées pour empêcher l'invasion des dangers. À partir du XVIIᵉ siècle, pourtant, les pouvoirs extérieurs, ceux du roi et de l'Église, avancent inéluctablement vers ce cœur du monde qui tente tant bien que mal de préserver son autonomie.

6 Au cœur du monde : la culture paysanne au quotidien

Chaque village est un microcosme, un petit monde. Pour ses habitants, il est le centre de l'univers, ce qui explique leur attachement au terroir, leur sens aigu de l'autonomie, leur hostilité aux étrangers, fussent-ils venus d'une paroisse proche, leur méfiance face aux pouvoirs extérieurs. Il n'est pourtant pas une île isolée, car des relations de tous ordres existent avec les communautés environnantes, les villes voisines, les autorités. La langue, ou le patois, la religion, et plus profondément encore des structures de sociabilité identiques produisent la cohésion d'une vallée, d'un « pays » formé d'un ensemble de communautés, d'une province, tandis que le sens national manque encore beaucoup avant les brassages de soldats sous la Révolution ou plus tard durant la Première Guerre mondiale.

La culture quotidienne est donc la mise en œuvre locale de cet ensemble complexe de phénomènes. Avec des nuances, parfois même d'importantes variations, se définit partout un calendrier des travaux et des loisirs organisé en fonction des saisons, de la vie religieuse et de la sociabilité. Le catholicisme marque puissamment les campagnes, mais le sacré et le profane ne s'y déploient pas uniquement en fonction des dogmes ou de l'orthodoxie. Au-delà encore, les paysans se laissent parfois aller à des révoltes, à des déviances aussi, si l'on en croit certains analystes de la chasse aux sorcières, à moins qu'ils ne cherchent à s'évader d'une manière ou d'une autre loin de la dure réalité ordinaire.

CALENDRIER TRADITIONNEL ET RYTHMES DE VIE

En France, le premier janvier ne marque le début de l'année que depuis 1564. Pour les paysans, cette coupure arbitraire n'a pas beaucoup de sens. Ils comprenaient mieux, auparavant, le choix de la date de Pâques pour rythmer le temps : au moins s'agit-il là de la plus grande fête de l'année liturgique. Son inconvénient est d'être mobile, si bien que l'année « civile » était inégale dans les deux premiers tiers du XVIᵉ siècle, car elle débutait à une date variable située entre le 22 mars et le 25 avril.

Toutes les fêtes mobiles catholiques dépendent par ailleurs de la date du dimanche de Pâques. L'année liturgique proprement dite court du premier dimanche de l'avent (le plus proche de la Saint-André, située le 30 novembre) jusqu'au premier dimanche après la Pentecôte, soit le huitième dimanche après Pâques. Elle est destinée à rappeler aux fidèles la vie du Christ et de l'Église, depuis les jours précédents la naissance du sauveur jusqu'aux temps de la fin du monde évoqués par l'évangile lu le dernier dimanche de ce « propre du temps ». Le « propre des saints » s'intercale dans ce cycle, pour commémorer la mémoire d'un fidèle canonisé.

• *Le calendrier liturgique a très tôt été adapté par l'Église au rythme des saisons,* dont dépend étroitement la vie agraire qui concerne l'écrasante majorité de la population. Deux des plus grandes fêtes religieuses, Noël et la Saint-Jean-Baptiste, ont été placées près des solstices. L'avent commence presque avec l'hiver, en décembre. La fête mobile de Pâques se situe à proximité de l'équinoxe de printemps. En outre, le travail est interdit, afin que les gens puissent participer à la messe et aux dévotions, chaque dimanche ainsi qu'à l'occasion des grandes fêtes dites d'obligation. Le nombre de celles-ci varie selon les diocèses : il est généralement aussi important que celui des dimanches jusqu'au XVIIe siècle, puis il a tendance à diminuer nettement à partir de cette époque. Dans le diocèse d'Angers, par exemple, 63 fêtes d'obligation existent avant 1693, tombant au chiffre de 39 à cette date, puis à 35 en 1781. Les jours impérativement chômés représentent au bas mot un tiers de l'année au XVIe et au XVIIe siècle, puisqu'il y a 52 dimanches, avant de baisser à un quart peu avant la Révolution.

• *Le calendrier complet de la vie paysanne intègre ces diverses données,* les travaux et les loisirs, le profane et le religieux. Beaucoup de fêtes d'obligation sont générales en France sous l'Ancien Régime, mais certaines sont propres à tel ou tel diocèse, d'autant que les traditions donnent plus d'importance à des saints locaux, ou encore aux solennités consacrées au patron de la paroisse (les dédicaces de l'église du lieu, d'où sont issues les ducasses artésiennes et picardes ou les kermesses flamandes).

Le calendrier agro-liturgique traditionnel établi par François Lebrun et présenté en encadré résume l'essentiel de ces activités, sans tenir compte de variations régionales ou locales qu'il importe de connaître si l'on veut suivre avec précision la vie d'une communauté rurale particulière.

Le temps tourne comme une roue. Il est scandé de manière immuable par les saisons et par les repères mentaux constitués par les fêtes. Les paysans mémorisent en effet plus aisément ces dernières que les jours monotones de la semaine consacrés au travail. Lorsqu'on les interroge, notamment au cours d'un procès, ils se repèrent dans le passé par rapport à la densité temporelle de ces périodes. Car la dévotion n'est pas la seule à s'y manifester. À l'exception des moments de jeûne et d'abstinence, les fêtes se prolongent par des activités profanes, orientées vers la boisson, les repas, les jeux, la musique, la danse, etc.

LE CALENDRIER AGRO-LITURGIQUE TRADITIONNEL

François Lebrun, « Le calendrier agro-liturgique dans la société traditionnelle de la France de l'Ouest (XVIIe-XIXe siècle) », dans *Sociétés villageoises et rapports villes-campagnes au Québec et dans la France de l'Ouest, XVIIe-XXe siècle,* éd. par F. Lebrun et N. Séguin, Trois-Rivières (Québec)/Rennes, 1987.

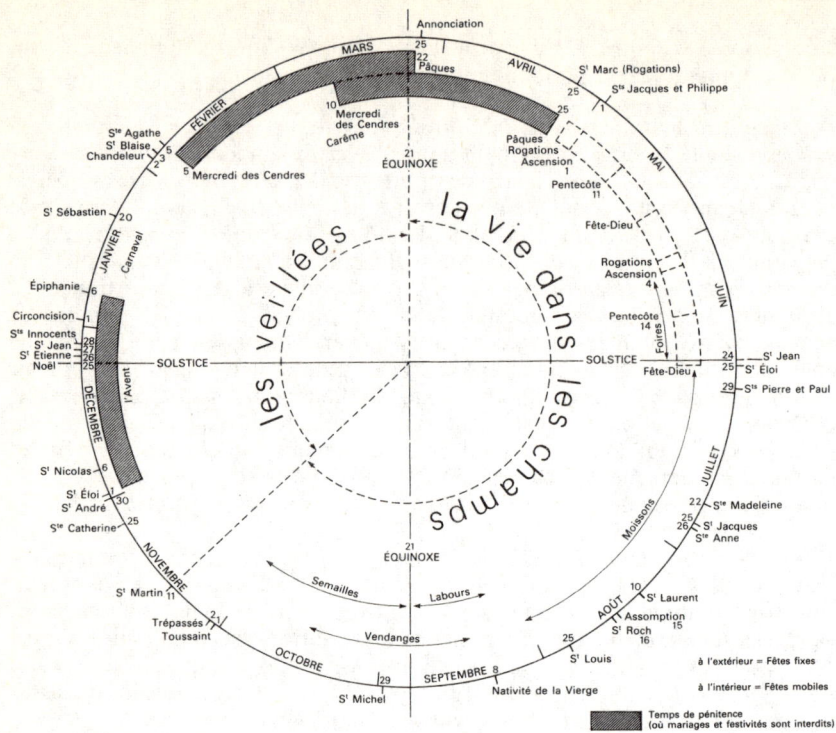

• *L'hiver*. L'année liturgique débute avec l'avent : la période correspond aussi à un seuil de passage de la saison des gros travaux vers celle de l'activité réduite marquée par les veillées collectives. Les paysans sont certainement moins sensibles que nos contemporains à l'existence de saisons intermédiaires. L'année agricole se découpe plutôt pour eux en deux moitiés inégales, un temps fort et un temps faible, l'« été » et l'« hiver ». Ce dernier signale déjà sa proximité à la Toussaint et aux Trépassés, ces deux premiers jours de novembre vécus comme les fêtes des morts, avec processions et prières pour leur repos. Avant les moralisations du XVIIᵉ siècle, ils sont également marqués par des jeux, des repas, des danses dans le cimetière ou sur la place, parce que les ruraux établissent à ce moment un contact privilégiés avec leurs défunts, les célibataires sonnant les cloches pendant la nuit du premier au deux : rites d'apaisement ? Rites de passage, assuré- ment, vers la saison « morte », celle du repos de la terre, sans certitude de voir l'été amener l'abondance. Les acteurs de ces cérémonies mal jugées par les ecclésiastiques ne savent probablement pas qu'ils pratiquent ce qui ressemble à des rites de protection, pour assurer la fertilité future. Ils amorcent en tout cas la décélération physique et émotionnelle conduisant la communauté à la semi-activité du temps d'hiver. Les veillées commencent, à la fois pour occuper le temps, pour préparer les mariages et pour accumuler ensemble de la force afin de résister aux attaques de l'hiver, voire d'une éventuelle famine. Fait symptomatique, la liturgie de l'avent interdit les

LES SAISONS DE LA VIOLENCE EN ARTOIS (1386-1660)

Mois	XVᵉ s.	1500-1558	1559-1600	1601-1635	1636-1660	Total	%
Janvier	16	57	29	56	19	177	5,98
Février	10	61	32	53	18	174	5,83
Mars	9	55	35	75	26	200	6,76
Avril	15	74	44	82	22	237	8,02
Mai	21	97	64	108	28	318	10,76
Juin	25	107	54	124	37	347	11,74
Juillet	23	112	52	128	32	347	11,74
Août	23	87	39	93	38	280	9,47
Septembre	17	73	46	92	30	258	8,73
Octobre	12	60	36	86	23	217	7,34
Novembre	13	54	34	70	32	203	6,86
Décembre	13	66	32	62	24	197	6,66
	197	903	497	1 029	329	2 955	100
% des cas connus	85,28	97,41	92,72	88,86	95,08	92,40	

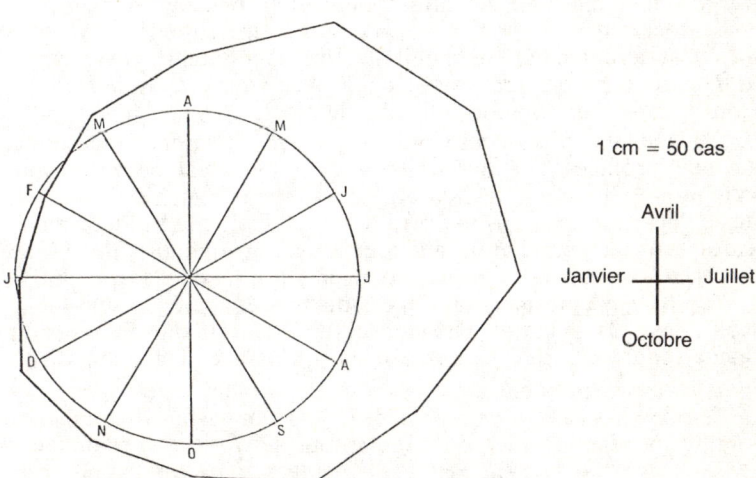

1 cm = 50 cas

```
              Avril
               |
Janvier ———————+——————— Juillet
               |
            Octobre
```

Cette roue des saisons indique bien la spectaculaire montée de la violence au printemps et en été, suivie à partir du mois d'octobre d'une baisse régulière jusqu'au minimum de février.

Robert Muchembled, *La Violence au village (xvᵉ-xviiiᵉ siècle)*, Turnhout, Brepols, 1989.

mariages durant ce temps ; elle enjoint de pratiquer le jeûne et l'abstinence, toutes choses qui traduisent une rupture de rythme biologique. À côté du sens religieux de ces notions, il est possible de voir se manifester une préparation aux épreuves à venir. Les corps exultent moins qu'auparavant : la répartition mensuelle des crimes de sang pardonnés en Artois de 1386 à 1660 corrobore ces observations, car on y lit cette entrée progressive en hiver des communautés, par opposition aux pointes de violence du printemps et de l'été (voir encadré page 91).

Une objection vient évidemment à l'esprit : la sociabilité se fait alors moins intense à l'extérieur des maisons par suite du froid et des intempéries. Mais la baisse d'agressivité débute dès novembre, comme si la sociabilité féminine des veillées apaisait les tendances brutales exprimées auparavant dans les tavernes ou sur les places publiques. Décembre lui-même ne connaît qu'une petite pointe sanguinaire, bien que la consommation d'alcool soit excessive pendant les fêtes. Les folkloristes nomment en effet les « douze jours » la période entièrement chômée débutant la veille de Noël pour se prolonger parfois jusqu'à l'Épiphanie, le 6 janvier. En dehors des offices religieux, de nombreuses pratiques collectives y prennent place, par exemple la bûche qui doit brûler trois ou neuf jours afin d'assurer de la chance à la maisonnée. Les tisons et les cendres servent à confectionner des remèdes, à purifier l'eau du puits, à préserver les blés de la rouille ou encore à protéger la maison de la foudre. Une inquiétude vague s'exprime durant ces plus longues nuits de l'année. Pour la dissiper, on boit et on rit à la taverne, en jouant aux dés afin d'éloigner le malheur. L'Église ne réussit pas à déraciner ces croyances qu'elle dit superstitieuses, typiques d'une société agraire n'aimant ni la nuit ni l'hiver et ajoutant sans vergogne à la liturgie chrétienne des pratiques magiques de guérison ou de fertilité, comme on l'a noté à propos de la bûche de Noël.

De l'Épiphanie au mercredi des Cendres, janvier et février sont des mois spécifiquement profanes. Les mariages sont alors à nouveau permis, ce qui occasionne de nombreuses fêtes, en attendant les jours gras du carnaval. Au cœur de l'hiver, les paysans ont bien besoin d'oublier le froid ainsi que leurs peines, tout en se préparant au carême qui correspond déjà au vide des greniers, des saloirs et des garde-manger, en attendant la prochaine récolte. L'Église s'adapte ainsi aux nécessités matérielles, car elle laisse entre deux plages de jeûne et d'abstinence une période d'exubérance et d'abondance (pour ceux qui ne sont pas dans le dénuement, bien sûr).

● *Le carnaval* est assurément l'une des plus importantes fêtes populaires des temps modernes, aussi bien à la ville qu'à la campagne. Il commence plus ou moins tôt selon les régions, entre le jour des Rois et la chandeleur (le 2 février), date de la bénédiction des cierges pour commémorer la purification de Jésus au Temple. Les cierges bénis à cette occasion sont supposés avoir des vertus magiques, car ils protègent la maison et l'étable de la foudre ou des incendies ; on les utilise également pour verser une goutte de cire sur le corps d'un défunt, autre rite de protection que les historiens interprètent comme un « travail de deuil » destiné à atténuer l'angoisse liée à ce moment tragique. Le carnaval se déploie donc sur une longue période, en janvier et en février. Il culmine pendant la semaine grasse, celle qui conduit au mardi gras. Les jeunes garçons ou les célibataires des royaumes de jeunesse s'en donnent à cœur joie, multipliant les festivités, les danses et les jeux, sous le regard bienveillant des aînés qui y participent. Le monde se met provisoirement à l'envers, puisque les jeunes gens ont l'autorisation tacite de se livrer à des excès : mascarades, charivaris, chansons moqueuses et cruelles à l'égard d'adultes dont la conduite laisse à désirer alternent avec des épreuves de force ou d'adresse, de longues séances au cabaret. Le clergé tente de limiter puis simplement de surveiller ces comportements, surtout à partir du XVIIᵉ siècle. Il ne rencontre guère de succès, tant les usages sont enracinés dans les populations, tant ils correspondent à des nécessités vitales de recharge alimentaire autant qu'émotionnelle durant les longs et durs hivers.

Le passage du carnaval au carême s'effectue le mercredi des Cendres. Bruegel le Vieux a admirablement représenté cet épisode dans le *Combat de Carnaval et de Carême* (1559). Montée sur une planche à roulettes, la vieille de carême vient à la rencontre du gras Carnaval, lui-même juché sur un tonneau, comme dans un tournoi médiéval. La rencontre aboutit rituellement à la défaite du second. Les paysans jouent d'ailleurs réellement cette sorte de théâtre calendaire, finissant souvent par brûler sur la place un mannequin personnifiant « saint Pansard » ou carnaval, le mercredi des Cendres (ou le dimanche suivant, dit « crêpier » parce qu'on y fait des crêpes, en Haute-Bretagne). La gauche du tableau définit les activités multiples du temps carnavalesque, alors qu'à droite apparaissent les compagnes du carême : pénitences (aumônes, mortifications, prières) et jeûne, puisqu'il ne faut manger ni viande ni œufs durant quarante jours, en se contentant d'un seul repas vers midi puis d'une légère collation le soir. L'Église y ajoute l'interdiction des divertissements, mais des enfants jouent quand même, tout comme l'escorte de la vieille de carême participe à des plaisirs belliqueux, au milieu d'une véritable fête.

● *La frontière exacte entre la morale religieuse et les pratiques paysannes dépend essentiellement de la qualité du curé local.* Après un siècle d'efforts en ce domaine dans toute la France, le prieur de Sennely-en-Sologne décrit vers 1700 les réjouissances populaires. Se félicitant d'avoir réussi depuis vingt ans à faire admettre à ses paroissiens qu'il « n'est pas plus permis de jouer ni à la boule ni aux cartes que de manger de la viande en carême et les vendredi et samedi », il conjure ses successeurs d'y faire très attention. Pour cela, une surveillance constante est nécessaire, le pasteur devant en outre prêcher d'exemple : « il faut qu'il se prive lui-même absolument de jouer ni chez lui ni ailleurs ». Car Sennely est selon lui un cas particulier, par rapport aux communautés voisines « où les curés et les paroissiens jouent aussi bien en carême et même pendant la semaine sainte qu'en d'autres temps ». Il est donc fréquent de voir le carnaval continuer jusqu'à Pâques, d'après ce témoignage. « J'estime qu'un curé qui joue en carême devrait être déposé et interdit de toutes fonctions ecclésiastiques », ajoute le prieur, prouvant par-là même que le fait existe et qu'il n'est apparemment pas sanctionné très durement.

● *Le cycle de Pâques proprement dit commence le dimanche précédent, nommé Pâques fleuries ou dimanche des Rameaux,* car on y bénit « des palmes, lesquelles on distribue aux hommes seulement », selon le prieur de Sennely. Après la messe, les fidèles se rendent en procession au cimetière, pour déposer de ce buis ou de ce laurier bénit sur les croix et les tombes. En rentrant chez soi, chacun fait de même sur les croix du chemin, les crucifix, ou les diverses parties de l'habitation, sans oublier les étables ou les ruches : la recherche d'une protection magique prolonge d'évidence la cérémonie religieuse. L'office des Ténèbres, à la fin duquel sont éteintes toutes les lumières, se chante dès le mercredi. Le Jeudi saint, les cloches partent pour Rome jusqu'au samedi. Jour de tristesse généralisée, le Vendredi saint est marqué par de nombreux interdits domestiques liés à la notion de mort : faire la lessive aboutirait selon les croyances populaires à laver son linceul, c'est-à-dire à décéder dans l'année.

Arrive enfin le dimanche de Pâques, sommet de l'année liturgique. Depuis les Rameaux, les paroissiens se sont confessés en vue de la communion annuelle. « Faire ses pâques » est une obligation à la fois religieuse et sociale dans ce monde collectif. Il est possible de réaliser la chose jusqu'au dimanche suivant, dit de Quasimodo ou de Pâques closes, marquant la fin du temps de pénitence et d'interdiction des mariages (comme durant l'avent). Mais pour la plupart des paysans, Pâques est un jour de libération après un long carême, d'autant que les beaux jours sont proches : œufs et viandes reparaissent sur les tables, tandis que les cloches sonnent à toute volée. Les excès dénoncés par de nombreux curés prennent place dans le cadre de manifestations joyeuses, devenues licites, aux environs de l'équinoxe de printemps. Abondance alimentaire, boisson, jeux, danses disent le plaisir d'avoir passé un temps de peines, de pénurie et d'obligations religieuses, en marche vers des espoirs nouveaux, même si les réserves sont généralement basses.

Le rythme de la vie s'accélère. Les semailles de printemps ouvrent l'année agricole, tandis que cessent les veillées, car les jours s'allongent. Voici venir l'époque des « longues processions de la campagne » : le 25 avril, fête de saint Marc, ainsi que les trois jours qui précèdent l'Ascension sont consacrés aux Rogations. À Sennely s'y ajoute le premier mai et dans divers endroits les dates de la fête du patron de l'église locale (les autorités ecclésiastiques du XVIIe siècle abrogent souvent la procession, dans le dernier cas). Sous la conduite du prêtre, les villageois arpentent durant des heures tout le territoire de la paroisse, parmi les blés en herbe et les arbres en fleurs, pour obtenir la protection divine sur les biens de la terre. Le prieur de Sennely précise que ces déambulations durent parfois de cinq à six heures et que certains participants bavardent au lieu de prier ou de chanter, s'arrêtant même dans les cabarets, ce qui offense Dieu « pendant que les autres s'appliquent à apaiser sa colère ou à attirer ses bénédictions ». Il ajoute qu'il faut « se priver soi-même d'y manger, afin de ne leur pas donner le temps de le faire ». La Sologne de 1700 laisse assurément subsister de vieilles pratiques de religion festive, liées à des rituels de fertilité agraire.

Quarante jours après Pâques arrive le jeudi de l'Ascension, suivi dix jours plus tard par le dimanche de Pentecôte. Des processions ont encore lieu, mais le prieur de Sennely précise qu'elles ne proviennent que des coutumes populaires et non pas d'obligations ecclésiastiques. La bénédiction des fonts baptismaux se fait la veille de la Pentecôte. À Sennely, « le peuple croit superstitieusement que l'enfant qui serait baptisé ce jour-là ou le samedi saint mourrait dans l'année ». Quant à la Fête-Dieu, un jeudi, dix jours après la Pentecôte, elle est l'occasion d'une grande procession avec reposoirs dans toutes les paroisses de campagne. « On avertit de tapisser et tendre les draps et joncher les chemins de toutes sortes d'herbes odoriférantes », signale le prieur de Sennely.

• *À côté des célébrations religieuses, les activités profanes se développent intensément aux mois de mai et de juin.* La vie dans les champs reprend tous ses droits. Elle se double de la part des célibataires d'une intense cour amoureuse conduisant à de nombreux mariages, entre les interdits de Pâques et l'époque des moissons exténuantes. La sociabilité se développe de plus en plus à l'extérieur, avec le retour des beaux jours et la fin des veillées. Repas de fêtes ou de noces, danses, concours, jeux divers, fréquentation assidue de la taverne multiplient les occasions de rencontres, donc aussi celles de conflits : le sang des homicides coule particulièrement en mai et en juin en Artois, car les frictions sont nombreuses entre amoureux, entre membres des royaumes de jeunesse parcourant leur terroir le soir à la recherche de bandes rivales, entre adultes ivres, y compris à l'issue d'une cérémonie religieuse ou d'une procession. Mai est d'ailleurs le mois de la jeunesse, comme si cette dernière était chargée de définir l'avenir de la communauté. Au premier mai, ou à d'autres dates selon les régions, sont plantés des arbustes et des arbres nommés *mais* devant les maisons des filles à marier. Les qualités ou les défauts des demoiselles s'étalent dans ce langage symbolique, sous l'œil de frères portés à défendre l'honneur familial et de célibataires désireux de se placer au mieux sur le marché matrimonial. Les nouveaux venus sont admis dans les royaumes de jeunesse. Les chefs de ceux-ci reprennent du service pour un an, à moins qu'ils ne cèdent la place, à l'issue d'une fête marquée par des concours de force et d'adresse ainsi que par d'abondantes libations. Le printemps pousse la sève dans les corps comme dans la nature. Aussi l'Église tente-t-elle dès la deuxième moitié du XVIe siècle de contrôler ces excès : elle dédie mai à la Vierge pour commencer à lutter contre les mariages célébrés à cette époque (on ne se marie pas au mois de Marie) ; elle remplace, autant qu'il lui est possible, les traditions profanes par des processions, telle celle du premier mai à Sennely ; elle lutte avec un succès mitigé contre les danses villageoises ou contre la fréquentation des tavernes durant les offices religieux.

• *Les feux de la Saint-Jean.* Mai et juin possèdent des caractères ambigus. Bien que les paysans du temps n'en aient probablement pas conscience, ils se réfèrent à des traditions agraires préchrétiennes, désormais enrobées dans la pâte du christianisme. La jeunesse affirme son rôle de garant collectif de la chance, de la fécondité et de la fertilité. Elle le fait encore le soir du 24 juin, lors de la plus grande cérémonie populaire de l'année, dédiée à saint Jean-Baptiste, cette « célébration mal christianisée d'une fête très ancienne », selon l'expression de François Lebrun. Sur les hauteurs, devant des chapelles ou ailleurs sont allumés de grands feux, tandis que dans certaines régions des roues enflammées descendent des pentes. Les paysans du lieu refont là leur unité communautaire, en chantant et en dansant. Les couples de jeunes gens sautent au-dessus du feu en se tenant par la main, dans le but d'obtenir des enfants ou (et) de bonnes récoltes dans l'année. Les cendres sont soigneusement recueillies, au grand dam des ecclésiastiques, car elles servent comme celles de la bûche de Noël à préserver du mauvais sort, de la foudre, de l'incendie, voire à composer des remèdes et des philtres. Symétrique de Noël, cette nuit proche du solstice d'été est en effet magique plutôt que païenne. Les cloches ont sonné à toute volée la veille pour écarter les sorciers et pour rendre leurs maléfices inopérants durant toute l'année. Le prieur de Sennely précise qu'il a interdit cet « abus [...] au grand regret du peuple, lequel s'imagine que les sorciers tiennent cette nuit-là un chapitre général, et qu'il faut les dissiper par le son des cloches ». Cette même nuit des sorciers est réputée favorable à la cueillette des herbes médicinales ou des plantes utilisables magiquement, à condition qu'on le fasse avant la rosée de l'aurore. Croyances et pratiques, diverses selon les lieux, définissent la force sacrée de ce moment particulier. Tous les efforts du clergé se révèlent vains pour déraciner les superstitions en question, si bien que les hommes d'Église se résignent généralement à surveiller la bonne tenue de leurs ouailles, notamment pour tenter d'empêcher qu'elles ne prennent des cendres ou des tisons au feu de la Saint-Jean, ou à celui de la Saint-Pierre-Saint-Paul, variante affaiblie du premier, le 29 juin.

● *La Saint-Jean constitue aussi une période de passage vers les gros travaux.* Dans diverses régions, la louée des domestiques, les contrats et les baux se règlent à ce moment (ailleurs, les choses se font à la Saint-Michel, le 29 septembre). Tout se met en place pour les épreuves physiques du cœur de l'été, après la lente montée en puissance de l'énergie collective pendant les deux mois précédents. Chacun a en effet besoin de mobiliser sa vitalité pour les moissons, ce qui explique la baisse du nombre des mariages, surtout en août, et celle de l'agressivité apparente : si juillet correspond au maximum des homicides pardonnés en Artois, au XVIe et au XVIIe siècle, une décélération ce manifeste nettement dès le mois d'août, pour continuer à s'accentuer par la suite. La cause principale est à rechercher dans la régression de la sociabilité des loisirs, car juillet connaît encore beaucoup de fêtes en Artois (les « ducasses » des diverses paroisses), à la différence de certaines régions françaises, mais les réjouissances se raréfient partout en août. Seul le 15 du mois, consacré à l'Assomption, aboutit à des débordements et même à des défoulements lorsqu'il correspond à la célébration de la fin de la moisson, la danse, les rires, la boisson et la sexualité se mettant alors de la partie pour traduire la joie d'une société dont l'avenir tout entier dépend de la qualité des récoltes. Septembre et octobre ne sont pas riches en occasions de divertissement, à l'exception des fêtes des saints patrons de chaque paroisse, lorsque les autorités ne les ont pas interdites ou limitées. La nativité de la Vierge est célébrée le 8 septembre, la Saint-Michel le 29 du même mois. Labours puis semailles occupent à nouveau les forces des hommes, à moins que ce ne soient les vendanges en pays de vignobles. L'équinoxe d'automne ne donne pas lieu à des phénomènes particuliers, comme si les villageois se hâtaient de terminer leur labeur avant l'entrée de la terre dans son grand sommeil, juste avant le début des veillées.

Comme si la saison intermédiaire était en quelque sorte gommée, entre un été prolongé et un hiver précoce, la rupture se produisant au début du mois de novembre. Et tourne ainsi sans cesse la roue du temps paysan, rythmé à la fois par la liturgie catholique, par les traditions anciennes cachées sous le manteau du christianisme et par les lois de la nature !

LA RELIGION POPULAIRE

L'approche de la religion populaire a été profondément renouvelée en France par les travaux de sociologie religieuse de Gabriel le Bras. Les chercheurs n'adoptent plus le seul point de vue des autorités ecclésiastiques de l'époque moderne, qualifiant de superstitions les pratiques ou les croyances du plus grand nombre. Après un millénaire de christianisme, les paysans ne sont évidemment pas « païens », mais ils ont une conception du sacré très différente de celle des théoriciens de la Contre-Réforme. La grande nouveauté du XVIᵉ et surtout du XVIIᵉ siècle réside dans la découverte par les hommes d'Église de l'étendue autant que de l'importance du problème. Une véritable entreprise de christianisation en profondeur des campagnes est déclenchée, en vue d'imposer une foi plus intériorisée, c'est-à-dire moins « superstitieuse ». Pour atteindre ses hautes eaux sous Louis XVI et dans la première moitié du XVIIIᵉ siècle, avant les ébranlements prérévolutionnaires, ce mouvement opère une modification du rôle des curés de paroisses, tout en imposant une redéfinition (plus ou moins bien acceptée par les fidèles) de la dévotion de chaque jour. (Voir François Lebrun, 1988.)

Les curés

Le terme s'applique indifféremment aux titulaires des paroisses, nommés parfois « recteurs » ou « prieurs », et aux prêtres ou vicaires qui exercent réellement le ministère ecclésiastique, lorsque les premiers ne résident pas sur place. Au début du XVIᵉ siècle, leur vie s'éloigne assez souvent des idéaux évangéliques. Il leur arrive d'entretenir une concubine et d'avoir des enfants, genre d'abus que la Contre-Réforme ne corrigera que lentement au cours du XVIIᵉ siècle. Nombreux sont parmi eux les ignorants : au milieu du XVIᵉ siècle, le vicaire général de Beauvais se plaint de la généralisation du fait, tandis que l'évêque d'Autun exige partout où il passe que le desservant apprenne à administrer les sacrements, lise l'Ancien et le Nouveau Testament et possède un manuel contenant le minimum nécessaire pour sa formation, le *Manipulus curatorum*. Inutile d'ajouter qu'un certain nombre de prêtres ignorent ou comprennent mal le latin.

La vie « profane » du curé, quant à elle, ne choque pas véritablement les fidèles. Qu'il soit habillé comme eux, qu'il participe aux fêtes, aux danses, aux jeux, ou encore qu'il porte des armes, qu'il aille à la chasse, mérite souvent leur indulgence, à condition qu'il soit capable de célébrer régulièrement les offices et de délivrer les sacrements.

La situation a d'ailleurs tendance à se dégrader dans la deuxième moitié du XVIᵉ siècle, à l'époque des guerres de Religion. Non pas à cause des massacres de prêtres, bien que les huguenots en aient commis, mais surtout par suite du tarissement des recrutements. L'incertitude face à l'avenir, les exigences plus grandes imposées aux candidats à l'issue du concile de Trente, aboutissent à un fléchissement des vocations : le diocèse de Toulouse ne compte plus que 440 prêtres en 1596 contre 834 en 1538, pour se limiter à un cas typique. Et les candidats à l'ordination se révèlent fréquemment ignorants lors des examens, ce qui pousse la hiérarchie à proposer des remèdes : de nombreux séminaires voient le jour, mais aucun ne survit à l'évêque fondateur, l'échec se révélant complet autour de 1600. Il est vrai que les collèges jésuites forment un nombre croissant de prêtres, dont le niveau intellectuel et spirituel se révèle plus que satisfaisant.

● *Le clergé paroissial du début du XVIIᵉ siècle accuse de ce fait de fortes différences locales ou régionales.* Le type classique du curé peu instruit, peu tempérant et peu chaste se retrouve un peu partout. La non-résidence reste une plaie majeure dans les premières décennies du siècle : elle concerne un tiers des curés du diocèse de Nîmes en 1611 ou la moitié de ceux du diocèse de Toulouse jusqu'en 1631. Lors de leurs visites paroissiales, des évêques souvent plus attentifs qu'auparavant remarquent de nombreuses négligences, par exemple dans la moitié des paroisses du diocèse de Chartres en 1628-1630 : vases et linge sacré sales ; hosties attaquées par les vers ; tabernacles utilisés comme de vulgaires placards. Les prêtres n'enseignent pas tous ni régulièrement le catéchisme. Et malgré les stipulations du concile de Trente, le port de la soutane n'entre que lentement dans leurs mœurs. Le fait matérialise la difficulté des curés à se distinguer physiquement de leurs ouailles. Si l'ivrognerie continue à conduire les pas hésitants de beaucoup d'entre eux, c'est qu'ils persistent à fréquenter la taverne ainsi que les plaisirs profanes comme leurs prédécesseurs. Le vicaire du doyenné de Brou, dans le Dunois, est connu de tous pour sa propension à la boisson ; en 1646, ses paroissiens racontent qu'il faut le reconduire chez lui car il ne peut plus marcher ; une nuit, on l'a laissé dormir dans une étable à pourceaux « comme une bête ». Dans le même doyenné, qui dépend du diocèse de Chartres, des doléances sur la paillardise du clergé sont exprimées en 1646, tandis que les archidiacres de Brie relèvent vingt cas de prêtres paillards sur 101 paroisses.

● *Les missionnaires de la première moitié du XVIIᵉ siècle réussissent à pallier les insuffisances de l'encadrement paroissial,* bien que Monsieur Vincent (Vincent de Paul, 1581-1660) sache que les mauvaises habitudes des prêtres et des populations se redressent dès leur départ, comme un champ de blé après l'orage. Leur réussite principale est liée au souci d'aboutir à une meilleure formation des hommes d'Église, dont témoignent les conférences hebdomadaires consacrées par Monsieur Vincent à une sorte de « recyclage » du clergé parisien.

Encore faut-il vraiment attendre la fin du XVIIᵉ siècle pour voir s'imposer l'idéal tridentin du « bon prêtre », exemplaire, studieux et zélé pour le salut des âmes de ses ouailles. Les séminaires se mettent en effet en place : ils passent d'une dizaine en 1642 à une centaine, pour 128 diocèses, à la fin du XVIIᵉ siècle. Les visites épiscopales de cette dernière période traduisent une nette amélioration de la situation : alors que 10 à 25 % des prêtres sont réprimandés à cette occasion dans le diocèse de La Rochelle vers 1650, ils ne sont plus que 5 % entre 1713 et 1728. Plus instruit, plus vertueux, le curé de la fin du règne de Louis XIV s'incarne dans la figure du janséniste Alexandre Dubois à Rumegies, près de Saint-Amand ou dans celle du prieur de Sennely-en-Sologne vers 1700. Il n'en va évidemment pas de même partout. Le prieur de Sennely dénonce ses confrères qui jouent en carême et qui mériteraient d'être sanctionnés durement. Dans le diocèse de Tréguier, les prêtres ivrognes ou débauchés sont encore nombreux au début du XVIIIᵉ siècle. Quant à l'évêque Le Camus, il stigmatise de 1673 à 1705 un clergé des montagnes dauphinoises majoritairement crapuleux, pratiquant l'usure, la polygamie, voire l'inceste.

La France moderne reste diverse en tous domaines. Le « moule clérical » des retraites, des séminaires diocésains et des conférences ecclésiastiques forme néanmoins de mieux en mieux des générations de prêtres au XVIIIᵉ siècle. L'encadrement paroissial progresse partout, sans atténuer les différences régionales et surtout sans jamais offrir aux ruraux l'extraordinaire concentration de moyens de piété réalisée dans les villes importantes. Les « hautes eaux » religieuses du début du siècle des Lumières doivent être vues dans cette perspective, pour mieux comprendre pourquoi et comment la christianisation accentuée des campagnes produit paradoxalement des fractures plus béantes qu'auparavant entre l'Église établie ou les citadins, d'une part, et le peuple « superstitieux » des villages, de l'autre.

« Des idolâtres baptisés » ?

Exagérée, cette définition de ses propres ouailles formulée par le prieur de Sennely en 1700 n'est cependant pas totalement fausse. Elle rend compte d'un mélange intime de christianisme et de pratiques d'obscure origine composant la religion rurale populaire. Les élites la disent « superstitieuse » ; pourtant, les paysans n'ont nullement conscience de s'écarter d'un prétendu droit chemin en vivant des phénomènes qu'ils considèrent comme immémoriaux et profondément catholiques.

● *Religion et superstitions.* Leur religion est simplement mais fondamentalement éloignée des principes de piété personnelle et intériorisée véhiculés par les hommes d'Église les plus exigeants. Les masses, on le sait, sont attachées à un christianisme de la peur : peur du péché, de la mort, de l'enfer. L'Église de la fin du Moyen Âge a d'ailleurs cultivé ce sentiment collectif d'effroi, dans l'ambiance « flamboyante » mais aussi macabre des lendemains de la Grande Peste de 1348. Afin de pousser les fidèles à recevoir le sacrement de pénitence et à pratiquer les multiples gestes conduisant au salut, elle a insisté sur la figure du diable, omniprésent en ce monde tourmenté, ainsi que sur celle d'un Dieu terrible, capable de décocher aux hommes pécheurs les flèches de la peste, puis surtout de leur refuser l'entrée du paradis, pour les laisser se consumer en enfer ou dans les tourments du « feu ardent de purgatoire ».

Loin de la dévotion tranquille d'un Érasme qui croit en une certaine bonté divine, les paysans comptent leurs péchés en même temps que les bonnes œuvres capables de peser en leur faveur dans la terrible balance du Jugement dernier. Ils s'attachent à une piété assurément faite de conformismes, sans doute parce que ces derniers apportent aux fidèles un sentiment de sécurité. Ils puisent dans les traditions héritées de leurs pères des garanties individuelles, ou plus souvent collectives, contre les périls, les fléaux liés aux pestes, aux guerres, aux famines, ainsi que contre les dangers d'origine surnaturelle. Car l'au-delà est pour eux déjà là. Les morts ne sont pas définitivement séparés des vivants, on l'a vu. Dieu, les démons, les saints peuvent intervenir en bien ou en mal dans la vie quotidienne, certains humains — sorcières, devins, guérisseurs — étant même capables de communiquer avec de telles forces surnaturelles.

« DES IDOLÂTRES BAPTISÉS » À SENNELY-EN-SOLOGNE VERS 1700

À l'égard de leurs religions, j'ai remarqué qu'ils sont plus superstitieux que dévots. Cependant on leurs doit donner cette louange qu'il y a peu d'impies parmi eux et qu'ils sont demeurés fort attachés à l'ancienne religion, l'hérésie de Calvin qui s'est répandue si universellement dans toutes les contrées de ce royaume n'ayant pu s'y introduire. Ils sont encore aujourd'hui ennemis outrés des protestans, soupirent après leur perte, disant qu'il faut les faire brûler, et donner leurs biens aux pauvres, leur haine est pourtant ridicule ; car ils ne donnent point d'autre raison pour la justifier sinon que les huguenots ne croient pas en la Vierge. Ils sont fort zélés pour le dehors de la religion, aiment le grand office, les riches ornements, de voir quantité de statues des saints dans leurs églises, sont ravis d'y voir une grande assemblée de prêtres, entendent volontiers plusieurs messes. S'ils sont obligés de faire quelque séjour dans une ville, ils quittent leurs affaires les plus pressées pour visiter toutes les églises. Ils aiment surtout les longues et fréquentes processions, qu'ils suivent avec zèle et dévotion. Ils entreprennent dans les moindres nécessités des pèlerinages à toutes les Notres-Dame du pays, à sainte Reine et ils appellent cela « se pleuvir ». Ils sont exacts observateurs des fêtes et se plaignent amèrement de ce que nos Seigneurs les Évêques les ont retranchées, attribuant à cette suppression tous les malheurs des guerres et de la famine qui sont arrivées au Royaume depuis ce temps-là. Il n'y a pas encore bien longtemps qu'ils cessaient leurs ouvrages le samedi dès midi, et que les chefs de famille se rendaient tous aux premières vêpres, ne permettant aucun travail manuel dans leurs maisons. Ils sont aussi zélés pour l'ancienne observance des jeûnes : la plupart ne commencent qu'à sept heures du soir, à manger, les jours qu'ils jeûnent, et tous croiraient avoir rompu leur jeûne s'ils avaient mangé à la collation quelque fruit ou autre chose avec leur pain, et s'ils avaient bu du vin. Ils honorent extrêmement les prêtres, exceptés ceux de leurs paroisses, mais particulièrement les religieux mendiants qu'ils croient être des saints et auxquels ils donnent libéralement l'aumône.

J'ai dit que les Solognots sont plutôt superstitieux que dévots. Qui le pourrait nier les voyant rigides observateurs de différentes pratiques de dévotion qui sont également déplorables et ridicules et qui ne servent qu'à les éloigner de la véritable piété ? Ils croiraient offenser Dieu s'ils sassaient [tamisaient] leur farine le jour de saint Thomas, parce qu'ils ont une fausse tradition parmi eux que ce saint apôtre a été martyrisé avec une sassoire ; ils en ont fait un proverbe : « Au jour de saint Thomas, pour Dieu n'y sasse pas ! ». Lorsqu'ils souffrent quelques douleurs, ils implorent d'abord saint Sulpice, qu'ils appellent saint Supplice, pour avoir, du soulagement du supplice qu'ils endurent ; saint Maur, quand ils ont des malades en langueur ou en grande agonie, pour les faire vivre ou mourir plus tôt ; sainte Perpétue, pour avoir du lait aux nourrices qui sont taries ; saint Corneille, lorsqu'ils sont hâves, noirs et défigurés, par rapport à la corneille qui est un oiseau sec, maigre et tout noir.

Leurs bestiaux, de même, n'ont aucune sorte de maladies pour lesquelles ils ne fassent des pèlerinages : à saint Jean-Baptiste, pour les brebis, parce qu'on représente saint Jean avec un agneau ; à saint Paxent, qu'ils appellent saint Paissant, quand leurs bestiaux sont dégoûtés et ne paissent pas ; à saint Yves, qu'ils appellent saint Yvre lorsque leurs brebis sont lourdes ; à saint Firmin qu'ils appellent saint Fremin, lorsque leurs bêtes tremblent et frémissent. Ils mènent même leurs aumailles en pèlerinage, lorsqu'il arrive mortalité de bœufs ou de vaches, à Saint-Aubin, leur font faire trois fois le tour de l'église en commençant à la main gauche, leur font donner de l'eau bénite par le curé, ce qui a été déclaré superstitieux par Mgr de Sainte-Beuve et autres docteurs, et font des vœux généralement pour toutes sortes de maladies, tant pour les personnes que pour les bêtes. Ils gardent du pain bénit de la messe de minuit de Noël pour en faire manger à leurs vaches, croyant que c'est pour elles un antidote préservatif, font des croix de paille le dimanche des Rameaux aux quatre coins de tous leurs blés.

Nous serions en droit de leur faire le même reproche que l'apôtre saint Paul faisait aux Galates : Vous observez les jours et les mois, les saisons et les années. Ils croiraient que leurs enfants mourraient dans l'année si on les baptisait les samedis veilles de Pâques et de la Pentecôte, et il est impossible de les désabuser de cette folle opinion. Ils disent que les maris auraient des femmes infidèles s'ils étaient mariés le mercredi, et les vendredis sont aussi des jours qu'ils croient dangereux pour relever leur femme de couches.

Ils regardent comme une faute punissable de cette vie de faire brûler le joug d'une charrue, et l'on a vu souvent de pauvres malades s'en faire mettre sous le coussin de leur lit dans leur agonie parce qu'ils appréhendaient d'en avoir fait brûler par mégarde. Ils font aussi grand scrupule de faire la lessive dans le temps qu'un malade a reçu l'extrême-onction. Ils doutent du salut d'une personne qui meurt étant tourné vers la ruelle du lit, prétendant que le démon y est en sentinelle pour s'emparer des âmes de ceux qui meurent de ce côté-là. Enfin, ils sont sujets à toutes sortes de superstitions entre lesquelles je ne dois pas omettre la croyance qu'ils ont qu'il y a une vertu inhérente dans leurs cloches pour dissiper les nuages dangereux et s'offensent contre ceux qui leur veulent faire comprendre que l'effet de fendre et dissiper les nuées vient d'une cause toute naturelle, les cloches ne faisant que comprimer l'air par leur son. De sorte que nous pouvons dire d'eux avec vérité, après tout ce que nous venons de rapporter, qu'ils sont en beaucoup de choses des idôlatres baptisés. »

Extraits du manuscrit de Christophe Sauvageon, prieur de Sennely, édité dans les *Mémoires de la société archéologique et historique de l'Orléanais,* t. XXXII, 1908 (texte légèrement modernisé).

● *La religion quotidienne comprend donc à la fois des sacrements, des rites, des recettes pour gagner son salut,* ainsi que toute une panoplie de gestes tutélaires enrobant, prolongeant, déviant à l'occasion les actes de dévotion.

Parler de piété automatique ou de relation fondée sur le « donnant donnant » entre l'homme et la divinité ne définit qu'un jugement de valeur péjoratif, car les acteurs immergés dans leur culture n'ont aucun autre point de repère, si bien qu'ils ignorent se trouver à la limite ou au-delà de l'orthodoxie des théoriciens. Il faut un regard extérieur, ou au moins distancié, comme celui du prieur de Sennely en 1700, pour définir des superstitions là où les paysans voient simplement des traditions immémoriales réellement obligatoires.

Ils vivent donc un conformisme sécurisant, entourés de tout un peuple de saints intercesseurs ou guérisseurs, d'une Vierge Marie au grand manteau protecteur, en se souvenant lors de chaque messe du sacrifice du Christ, dont le corps et le sang sont solennellement exposés à leur adoration. La Réforme protestante, puis la Contre-Réforme catholique expriment quant à elles des exigences très différentes, d'où résulte une double incompréhension fondamentale face à cette foi de charbonnier, qualifiée dans les deux cas de superstitieuse. Le prieur de Sennely en donne des exemples symptomatiques qu'il oppose à la véritable piété (voir encadré p. 100). Certains auteurs plus récents parlent à cet égard de « magisme » ou de « christianisme folklorisé ». Il est plus simple d'utiliser l'expression de « religion populaire », puisqu'il s'agit en réalité d'un ensemble vécu comme tel jusqu'à ce qu'un curé n'entame localement une lutte contre les « superstitions », obligeant par-là même les paroissiens à séparer peu à peu une sphère réprouvée d'un ensemble officiel toléré ou préconisé.

● *Une telle rencontre définit l'acculturation des masses populaires.* Le mot recouvre un ensemble complexe de phénomènes — luttes, refus, compromis, adaptations —, issus d'une série d'échanges inégaux entre une Église conquérante et une culture traditionnelle soumise à ce choc dans le courant du XVIIᵉ siècle. Certains missionnaires ou curés du « Siècle des saints » agissent en ce domaine avec brutalité, tant ils sont scandalisés par le « paganisme » rural qu'ils découvrent. Dans les campagnes du Bassin parisien, les évêques ou les archidiacres ordonnent aux prêtres de paroisse d'interdire les sonneries de cloches de la nuit de la Toussaint, parce qu'elles visent à conjurer la peur des morts et qu'elles s'accompagnent de beuveries. Ils font enterrer ou déplacer les statues de saints jugées inconvenantes, surtout si elles donnaient lieu à des pratiques peu orthodoxes. Un archevêque de Lyon, quant à lui, « rompit, brûla, enterra tous ces saints de bois et de pierre qu'il appelait des *dieux de village* ».

Mais le refus sans nuances de la religion populaire par les élites cléricales choque les populations. À Sennely, le prieur est obligé de composer avec ses ouailles : il cache sous l'autel un Saint-Antoine considéré comme ridicule et indigne par l'évêque, lors d'une visite en 1682. Les spécialistes admettent même que les excès de la lutte contre l'« idolâtrie » ont pu conduire certaines populations à une déchristianisation ultérieure plus facile : tel serait le cas dans le diocèse de Chartres, en Limousin ou en Trégor.

● *Les autorités ecclésiastiques* de la deuxième moitié du XVIIᵉ siècle puis du XVIIIᵉ siècle ont d'ailleurs parfois compris le problème. Le choc frontal cède ainsi fréquemment la place à une surveillance incessante mais plus discrète, exercée par le curé à des moments précis et en des lieux stratégiques : veillées, feux de la Saint-Jean, fêtes et pèlerinages, etc. La « récupération » des traditions populaires se révèle plus payante que sa dénonciation. En Basse-Bretagne, le succès de la Contre-Réforme se marque par l'intégration du culte des saints populaires. Le prêtre conduit des processions contre la dysenterie à saint Mandé, on contre les petits vers gâtant le chanvre à saint Jacob. En Bourgogne, il fait de même pour débarrasser les champs ou les vignes des parasites. À Sennely, en 1700, le prieur soupire en supportant les sonneries de cloches, dites « le Dindon », pour éviter le dépérissement des fruits de la terre. Il se met du coton dans les oreilles ou s'enfuit, car il ne tient pas à s'attirer la « haine publique ».

L'extrême variété des stratégies pastorales, ainsi que les différences de formation et de zèle des prêtres aboutissent donc à des résultats très divers. Les Français de la première moitié du XVIIIe siècle pratiquent cependant de façon quasi unanime une religion plus intériorisée que celle de leurs ancêtres. Ils assistent à la messe, suivent les obligations de repos des dimanches et des fêtes (réduites à 30 ou 35 jours en moyenne), se confessent et communient à Pâques, jeûnent en carême ou le vendredi. Cette pratique obligatoire encadrée par les sacrements les fait tous figurer dans les registres paroissiaux, aucun protestant ne foulant plus en théorie le sol de France depuis 1685. Pèlerinages, confréries, œuvres de charité, prières et oraisons s'ajoutent à cela pour définir des suppléments de christianisation, variables selon les provinces et selon les lieux.

● *La réussite de la Contre-Réforme est nette*. Elle n'est pas sans limites. Les superstitions n'ont évidemment pas totalement disparu, loin s'en faut. Elles sont devenues spécifiquement populaires aux yeux des lettrés ou des élites sociales, ce qui veut dire que le fossé s'est fortement creusé entre la religion exigeante des premiers et les compromis acceptés par nombre de prêtres dans les campagnes. Cette fracture jouera un rôle encore plus grand lorsque les Lumières éclaireront la France, en empêchant parfois les masses populaires de se sentir solidaires des autorités traditionnelles, en particulier de l'Église établie, contre les attaques des philosophes. Du moins la solidarité se manifestera-t-elle uniquement dans les régions où le clergé avait su composer avec la sensibilité populaire (Flandre, Alsace, France de l'Ouest, par exemple), au lieu de lutter trop brutalement contre elle et de préparer ainsi une déchristianisation parfois décelable dès la deuxième moitié du XVIIIe siècle.

La pratique unanime de la fin de l'Ancien Régime cache des fractures sociales et régionales fondamentales qui expliquent en partie des phénomènes révolutionnaires, telle l'apparente apathie des paysans après la Grande Peur ou les réactions des Vendéens, conduites au nom du Christ et du roi. Pour avoir beaucoup mué en apparence, la religion populaire ne s'en est pas moins adaptée, en se diversifiant, en acceptant de se couler dans le moule clérical lorsqu'il se montre souple et accueillant, en se détachant de l'Église établie si celle-ci se fait trop coercitive et trop brutale. Cette donnée d'importance existe toujours subrepticement, marginalement peut-être, dans les choix politiques des diverses régions de la France contemporaine. Car la longue confrontation de la religion épurée très exigeante du concile de Trente avec le christianisme populaire paysan a durablement marqué notre culture ainsi que nos mentalités. En témoignent les superstitions innombrables collectées par les folkloristes depuis le XIXᵉ siècle, ou encore la récente polémique entre historiens à propos de la guerre de Vendée.

LA VIE RELIGIEUSE
À SENNELY-EN-SOLOGNE VERS 1700

Les cloches

« Il y a un second abus qui vient du même principe, c'est que les marilliers [marguilliers] pour plaire aux laboureurs et avoir plus grand nombre de gerbes sonnent à tort et à travers très souvent très longtemps et particulièrement pendant le mois qui précède la moisson, de sorte que la véritable intention des marilliers est d'avertir les laboureurs en sonnant comme ils font éternellement, qu'ils ont pris beaucoup de peine pour en retirer un plus gros salaire. Le troisième défaut que j'ai remarqué en eux, c'est de se trop familiariser dans l'église, et de n'avoir pas le respect convenable pour le saint lieu où ils exercent leurs fonctions. Ils en manquent surtout lorsqu'ils sonnent le jour de la Toussaint après vêpres et le jour des morts, car comme ils sonnent sans interruption toutes les cloches, ils prennent des gens avec eux et tous ensemble font au-dessous du clocher presque autant de bruit que les cloches en font dans le clocher, et terminent leurs travaux par des ivrogneries.

J'ai fait cesser un autre abus qui régnait en cette paroisse, comme il fait encore dans quelques-unes, de sonner la nuit de la vigile de saint Jean. On l'a défendu en plusieurs synodes au grand regret du peuple, lequel s'imagine que les sorciers tiennent cette nuit-là un chapitre général, et qu'il faut les dissiper par le son des cloches.

Mais il y en a un qui est universellement dominant dans ce diocèse et dont la ville même d'Orléans n'est pas exempte : qui est de sonner trois fois le jour des heures entières à chaque fois, depuis le 25ᵉ de mars jusqu'au jour de l'ascension. L'intention de l'Église est d'avertir, en sonnant ainsi, les fidèles de prier Dieu pour la conservation des biens de la terre ; mais comme les meilleures choses sont sujettes à se corrompre et à dégénérer en abus, on ne sonne plus pour avertir de prier, mais on s'est follement persuadé que les cloches ont la vertu d'empêcher les fruits de la terre de périr, et ainsi on sonne continuellement, et surtout en cette paroisse où l'on a inventé un espèce de carillon qui est si étourdissant qu'il est impossible de l'entendre sans indignation. Et ceci est d'autant plus déplorable que les supérieurs n'oseraient réformer ce désordre dans l'appréhension qu'ils ont de s'attirer la haine publique, si par hazard le malheur arrivait que les blés vinssent à périr, ainsi je ne vois d'autre remède contre le Dindon (c'est le nom de cette affreuse sonnerie) que de se mettre du coton dans les oreilles si l'on veut dormir le matin et de s'enfuir de jour, car pour de la patience je ne crois pas qu'il y en ait à l'épreuve de ce vacarme de clocher.

Il ne faut pas négliger aussi de les tenir dans leur devoir pour l'administration des sacrements, et les obliger à se trouver aux baptêmes, et ne plus souffrir qu'ils sonnent leurs cloches seulement aux baptêmes lorsqu'ils présument que les parrains les feront boire, et refusent de le faire lorsqu'ils croient que les parrains ne leurs feront point de largesse. L'Église étant la mère de tous ses enfants se réjouit également lorsqu'elle en acquiert un par le baptême, c'est pourquoi elle annonce sa joie à tout le monde par l'éclat de ses cloches ; ce serait donc faire injure ou a l'Église ou à ses enfants de la faire muette pour les uns et de la faire retentir de cris d'allégresse pour les autres. »

Confession et péchés

« Il y a une déplorable coutume invétérée dans cette paroisse de se présenter à confesse sans aucune préparation. On s'en approche sans avoir fait aucun examen de sa conscience, on se jette, on se précipite dans le confessionnal, on se bat presque pour y entrer des premiers, et lorsqu'on est aux pieds du prêtre on ne fait pas seulement le signe de la Croix si on n'en est averti, on ne se souvient presque jamais du temps de sa dernière confession, on n'a point accompli le plus souvent sa dernière pénitence, on n'a rien fait, on ne s'accuse de rien, on rit, on conte sa misère et sa pauvreté, on s'excuse, on plaide sa cause lorsque le prêtre leur reproche quelque péché qu'il a vu faire, on blâme son prochain, on accuse tout le monde en se justifiant soi-même, en un mot on fait tout dans le confessionnal excepté ce qu'on y doit faire, qui est de déclarer tous ses péchés avec douleur et sincérité. On y soutient le mal comme bien, on y pallie ses fautes, on conte tout bas entre ses dents ses gros péchés de peur que le prêtre ne les entende, c'est-à-dire, qu'on essaye à se tromper soi-même en le voulant tromper, et il est certain qu'il y a très peu de bonnes confessions surtout de la part de ceux dont la vie n'est pas chrétienne et régulière.

Les jeunes gens n'entendant pas ce qu'on leur veut dire, quand on leur parle de péché de mollesse et de pollution, il faut leur expliquer nécessairement la chose plus intelligiblement, et lorsque l'âge et la complexion fait présumer qu'ils peuvent avoir commis ces sortes d'impuretés il faut les interroger ainsi : n'avez-vous point pensé à avoir affaire aux femelles ; ou bien n'avez-vous pas été si malheureux que de faire couler votre semence ?

Ils n'entendent par pensées déshonnêtes que les pensées de manquer de civilité et de respect et d'ôter leur chapeau à leurs supérieurs, par mauvaises pensées que de se donner au démon ou d'aller voler, brûler, ou faire quelque autre tort à leur prochain, aussi lorsqu'on les examine sur le sixième commandement il faut leur demander s'ils n'ont point été tentés du péché de la chair.

Les filles ne s'accusent jamais qu'à la mort de leurs impudicités, quoi qu'elles y soient très sujettes.

Il est très rare aussi que l'on s'accuse des péchés de sodomie et de bestialité, excepté à la mort ou dans les temps de jubilé. C'est pourquoi il est nécessaire de les en interroger, mais il faut que ce soit avec une singulière prudence de peur de leur apprendre peut-être des péchés qu'ils n'ont jamais connus, ni eu par conséquent la pensée de commettre. On peut dans les demandes qu'on leur fait les interroger de cette sorte : n'avez-vous point commis le péché de la chair avec quelques filles ou femmes ? N'avez-vous pas eu le désir et la volonté de le faire et n'avez-vous pas fait des avances, des recherches et des déclarations pour cela ? N'avez-vous point perdu votre semence ? N'avez-vous pas eu en folâtrant et bourraillant [chahutant ?] avec vos camarades, de mauvaises inclinations de pécher du péché de la chair avec eux et sur eux ? Et ensuite leur parler des bêtes. Ces infâmes et détestables crimes ne leur sont que trop communs et ils ont le malheur de ne s'en accuser presque jamais qu'à la mort ou aux jubilés.

Lorsque le prêtre leur a vu faire du mal comme jurer, se mettre en colère et injurier leur prochain, ou s'il les a vu jurer, ils ont cette fausse persuasion qu'en ce cas ils ne sont pas tenus de s'en confesser, alléguant pour raison qu'ils ne doivent dire que ce que le prêtre ne sait pas. »

Saint Antoine

« Si les saints dans la gloire pouvaient ressentir quelques atteintes de chagrin du refroidissement des citoyens d'ici-bas, saint Antoine et saint Sébastien devraient se consoler d'avoir eu le même sort. Il y a eu pendant plusieurs siècles une dévotion particulière en cette église à saint Antoine, à qui un des deux autels qui étaient plaqués contre les premiers piliers du chœur au dedans de la nef, où l'on voit à présent la chaire et l'épitaphe des obits, était dédié. La figure de ce saint y était étalée, ayant son cochon à son côté. Cet autel était sans retable, sans tableau ni pierre consacrée, ni marchepied : et Monseigneur l'évêque d'Orléans, aujourd'hui cardinal de Coislin, ayant fait la visite en cette église le 18 avril l'année 1682, m'ordonna de démolir cet autel et d'enterrer au cimetière des morts l'image en bosse de saint Antoine qu'il jugea ridicule et indigne de ce grand saint. Il condamna à la même peine l'autre autel et lorsque je me mis en devoir d'ensevelir la statue de saint Antoine, je trouvai toute la paroisse soulevée, jusque-là que quelques femmes dirent insolemment que Monseigneur l'évêque n'aimait pas les saints parce qu'il était d'une race d'huguenots, injure que je repoussai comme je devais. Il me fut impossible d'exécuter cet ordre, au lieu duquel j'accordai une surséance à ces séditieux, et cachai leur saint Antoine sous l'autel de saint Fiacre, où l'on l'a laissé dans un entier oubli. La dévotion qu'on avait à saint Antoine était utile à la fabrique et au prieur ; car nul habitant ne manquait de faire don à saint Antoine, ou plutôt peut-être à son cochon, de quelque gros morceau de leurs cochons, ce qui tournait au profit de l'Église et du prieur, comme j'ai dit, qui en vendaient pour quarante ou cinquante livres. La démolition de ces deux autels a servi à construire des sièges de pierre tout autour de la nef. »

Extraits du manuscrit de Christophe Sauvageon, prieur de Sennely, édité dans les *Mémoires de la société archéologique et historique de l'Orléanais*, t. XXXII, 1908 (texte légèrement modernisé).

DÉVIANCES ET ÉVASIONS

Le monde paysan d'Ancien Régime n'est immobile qu'en apparence. Bien qu'il tende fondamentalement à la pérennité de ses structures, il lui faut sans cesse se défendre contre de nombreux périls, tout en s'adaptant à maintes nouveautés. Parmi de nombreux autres, trois exemples le prouvent de manière spectaculaire : les révoltes populaires ; la chasse aux sorcières ; les refuges de l'alcool et du tabac pour supporter les malheurs de la vie.

Révoltes paysannes et résistances culturelles

L'histoire n'est pas toujours à l'abri du tumulte du monde. Le thème des révoltes populaires en fournit une remarquable illustration. L'historien soviétique Boris Porchnev a ainsi déclenché un vaste débat scientifique, à l'époque de la guerre froide, en publiant un livre sur *Les Soulèvements populaires en France de 1623 à 1648* (Paris, SEVPEN, 1963). Son interprétation marxiste a été contestée par Roland Mousnier (*Fureurs paysannes. Les* *paysans dans les révoltes du XVIIe siècle (France, Russie, Chine)*, Paris, Calmann-Lévy, 1967). Celui-ci refusait d'analyser les événements en termes de luttes de classes, parlant plutôt de mouvements à caractère essentiellement antifiscal, sans aller jusqu'à la contestation du pouvoir royal ; affirmant aussi que la société française du temps ne peut être définie qu'en termes d'ordres (clergé, noblesse et tiers état), c'est-à-dire de solidarités verticales très différentes des phénomènes horizontaux propres aux classes sociales.

Vingt ans après, des flots d'encre ont coulé, mais les polémiques se sont nettement apaisées, peut-être moins à cause de la sagesse des historiens que de l'évolution fondamentale des rapports entre l'Occident « capitaliste » et les anciens pays « socialistes ». Il est désormais possible de faire le point sans excessive passion sur ce sujet, dont la dimension proprement culturelle est maintenant bien perçue, suite aux remarquables travaux d'Yves-Marie Bercé (*Croquants et Nu-Pieds. Les soulèvements paysans en France du XVIe au XIXe siècle*, Paris, Gallimard-Julliard, 1974 ; *Fête et révolte. Des mentalités populaires du XVIe au XVIIIe siècle*, Paris, Hachette, 1976, en particulier).

• *Les émeutes courtes* sont à distinguer des grandes révoltes. Les premières, que l'on nomme parfois « émotions », surviennent dans les villes comme dans les campagnes. Elles durent quelques heures, affichant une brutalité sanguinaire et une évidente unité de lieu, comme dans le théâtre classique. Telles sont les émeutes frumentaires menées par des femmes dans les villes en cas de famine, par exemple en 1789, ou bien les brèves flambées rurales contre un accapareur de grains ou contre un collecteur d'impôts.

• *Les révoltes du deuxième type sont des guerres paysannes, plus rares mais plus graves,* organisées à l'échelle d'une petite région, voire d'une province. Suite à la lenteur des réactions officielles — nouvelles et décisions ne vont pas plus vite que le galop du cheval —, les révoltés peuvent tenir le terrain durant des jours, des mois, parfois même des années s'ils sont capables de résister aux troupes envoyées contre eux. Un véritable cycle de ces mouvements est identifiable : la France n'en connaît pratiquement aucun de 1420 à 1548, puis les provinces périphériques se mettent à bouger, surtout après 1589 et jusqu'à la fin de la Fronde. Sont ainsi particulièrement touchés le Sud-Ouest, la Bretagne, la Normandie et le Boulonnais : Croquants du Quercy en 1624 ; soulèvements en Guyenne de mai à juillet 1635, puis l'année suivante en Angoumois et en Saintonge ; grande révolte de mai-juillet 1637 en Périgord ; Nu-Pieds normands de juillet-novembre 1639 ; Croquants du Rouergue et de Gascogne en 1639-1642 ; etc. Une répression véritablement très brutale sous Louis XIV atténue le phénomène, malgré les Bonnets Rouges de Bretagne en 1675 et les Tard Avisés du Quercy en 1707. Les violences rurales ne cessent pas définitivement par la suite, mais les très grandes révoltes cèdent la place aux brèves émotions, dans un royaume mieux surveillé par les agents du roi absolu, où les curés sont bien écoutés par leurs ouailles lorsqu'ils prêchent la résignation chrétienne, d'autant que les famines disparaissent ou s'atténuent.

Les programmes des révoltés ne traduisent guère de revendications « révolutionnaires » ni même de mise en cause de l'ordre établi. « Vive le roi sans la gabelle », manifeste souvent leur conception d'une fixité sociale dont le seul aspect intolérable réside dans l'apparition de « nouveautés », c'est-à-dire dans l'accroissement ou la création d'impôts. Au lieu d'orienter leurs frustrations vers les responsables lointains, les émeutiers s'en prennent essentiellement à des boucs émissaires locaux : agents royaux, collecteurs de tailles, etc. Ils expriment fréquemment le mythe du « bon roi » qui ignore les exactions de ses ministres ou de ses officiers. Et loin de contester son autorité, ils se réfugient dans le souvenir d'un vieil ordre à restaurer, d'un âge d'or à retrouver : le prétendu « bon temps » du père du peuple, le roi Louis XII, pour les révoltés du milieu du XVIᵉ siècle, par exemple.

Ces paysans excédés n'ont probablement ni une conscience de classe ni une conscience d'ordre. Robert Mandrou disait avec finesse qu'ils témoignent plutôt d'une conscience d'humiliation et de frustration, dans des provinces périphériques soumises à une surveillance croissante de la part du pouvoir central, au temps de la véritable mise en place de l'absolutisme et de la très forte augmentation de la pression fiscale sur les populations. Dans ces conditions, leur révolte n'est pas uniquement un phénomène brutal négatif, mais une affirmation collective sociale et culturelle.

● *Aussi la révolte se prolonge-t-elle ou se transforme-t-elle souvent en fête*, c'est-à-dire en langage symbolique — le seul qui soit possible — de redéfinition d'une identité mise en cause par des pouvoirs « étrangers » : on a pu remarquer l'absence fréquente de solidarité des paysans avec les citadins de leur région, ce qui rend compte de leur total isolement face aux mondes urbains et à toutes les autorités extérieures aux campagnes.

Les émeutiers s'organisent derrière des drapeaux et des chefs marquant l'identité de chaque communauté. Car les vieilles solidarités, de même que les antagonismes entre paroisses voisines, ne disparaissent pas pour autant, ce qui débouche sur la faiblesse de ces bandes indisciplinées et particularistes lors des grands combats contre les troupes royales. Leurs membres se travestissent souvent en femmes, par exemple à Guéret lors de la Pentecôte de 1705 ou à Montmorillon le 27 février 1707, comme pour prolonger dans la lutte les scènes traditionnelles du carnaval : ne s'agit-il pas toujours de dépasser le tragique de l'existence par le rire et par la dérision ? La révolte emprunte alors aux réjouissances ordinaires les pratiques de défoulement sur des boucs émissaires : l'ennemi capturé devient victime expiatoire ; attaché à un arbre, il subit souvent les moqueries des paysans, qui lancent couteaux et haches autour de sa tête, finissant parfois par le tuer. On ne peut s'empêcher de rapprocher ces attitudes des rituels sanglants des « abattis » d'animaux, coqs, oies, porcs, etc., où le sang coule à l'issue d'un jeu d'adresse dont les témoins ne savent probablement pas qu'il tient la place de sacrifices de fécondité. Tout comme le « supplice » du mannequin de carnaval, lors de l'entrée en carême, traduit sur les places villageoises la puissance renouvelée d'une communauté évacuant ses frustrations, pour se préparer à affronter les épreuves du jeûne et de la fin de l'hiver.

Les révoltés se coulent assurément sans y penser dans ces moules culturels traditionnels. À la recherche d'un ordre ancien qui fuit, ils défoulent concrètement leurs peurs et ils rebâtissent symboliquement ou magiquement des lendemains meilleurs, en utilisant les armes de leur culture. Il est d'ailleurs étonnant de constater que ces « séditieux » promis aux tourments de la répression ainsi qu'à l'enfer, pour s'être révoltés contre Dieu et contre le souverain, partent fréquemment joyeux à l'assaut d'imprenables murailles ou d'inquiétantes armées de métier. Même s'ils sont sûrs de leur bon droit, même s'ils espèrent que le prince leur rendra justice, il est douteux qu'ils s'illusionnent complètement sur leur avenir. Dans ces conditions, la force secrète qui les meut ne peut être que le dynamisme vital d'une fusion communautaire renouvelée : celle-là même qui donne sens à toute leur existence et qui se traduit en automatismes de survie, comme on l'a vu plus haut. Les Tard Avisés du Quercy y puisent le courage de monter à l'assaut de l'ennemi au son des fifres et des musettes, en mai 1707. Puis, après une victoire, la fête envahit tous les cœurs : les observateurs notent ses manifestations diverses, de l'ivresse aux feux de joie en passant par les jeux et les plaisirs sexuels.

Ce rituel festif présent dans toutes les révoltes est d'ailleurs l'une des formes du « grand refus des humbles » : derrière les résistances fiscales se profilent des oppositions de plus vaste ampleur face au changement socioculturel en marche. La civilisation paysanne traditionnelle est bousculée dans son ensemble par la pénétration vers son centre d'agents des pouvoirs extérieurs et par la lutte de l'Église contre les superstitions. Le malaise n'est pas identique partout, on l'a noté, puisque les méthodes employées sont diverses. Il est certain que les régions périphériques, plus récemment conquises par le roi, plus remuantes, plus attachées que les autres à leurs privilèges et à leurs traditions, parfois travaillées par le protestantisme, ou au contraire fortement moralisées par les missions catholiques, sont l'objet d'un encadrement croissant de la part des autorités civiles et religieuses. Les grandes révoltes paysannes sont sans doute une sorte de sous-produit de ces situations plus conflictuelles qu'ailleurs. Incités trop brutalement ou trop fortement à muer en profondeur, les ruraux y expriment à leur manière des refus du changement. Ils n'admettent pas que soit rétréci leur espace de sociabilité, que diminue le nombre de leurs fêtes locales, que soient surveillées ou interdites beaucoup de leurs pratiques immémoriales : veillées, carnaval, feux de la Saint-Jean, tavernes... Par la violence, dont on a noté l'importance dans leur monde, par l'ivresse, par les déguisements, par les gestes sans discours, en somme, ils disent leur attachement à un vieux monde qui ne veut pas mourir.

Combat sans espoir ? Sans doute ! Conscience de différence, assurément, en ce siècle de fer que fut le XVIIe siècle pour un monde paysan assiégé à la fois par les dangers et par une inéluctable modernité. La fin des sorcières était proche.

La chasse aux sorcières

Une véritable épidémie de persécution des sorcières se déclenche en Europe aux XVIe et XVIIe siècles. Nombre d'historiens se sont demandés avec perplexité pourquoi elle fait rage au temps de l'humanisme puis de la raison et non pas durant les « ténèbres gothiques » du Moyen Âge. L'un des plus grands penseurs français du XVIᵉ siècle, Jean Bodin, ne rédige-t-il pas en 1580 une *Démonomanie des sorciers* destinée à devenir le redoutable guide des juges en sorcellerie ? Il faut bien que les mentalités de nos ancêtres, y compris des plus cultivés d'entre eux, aient été singulièrement différentes des nôtres pour expliquer de tels phénomènes, comme le disait déjà Lucien Febvre.

● *La sorcellerie n'est pourtant en rien un fait nouveau de l'époque moderne.* Durant le millénaire précédent, les autorités ecclésiastiques ont souvent dénoncé les pratiques « superstitieuses, païennes, magiques » des populations villageoises. La culture populaire intègre d'innombrables croyances ou recettes de ce type, dans son grand combat pour la survie collective. Quant à la religion rurale, elle place pratiquement sur le même plan le recours aux saints guérisseurs et la magie thérapeutique. Pour les paysans, le bien et le mal ne se distinguent pas toujours aussi nettement que le voudraient les théologiens. Souvent cité, le prieur de Sennely-en-Sologne reconnaît la persistance de telles attitudes chez ces « idolâtres baptisés » que sont ses paroissiens en 1700, alors même que la chasse aux sorcières a pratiquement cessé en France.

Il faut donc inscrire la brusque flambée des bûchers de sorcellerie dans une chronologie et dans un contexte d'ensemble. Les spécialistes ont remarqué la coïncidence entre le début du phénomène et la fin des procès d'hérésie proprement dits. Le dernier jugement entraînant la mise à mort d'un ministre protestant a lieu à Avignon en 1567. Tout se passe somme si « au moment où l'hérésie [le protestantisme] s'est vu reconnaître le statut d'Église, les autorités, faute de brûler des hérétiques, se mettaient à chasser et à brûler les suppôts du démon, les sorciers et les sorcières » (Marc Vénard). Car les accusations contre « un nombre infini de sorciers » fusent à Paris entre 1572 et 1574, peu après le grand traumatisme des massacres de la Saint-Barthélemy. Huguenots ou papistes dénoncent d'ailleurs à l'envi les ennemis de la foi, ces partisans du démon que les uns et les autres exècrent tout autant. Lambert Daneau réclame contre eux des sentences plus sévères dans un dialogue intitulé *Les Sorciers,* publié à Genève en 1574. Les théologiens catholiques, quant à eux, reprennent le discours démonologique du célèbre *Malleus maleficarum, Le Marteau des sorcières,* paru pour la première fois en 1489 et précisément réédité à Venise en 1574. Fleurissent ainsi les traités dits de démonologie de René Benoist (1579), Michaëlis (1587), Binsfeld (1589), etc.

● *Le diable,* assez peu présent dans la France religieuse de la première moitié du XVIᵉ siècle, fait une entrée en force sur la scène autour des années 1570-1580. Le trouble des esprits durant les guerres de Religion y est pour quelque chose. La principale explication est cependant ailleurs : la concurrence des deux grandes Églises, catholique et protestante, avive sur le sol français une véritable émulation dans la christianisation des masses. La Contre-Réforme s'installe, bien que les décrets du concile de Trente n'aient pas été reçus. Parallèlement à la lutte inexpiable contre les huguenots, elle entreprend de modifier en profondeur la foi de tout un chacun, en commençant par le sommet de la société : l'image du démon et celle de l'enfer chassent les tentations « paganisantes » exprimées dans l'art de la Renaissance ; nobles, courtisans ou prélats sont invités à quitter la tiédeur de l'humanisme, de l'érasmisme, de l'exaltation artistique de l'homme pour obéir à un Dieu terrible et vengeur. Ainsi s'opère autour de 1580 un premier basculement vers le catholicisme de la peur, qui conduit les élites sociales et donc les juges à s'intéresser plus qu'auparavant aux agissements de certains humains tentés par Satan.

Il est possible de parler pour cette époque de mythes sataniques obsessionnels. Réactivés par l'intolérance religieuse, ils s'expriment clairement dans l'ordonnance de 1592 promulguée par le roi d'Espagne Philippe II pour les Pays-Bas (dont font alors partie les territoires des actuels départements français du Nord et du Pas-de-Calais). Aucun texte aussi nettement orienté n'apparaît dans la France troublée du temps (assassinat d'Henri III en 1589, puis redoublement des luttes religieuses jusqu'en 1598), mais une identique philosophie anime les tribunaux jugeant des sorcières.

• *Un siècle de persécutions s'ouvre en ce domaine, de 1580 à 1682,* date d'une ordonnance royale dont le rôle a été bien analysé par Robert Mandrou (*Magistrats et sorciers en France au XVIIe siècle,* Paris, Plon, 1968). Le paroxysme des poursuites est atteint de 1580 à 1630, le centre du vieux royaume capétien étant faiblement touché (Robert Muchembled, 1993), ce qui correspond aussi parfaitement aux localisations des grandes révoltes paysannes. En d'autres termes, les mêmes causes profondes sont décelables dans les deux cas : la chasse aux sorcières n'est pas seulement un phénomène religieux ; elle ne prend toute son ampleur que dans le cadre de la résistance d'une culture agressée de l'extérieur. Elle traduit en fait une deuxième phase du basculement de la société française vers le catholicisme de la peur, lorsque les élites sociales et religieuses partent avec un esprit missionnaire à la conquête d'un monde qu'elles disent païen. La lutte contre les superstitions déjà évoquée se traduit en termes simples par la volonté d'unifier la figure du Mal, à travers Satan et ses suppôts, les sorciers, pour mieux pousser les masses rurales à croire en un Dieu unique, terrible, peu miséricordieux pour les pécheurs.

Les procès de sorcellerie jouent de ce fait un rôle pédagogique dans l'acculturation des populations. Ils permettent aussi de tester leurs résistances, non sans renforcer par contrecoup la détermination des élites sociales engagées dans cette œuvre de longue haleine. La chronologie définit d'ailleurs un temps de contact brutal, suivi après la fin du règne de Louis XIII par une période moins convulsive ; tout comme les révoltes rurales cèdent alors du terrain, parce que l'obéissance ou la résignation viennent plus aisément aux foules, tandis que les prêtres agissent avec plus de persuasion et moins d'attaques frontales.

La géographie de la chasse aux sorcières recouvre assez bien celle des révoltes rurales. Elle privilégie les régions périphériques du royaume, à l'exception de la Bretagne (certains disent par boutade que tout le monde y est sorcier...) : Nord (alors sous tutelle espagnole), Ardennes, Lorraine (duché théoriquement indépendant), Jura, Savoie (également étrangers), Languedoc, Sud-Ouest, Normandie, etc. Il est donc possible de voir jouer à la fois des facteurs religieux et politiques. L'importance des premiers n'est pas à démontrer, dans les terres typiques de la Contre-Réforme que sont le Nord ou la Lorraine, par exemple, ou dans celles de l'intense compétition entre catholiques et protestants, comme le Languedoc. Les seconds résultent d'une politique d'assimilation et de surveillance des régions éloignées de la capitale, particularistes, aux cultures, aux langues, aux patois spécifiques.

L'impulsion de départ provient assurément de l'Église. La force du mythe démonologique, ses relais dans l'opinion éclairée déterminent les conditions de développement du phénomène. Le scepticisme d'un Salazar dès 1611 en Pays Basque espagnol désamorce au contraire une persécution qui aurait pu faire des milliers de victimes.

Encore faut-il qu'existent régionalement et surtout localement des conditions judiciaires adéquates. Seuls les magistrats laïques sont concernés par le problème, car la sorcellerie est un crime de lèse-majesté divine, punissable par le bûcher, selon la pratique judiciaire française de la deuxième moitié du XVIᵉ siècle comme d'après la théorie exprimée aux Pays-Bas dans l'ordonnance de 1592. Les juridictions ecclésiastiques, nommées « officialités » dans chaque diocèse, perdent donc le contrôle exercé au Moyen Âge en ce domaine. Or les tribunaux d'Église ne peuvent pas condamner à mort : le transfert en question définit une sévérité désormais absolue de la part des juges laïques royaux, aux divers degrés de la pyramide judiciaire. Les parlements sont chargés de trancher en appel, mais il n'est pas très fréquent de voir les condamnés recourir à ce droit. Dans le Nord sous tutelle espagnole, de simples cours seigneuriales (des échevinages villageois), composées parfois d'une majorité de juges analphabètes, décrètent des sentences de mort sans toujours en référer aux instances supérieures, malgré les textes des édits royaux.

● *Les magistrats civils sont en réalité marqués par une mentalité de croisade* pour la foi et de lutte sans merci contre le démon. Ils n'ont pas encore acquis le « sens de l'impossible », si bien qu'ils admettent en conscience la réalité des crimes « sataniques » imputés aux accusés par les manuels de démonologie. Pour eux, les sorciers commettent d'innombrables maléfices contre les biens et les gens, parce qu'ils y sont incités par Satan. Depuis l'édition du *Marteau des sorcières*, ils pensent en effet connaître tous les pièges du démon. Ils savent que celui-ci se manifeste partout et sans cesse. Lorsqu'il a trouvé une victime, soit parce qu'elle l'appelle dans un accès de désespoir, soit par hérédité — on est sorcière de mère en fille —, il lui impose sa marque diabolique à un endroit quelconque du corps, lui fait renoncer à « chrême et baptème », a avec elle des relations sexuelles, puis la convoque au sabbat. Là, dans un lieu écarté, en pleine nuit, les démons joints aux sorciers sont censés pratiquer un culte qui est une parodie du christianisme, pour finir par des orgies et d'horribles repas. Chaque adepte passe aussi devant le tribunal de Satan, lequel punit les paresseux mais récompense les méritants qui ont beaucoup nui à leurs concitoyens. Après une distribution de poudre ou d'onguents diaboliques, la compagnie se sépare au chant du coq.

Ce canevas purement mythique est susceptible de varier dans le détail. Il fournit la trame de procès en règle. Des témoins sont convoqués pour dénoncer les sortilèges commis par les accusés. Un bourreau ou un chirurgien recherche sur les corps dénudés, entièrement rasés, la trace de la marque du diable, c'est-à-dire de toute anomalie se révélant insensible à une piqûre par de longues aiguilles d'argent et ne produisant pas d'écoulement de sang. Cette découverte d'une appartenance à la « secte satanique » ne constitue cependant qu'une demi-preuve. Ajoutée aux témoignages à charge, elle permet aux magistrats de décréter la « question », en d'autres termes la torture, afin d'obtenir des aveux. La procédure criminelle écrite et secrète, dite « inquisitoriale », exige en effet des preuves irréfutables ou des aveux de l'accusé en toutes matières punissables de la peine de mort. La sorcellerie n'est donc pas à proprement parler un cas exceptionnel, dans cette perspective. Les juges se comportent pourtant d'une manière particulière. En premier lieu, ils ont généralement l'intime conviction de la culpabilité des comparants, car ils sont certains de l'existence d'une société diabolique et ils ont appris dans les ouvrages de démonologie que Satan fait tout en ce domaine pour les tromper : si l'accusé pleure, lit-on dans ces manuels, c'est qu'il est coupable ; s'il reste les yeux secs, c'est qu'il est épaulé par le démon, ce qui se nomme le maléfice de « taciturnité ». Un système clos de ce type ne laisse évidemment aucun doute aux magistrats. Leur objectif, en deuxième lieu, n'a rien d'ordinaire : à la différence des crimes communs, la sorcellerie est une subversion de l'ordre divin et terrestre ; les gens de loi sont engagés contre elle et contre le Maître des Ténèbres dans une véritable lutte à mort dont dépend le salut collectif de l'humanité. Aussi l'aveu est-il une nécessité absolue, si bien que tout peut et même doit être mis en œuvre pour l'obtenir, y compris les fausses promesses aux accusés, le témoignage des proches ou celui des enfants (non valable dans les autres poursuites criminelles).

La chasse aux sorcières se déroule donc comme une croisade contre le Mal. Les preuves matérielles étant rares et peu pertinentes — le balai des sorcières ne vole évidemment pas sous les yeux des juges —, la torture, ainsi que toutes les formes de pression ou de persuasion sont employées pour vaincre l'ennemi mortel. Les accusés savent aussi que la résistance à la « question » est leur seule chance de survivre. Un certain nombre d'entre eux endurent d'atroces tourments pour être finalement mis « hors de cour » : non pas déclarés innocents, car la conviction des magistrats reste inchangée, mais envoyés se faire brûler ailleurs, bannis parce que le droit interdit de les exécuter, en attendant que la justice ne les retrouve, sur le chemin de l'exil, pour ouvrir à nouveau le terrible cycle du procès. Quant à ceux qui avouent, il leur est enjoint de dénoncer leurs complices, puisqu'il s'agit d'une secte satanique. De gré ou de force, ils livrent des noms, souvent ceux de voisins, de proches, de parents. La femme dénonce le mari, la mère accuse ses filles sous la torture de la « question préalable », juste avant le supplice, ou parfois simplement par désespoir d'être abandonnée de tous. Le tribunal prétend faire preuve de clémence lorsqu'il autorise le bourreau à étrangler le condamné à l'insu des spectateurs, afin qu'il ne soit pas brûlé vif comme le veut le droit. Puis commencent d'autres procès contre les suspects désignés, ce qui transforme les poursuites en épidémies de persécutions dans un village ou dans une région.

Le zèle des juges locaux, tout comme celui des magistrats supérieurs chargés de les contrôler, est pour beaucoup dans la virulence de la répression, ou au contraire dans son atténuation. Certains féroces chasseurs de sorcières ont ainsi multiplié les bûchers : Nicolas Rémy se vante d'avoir fait brûler deux à trois mille sorcières en Lorraine de 1576 à 1606 et Pierre de Lancre a conduit des centaines de poursuites dans le Labourd (en Pays Basque) à partir de 1609. À l'inverse, les juges du parlement de Paris devenus plus « rationnels » freinent le mouvement dans la deuxième moitié du XVIIᵉ siècle.

● *Sorcières et paysans*. Les théories venues de l'Église et l'efficacité des juges laïques ne suffisent pourtant pas à expliquer l'ampleur de la chasse aux sorcières. Le troisième élément d'une interprétation globale est à rechercher dans les communautés rurales elles-mêmes. Car le phénomène est presque uniquement limité au monde campagnard : les possessions démoniaques dans les couvents relèvent de problèmes religieux très différents et les villes ne sont généralement concernées que parce qu'on y brûle des sorcières paysannes amenées au chef-lieu judiciaire, ou qu'on y découvre des suppôts de Satan chassés de leur village, voire venus se réfugier dans un univers de la dernière chance, qu'ils espèrent à tort anonyme. D'autre part, la proportion de femmes accusées de sorcellerie atteint en moyenne 80 % dans les régions étudiées jusqu'à présent, ce qui contraste avec la faiblesse habituelle de la part du deuxième sexe dans les statistiques criminelles, à l'exception, bien sûr, de l'avortement ou de l'infanticide. Le stéréotype de la vieille paysanne jetant des sorts est assurément dominant dans la persécution des sorcières, ce qui explique le féminin attribué à l'expression. Isolées parce qu'elles ont perdu leur mari, leurs fils et leurs proches, ces accusées ne sont néanmoins pas réellement marginales. Rarement errantes, sauf après des poursuites en justice, elles sont intégrées et connues dans leur communauté. Craintes pour leur mauvaise langue ou leurs menaces, elles essaient parfois de survivre en jouant de la peur qu'elles inspirent, obtenant ainsi des aumônes. Plus fréquemment, elles soignent les blessés et les malades, connaissent les herbes et d'autres secrets, sont consultées par des clients désireux d'attirer l'amour, de se venger d'un ennemi ou de découvrir des choses secrètes. Au fond, elles sont plutôt typiques du rôle des vieilles femmes dans la société paysanne : accoucher, soigner, préparer les mariages, surveiller les filles, colporter les croyances comme les ragots, etc.

Pourquoi donc sont-elles brutalement accusées de satanisme, alors qu'elles se comportent comme le faisaient leurs ancêtres ? Parce qu'elles ont fait des pactes avec le diable, ainsi que le prétendent les démonologues et les juges ? Encore faut-il que la question se pose, c'est-à-dire que le regard des autorités extérieures parvienne mieux qu'auparavant au cœur du village : la lutte contre les superstitions diabolise effectivement la culture rurale traditionnelle, dont les vieilles femmes sont les gardiennes et les vecteurs. La chose ne saurait suffire si une partie des paysans ne se trouvaient profondément culpabilisés par la pastorale de la peur en question. Car les témoins, toujours à charge, des procès viennent faire preuve d'orthodoxie sous l'œil des magistrats et des prêtres, comme la foule le fait ensuite en allant regarder le supplice de la sorcière sur la place publique. Les dépositions enregistrées ne parlent jamais de Satan et très rarement du sabbat, puisque ce serait avouer l'avoir vu ou y avoir participé. L'essentiel concerne des maléfices traditionnels : destruction de récoltes, vol de lait à distance en trayant un bâton pour assécher la vache d'un ennemi, mort d'animaux ou d'êtres humains, notamment de jeunes enfants, envoûtements dans des buts amoureux ou par haine, etc. Rien de neuf sous le ciel villageois depuis le Moyen Âge ! Pourtant, les juges tirent ces témoignages vers la démonologie, sous prétexte que rien de ceci ne peut se faire sans l'aide du démon, donc sans un pacte et sans une participation au sabbat.

Dialogues de sourds ? Les paysans parlent de leurs hantises habituelles, alors que les élites évoquent les mythes démonologiques. Il est évident que les mentalités comme les intérêts respectifs de ces deux ensembles diffèrent de façon fondamentale. L'échange symbolique qui se noue sur le dos de la sorcière, bouc émissaire désigné par les hommes de l'écrit et accepté comme tel par ceux de l'oral, apparaît ainsi comme le seul possible pour jeter un pont entre les deux mondes. J'ai décrit ailleurs longuement ce processus culturel de grande ampleur, qui est celui des débuts douloureux de la modernisation de la société rurale traditionnelle. La sorcière sur son bûcher n'est ni la révoltée sociale qu'imaginait Michelet ni la prêtresse inspirée d'un culte secret de fécondité ni la servante consciente et dévouée du diable. Elle n'est que la victime expiatoire d'un affrontement entre la modernité conquérante et la résistance paysanne. On a pu noter que les procès se multiplient plutôt dans les régions bousculées par les transformations, Cambrésis ou Comtat Venaissin, par exemple, alors qu'ils sont moins fréquents dans les campagnes plus traditionnelles, plus éloignées des grandes villes, moins marquées par la brutalité de la lutte ecclésiastique contre les superstitions (soit qu'elles se trouvent à l'écart, soit que les méthodes de christianisation tiennent compte des réalités de la religion populaire, par exemple en Bretagne au temps des missions). Il existe donc des villages plus « ouverts » que d'autres à la chasse aux sorcières : ceux où une partie des paysans accepte la culture écrite, l'alphabétisation, c'est-à-dire adopte mieux que le reste de la population une conception monothéiste de la religion. Car croire à un Dieu terrible punissant les pécheurs et donnant au démon l'autorisation de tenter les humains pousse d'autant mieux le croyant à s'en défendre, pour faire son salut éternel en rejetant les superstitions.

Un coin est désormais enfoncé dans la culture paysanne. Faute de pouvoir la modifier radicalement, les autorités extérieures se contentent d'exprimer de manière symbolique mais dramatique l'étendue de leurs volontés. Rejoints ou confortés par une minorité de villageois en voie de mutation culturelle et sociale, ils réussissent également à obliger le plus grand nombre à témoigner contre les sorcières, c'est-à-dire à renier ouvertement des croyances et des pratiques que beaucoup continuent pourtant à partager avec elles. Car la fin des bûchers ne marque en rien la disparition de la sorcellerie : tout au plus celle-ci rejoint-elle le niveau du secret et de l'illicite. Au fond, la persécution des sorcières aboutit à un nouvel équilibre. Les exigences des élites se limitent à l'établissement d'un consensus minimum apparent, puisqu'on sait bien que la magie se pratique toujours dans les villages. Quant aux paysans, ils ont finalement réussi à n'être pas totalement brisés. En acceptant le sacrifice des sorcières, en y poussant même souvent par peur, ils ont laissé définir une nouvelle frontière entre le sacré orthodoxe, auquel ils adhèrent mieux qu'auparavant, et la magie, désormais voilée mais toujours agissante. Après l'épreuve de force s'installe une sorte de paix armée. Cependant, lorsque l'Église connaît des difficultés, dans la deuxième moitié du XVIIIᵉ siècle, l'affaiblissement de son encadrement laisse remonter en surface des mentalités et des comportements traditionnels tenus jusque-là sous le boisseau : d'où les résurgences magiques de cette période puis du XIXᵉ siècle, la tourmente révolutionnaire ayant emporté nombre de digues posées par la Contre-Réforme triomphante du XVIIᵉ siècle. Certaines formes de la déchristianisation du XIXᵉ et du XXᵉ siècle s'expliquent probablement par des permanences séculaires, par des résistances passives aux excès de la christianisation exigeante du temps des rois absolus. Il n'était pas possible alors, même en brûlant les prétendues sorcières, de détruire complètement le rôle des femmes dans la culture paysanne, pas plus qu'il n'était possible d'imposer partout une conception parfaitement unifiée de la religion en éradiquant les croyances populaires.

Refuges : l'alcool et le tabac

Les sociétés paysannes du XVIIᵉ siècle sont réellement battues par la tempête. Les conditions de vie se détériorent, suite aux très importantes augmentations des impôts. Les repères culturels deviennent flous ou instables, sous les coups des agents des pouvoirs extérieurs. Les mondes villageois ne méritent assurément pas d'être qualifiés d'immobiles, car s'ils produisent des efforts désespérés pour refuser les mutations ou les intégrer au mieux dans des conduites traditionnelles, il leur faut de toute façon faire fréquemment face à des changements. Violences, révoltes, bûchers de sorcellerie offrent des spectacles incessants de ruptures. Et pourtant, cette humanité ne désespère pas. Elle ne suit pas l'exemple des Indiens d'Amérique après la conquête espagnole, tentés massivement par le suicide, la fuite, le refus de faire confiance à la vie. Comme eux, cependant, elle cherche des paradis artificiels, des évasions dans les excitants nouveaux de l'époque moderne : l'alcool et le tabac en particulier.

● *Les Français du Moyen Âge disposent du vin* ou de productions régionales telles que la bière, le cidre, le poiré, pour atteindre des impressions de bien-être. Ils n'ont pourtant pas à leur disposition le café, le chocolat (le cacao), le thé, dont l'usage ne se développe qu'à partir du XVIIᵉ siècle, surtout dans les milieux huppés ou dans les villes. La feuille de coca mâchée par les Indiens du Pérou pour faire disparaître les sensations de fatigue et de faim leur restera toujours inconnue. Mais l'alcool et le tabac font une entrée remarquée dans les couches sociales supérieures au cours du XVIᵉ siècle, avant de se populariser pour offrir des rêves et des évasions aux villageois du XVIIᵉ siècle.

L'eau-de-vie, ou « eau ardante » (le « brandevin », vin brûlé des Flamands) est pourtant distillée au XVIᵉ siècle, à partir des boissons alcoolisées ordinaires. Elle est généralement fabriquée par les apothicaires et les pharmaciens, car elle sert essentiellement de remède avant la deuxième moitié du XVIᵉ siècle (Robert Mandrou, 1961). Elle devient ensuite boisson de cabaret : sa consommation augmente alors de façon fulgurante, bien qu'elle soit nettement plus chère que le vin, lequel est lui-même souvent un luxe à côté des productions locales de bière, de cidre, etc. Providence des ivrognes du XVIIe siècle, elle est vigoureusement dénoncée dans les ordonnances de police urbaines ou dans les documents ecclésiastiques. Le sire de Gouberville, en Normandie, distille pour son compte ; il décrit des tableaux campagnards où des jeunes parcourent le village, une bouteille dans la poche. En Artois, la vogue de l'eau-de-vie commence au début du XVIIe siècle, avant de se généraliser à partir de 1620 dans toute la province (Robert Muchembled, 1989). Son histoire reste en bonne partie à faire, afin de définir la chronologie et les canaux de sa diffusion, afin de comprendre pourquoi un goût immodéré pour l'alcool s'est aussi rapidement répandu, autant que l'on puisse en juger, dans la France des saints, de la Contre-Réforme, des révoltes paysannes et des bûchers de sorcellerie : la génération « baroque » de la fin du règne de Henri IV et du début de celui de Louis XIII est en effet directement concernée, tant dans ses élites que dans ses masses citadines ou paysannes.

En ce qui concerne les dernières, le phénomène est d'autant plus intéressant que l'on connaît leur méfiance face aux nouveautés, dont témoigne ultérieurement la difficile acclimatation de la pomme de terre, si l'on se réfère aux légendes concernant le poison qu'elle est censée contenir. L'adoption de l'alcool répond probablement à un besoin collectif d'évasion hors d'une réalité de plus en plus sombre. Axée sur la taverne, on l'a noté, la culture populaire se défend alors contre la dépréciation de l'institution et contre la condamnation de l'ivresse, toutes deux liées à l'offensive de moralisation des campagnes. Un degré au-dessus des boissons traditionnelles, si l'on ose dire, l'eau-de-vie offre les chances d'un abrutissement plus profond, lorsqu'on la consomme de manière excessive. Peut-être conforte-t-elle surtout des stratégies plus ou moins conscientes de résistance aux exigences des censeurs et des autorités ? Les textes répressifs insistent en effet sur le danger de ces satisfactions faciles, destructrices de la santé individuelle et de la famille, opposées aux exigences d'ordre ou de moralité publique. Ils lient de plus en plus l'ivrognerie à la faiblesse de caractère propre au petit peuple, dont se distingue l'« honnête homme ». Et si la satisfaction était double pour les auteurs de transgressions : l'évasion provisoire, mais aussi la résistance, perçue comme telle par les acteurs, face aux exigences des autorités laïques et ecclésiastiques ? Car les clients du cabaret villageois acceptent mal les interdictions et les limitations, tout comme le monde rural se montre rétif en divers domaines aux volontés des agents extérieurs. L'exemple des peuples colonisés adoptant l'alcool, destructeur, pour l'utiliser aussi dans des cérémonies de révolte ou d'opposition au monde d'où il provient invite en tout cas à ne pas trop simplifier la question. Un champ de recherche encore peu exploré s'ouvre en ce domaine.

Il s'agit en effet des formes de la cohésion et de la sociabilité villageoise. L'eau-de-vie vient renforcer les « manières de boire » si importantes pour les paysans (Robert Muchembled, 1988). Elle conduit certains à des déchéances, dénoncées par la morale officielle, mais elle offre à d'autres des refuges pour supporter la vie. À tous, elle apporte un sens renouvelé de solidarité contre les dangers venus de l'extérieur. Les rituels de la boisson prise à la ronde au pot commun en témoignent, comme ceux du tabac.

• *L'herbe à Nicot* est chiquée ou prisée à la cour de France dès l'époque de Catherine de Médicis. Arrivée d'Amérique par le Portugal, elle prospère très vite dans les jardins de toute la France, selon Olivier de Serres à la fin du XVIᵉ siècle. Au début du siècle suivant, elle connaît une expansion encore plus rapide que l'alcool, ce qui inquiète particulièrement les autorités urbaines : n'accroît-elle pas la fréquentation des cabarets et ne pousse-t-elle pas encore davantage à l'ivresse ? En Artois, elle apparaît dans les villes vers 1632, pour se diffuser ensuite très rapidement dans les villages. Les paysans « boivent toubac », comme on dit probablement dans les campagnes françaises en général : le verbe « fumer » étant inconnu, l'expression indique la nouveauté de l'action de téter la pipe. Celle-ci circule de bouche en bouche, car le phénomène est obligatoirement collectif, à tel point que celui qui refuse de s'y associer risque d'être en butte à l'agressivité des autres convives. « Boire le tabac en fumée » est une activité complémentaire de la boisson proprement dite, les dimanches et les jours de fête. Les volutes qui montent au plafond donnent ainsi des sensations fugitives de bien-être, dont témoignent les peintures de genre flamandes du XVIIᵉ siècle. Les paradis artificiels soudent et resoudent constamment une âme collective perturbée par les nouveautés venues de l'extérieur, fracturée par les différences culturelles liées à la christianisation des campagnes et à la moralisation accentuée de certains paysans. On comprend mieux pourquoi ces gestes conviviaux du cabaret ont tant d'importance, pourquoi les « inventions » que sont le tabac ou l'eau-de-vie prennent une place croissante. Une place déjà préparée par les rituels de la sociabilité, de la boisson, de l'évasion et du bonheur physique liés traditionnellement aux jours de fêtes.

RÔLES SOCIAUX DU TABAC DU XVIᵉ AU XVIIIᵉ SIÈCLE

Vertus du tabac vers 1600

« Cette herbe a tiré son nom de maître Jean Nicot [1], natif de Nîmes en Languedoc, jadis ambassadeur au Portugal pour le roi Henri II ; ayant fait venir cette plante rare des Indes [2] en Portugal, il l'envoya après en France, où elle s'est naturalisée [3], et pour ses excellentes vertus elle est soigneusement conservée dans les jardins, où elle tient un rang honorable. On tient que c'est le Petum [4] des Américains. Les vertus de cette plante sont si grandes et en si grand nombre qu'à bon droit on l'a appelée l'herbe de tous maux. Elle est souveraine pour guérir toutes sortes de plaies en quelque partie du corps qu'elles soient, vieillies ou nouvelles, brûlures, chutes, ruptures, mal de tête, de dents, de la matrice ; douleurs de bras et des jambes ; gouttes, enflures,

(1) On la nomme en effet « herbe à Nicot ».
(2) Ici : le Brésil.
(3) Acclimatée.
(4) Nom donné au tabac préparé pour être fumé.

rognes, teignes, dartres, maux au talon, difficulté d'uriner, d'haleiner, vieille toux, coliques.

La fumée de Petum mâle, dit aussi Tabac, prise par la bouche, avec un cornet à ce approprié [5], est bonne pour le cerveau, la vue, l'ouïe, les dents, pour l'estomac, le déchargeant des flegmes [6], s'en servant le matin à jeun. »

Olivier de Serres, *Théâtre d'agriculture* (1600), Livre VI, chap. XVI, par. 1.

(5) Une pipe.
(6) Ce qui se crache.

Une révolte pour le tabac en 1687

Une révolte en Artois, le 4 août 1687, suite à l'ordre du roi d'arracher les plants de tabac pour éviter la contrebande avec la Picardie, l'Artois étant exempt de droits sur cette culture.

« Après laquelle retraicte dudict village du Saulchoy, nous aurions esté en celuy de Dourier pareillement scitué sur la rivière d'Authie et demie lieue dudict Chaussoy où il y a quantité de tabacq aussy plantés, et après que lesdicts archers auroient pareillement nottiffiée ladicte ordonnance au lieutenant, il auroit faict response qu'il n'estoit point le maistre desdicts habitans et qu'il y avoit un ordre de Madame la Duchesse de Crequy entre les mains du Curé dudict lieu pour empescher le renversement dudit tabacq. Sur quoy, un moment après, ledict sieur Curé estant survenu et le toxin sonnant tousiours pour l'assemblée de l'un et de l'autre village, ledit sieur Curé nous auroit dit que l'on ne coupperoit aucun tabacq audit lieu, dont ledit sieur Collin luy ayant demandé la raison et l'ordre par escrit, il auroit dit de n'en point avoir, mais seullement une lettre qui leur faisoit espérer qu'elle obtiendroit une descharge de Messieurs les Intéressez et que jusques à ce que ladicte descharge fut venue que lesdicts habitans empescheoient le renversement de leurs tabacs, qu'il avoit l'ordre des habitans de faire ladicte déclaration, qu'il la signeroit s'il falloit et que si l'on entreprenoit quelque chose que l'on en seroit point bon marchand, et qu'enfin ils vouloient voir un ordre signé du Roy, ce quy auroit obligé ledict sieur Collin de luy monstrer l'original de l'ordre de mondict Seigneur l'Intendant, de laquelle il n'auroit tenu aucun compte. Et comme dans l'instant nous aurions veu que lesdicts habitans de l'un et de l'autre village s'assembloient avec armes audict son de toxin pour nous résister et nous insulter, nous aurions esté obligé de nous retirer par le bourcq de Dompierre, où nous aurions laissé lesdicts trois gardes blessez entre les mains des chirurgiens... »

Cité par Yves-Marie Bercé, *Croquants et Nu-Pieds. Les soulèvements paysans en France du XVIᵉ au XIXᵉ siècle*, Paris, 1974.

Le tabac, parmi les causes de la misère en Bretagne vers 1774

LE DRENNEC (Paroisse mère de LANDOUZAN)

« Si on excepte cette mauvaise habitude de faire usage de tabac que les pères et mères ont souvent contractée étant jeunes gens lorsqu'ils gagnaient bons gages et qu'il leur semblait que jamais l'argent ne leurs aurait manqué, je ne vois pas qu'il y ait grand abus à ce sujet en cette paroisse, attendu qui n'y a que les enfants qui mendient jusqu'à l'âge de treize ou quatorze ans et qu'alors on a soin de leur procurer une condition pour servir. »

KERNILIS (Paroisse mère de LANARVILY)

« 3° La 3e source provient de la débauche, de la dissolution des mœurs des pères et mères vivants comme des athées malgré les remontrances qu'on leur fait, dont les [gens] débitant vin, café, tabac, liqueurs et autres boissons sont devenus les seuls receveurs. »

TRÉFLEZ

« Monseigneur
1° Il y a dans la paroisse de Tréflez une cinquantaine de personnes qui sont dans le cas de mendier, c'est à peu près la vingtième partie des habitants, mais nous n'avons aucun qui s'appelle riche et qui ne vit à la sueur de son front.
2° Les premières causes de la mendicité sont ici comme ailleurs celles que vous citez dans vos demandes, excepté le voisinage du grand chemin, nous en sommes écartés. Une trop grande consommation de tabac y contribue aussi beaucoup ; des domestiques qui auront dépensé tous les ans en tabac la moitié de leur gage, une fois mariés et ayant des enfants comment pouvoir les nourrir et les entretenir, ils faut qu'ils mendient. L'assujettissement à un certain moulin y peut aussi influer ; on entend tous les jours le colon gémir et se plaindre d'un meunier coquin auquel il sera assujetti. Une autre cause, c'est le droit exorbitant qu'ont coutume d'exiger les greffiers et de laquelle somme ils n'ont garde de donner de reçu, une veuve et des enfants pauvres qui survivent à leur père sont hors d'état de résister à une injustice aussi criante. »

Fanch Roudaut, Daniel Collet, Jean-Louis Le Floch, *Les Recteurs léonards parlent de la misère, 1774,* Quimper, 1988.

● *La dénonciation constante des méfaits de l'ivrognerie et du tabac* par la suite prend sens dans cette perspective. Au-delà des dangers pour la santé, des pertes d'efficacité au travail, le thème traduit une profonde hostilité des gouvernants et des prêtres face à des excès qui tissent éternellement du lien social entre les humbles, leur donnant des moyens indirects de résister aux volontés des puissants. L'évasion promise par ces « drogues » du passé n'est pas seulement l'oubli individuel, provisoire, des difficultés quotidiennes. Leur succès tient aussi au fait qu'elles assurent subrepticement la survie et la diffusion de valeurs collectives dénoncées par les élites. Comme dans l'Angleterre victorienne, l'ivresse est pour ces dernières une hydre à détruire parce que la taverne constitue à proprement parler une institution assurant la pérennité de la culture populaire. Dis-moi où et comment tu bois, et je te dirai qui tu es !

Moins immobile qu'il n'y paraît à première vue, la culture paysanne résiste en fait à un puissant processus de rupture et de changement venu des mondes numériquement minoritaires mais de plus en plus socialement dominants qui s'affirment entre la cour et la ville.

7 L'absolutisme et la culture : normes et marges

La culture ne se limite pas aux formes littéraires, philosophiques, artistiques et scientifiques élaborées par les êtres les plus doués. Elle peut également prendre l'aspect global d'une vision du monde dont la cohérence s'observe chez les individus les plus humbles, pour peu qu'on leur applique un regard ethnologique. Il lui arrive aussi de dépasser chacune de ces sphères en empruntant la voie du changement dans la vie politique, la religion, l'existence quotidienne, etc.

L'une des fortes originalités de la France dite moderne est précisément de voir s'affirmer l'importance de lieux culturels nouveaux : la cour et la ville. Entre les rapides pulsations intellectuelles ou artistiques et la lenteur d'évolution du socle culturel campagnard se dessinent des ruptures, suivies de mutations de grande ampleur, selon des rythmes variables mais généralement de l'ordre de la génération ou du siècle, ce qui les rend parfois peu perceptibles aux acteurs eux-mêmes.

Destinées à se prolonger aux XIXe et XXe siècles, pour façonner ainsi peu à peu une identité française s'éloignant de ses racines paysannes, ces transformations multiples seront résumées dans les quatre chapitres suivants, faute de place pour entrer dans les détails. L'État et l'Église, l'un par l'absolutisme, l'autre par le livre, sont les deux principaux agents de l'évolution vers la « civilisation des mœurs », appelée à policer en profondeur les élites sociales et une partie des citadins. Mais les forces montantes déclenchent ainsi sans vraiment le vouloir des frustrations, liées à des fractures sociales et culturelles croissantes : une sorte de « prérévolution culturelle » prépare au cours du XVIIIe siècle les grands événements de 1789.

L'absolutisme, en premier lieu, n'est pas uniquement une théorie du pouvoir royal prolongée par une « machine » administrative. Ce prétendu monstre froid crée une dynamique culturelle nouvelle, en définissant beaucoup plus nettement qu'auparavant un centre et de dangereuses périphéries. Rénovée, la justice criminelle du monarque ne se contente pas de punir : elle énonce aussi des normes, assurant de ce fait un contrôle social croissant de l'ensemble de la population, bien qu'il ne faille pas exagérer son efficacité, car les pouvoirs du temps n'ont certes pas les moyens de se montrer totalitaires.

L'ABSOLUTISME : UNE DYNAMIQUE CULTURELLE

• *La notion de monarchie absolue ne date pas de l'époque moderne.* Dès le XIVe siècle, les juristes français reprennent l'héritage de l'Antiquité romaine et proclament que « le roi de France est empereur en son royaume ». Il n'y a pas lieu de retracer ici l'histoire du concept ni celui de sa pratique (voir Guy Cabourdin et Georges Viard, 1978). Il suffit de rappeler que la construction de la monarchie absolue se fit lentement, pour atteindre sa forme définitive sous Louis XIV (1661-1715). Bien que le prince demeure théoriquement un suzerain dont dépendent des vassaux, l'essence de son pouvoir se trouve désormais ailleurs. Il commande à des sujets et il détient la totalité des pouvoirs, ce qui le place au-dessus de tous les mortels. Il n'est pourtant pas un despote à l'orientale : non seulement il ne peut aliéner une partie de son royaume, mais il lui faut aussi respecter des « lois fondamentales » non écrites régissant en particulier sa succession par primogéniture mâle (loi salique), assurant la continuité de l'État et l'indépendance de la couronne. Il est censé tenir son pouvoir directement de Dieu, ce qui lui interdit d'admettre d'être subordonné à qui que ce soit, fût-ce au pape lui-même (d'où le gallicanisme de l'Église de France). Comme l'écrit le jurisconsulte Pierre Pithou (1539-1596) : « Le roi est une personne sacrée, ointe et chérie de Dieu, comme mitoyenne entre les anges et les hommes ». Sacré à Reims, il guérit les écrouelles (sortes d'abcès) en les touchant, ce qui confère une dimension magique à sa puissance.

Le monarque absolu est donc la clé de voûte d'un système politique en voie de centralisation, par les conseils de gouvernement, les secrétaires d'État et les ministres, les intendants, véritables « yeux » du roi dans les provinces, etc. Cette mutation dépasse de très loin la sphère du pouvoir : elle concerne l'ensemble de l'équilibre social et culturel du pays. En effet, le mouvement général correspond au passage d'un monde médiéval parcellisé à une société plus structurée par les autorités centrales, en prélude à la concentration des pouvoirs réalisée dans l'univers capitaliste du XIXe siècle. Les rapports de production sont évidemment concernés en priorité, mais il ne faut pas oublier qu'ils sont toujours intimement liés à des systèmes symboliques, car la force seule ou la peur ne suffisent pas à obtenir l'obéissance des masses.

• *Au Moyen Âge, les rapports entre le roi et les seigneurs,* ainsi qu'entre ces derniers et les paysans, relèvent d'une fragmentation de la puissance publique. Pour beaucoup de nobles, le roi n'est que le premier d'entre eux, même s'ils tirent de lui la parcelle d'autorité qu'ils exercent sur leurs propres sujets. Quant aux ruraux, ils ont avec leur seigneur des liens de réciprocité : ils produisent par leur travail de quoi pourvoir à ses besoins, ou même fonder sa richesse, mais en contrepartie ils exigent de lui ordre et protection. La fureur des « Jacques », ces paysans révoltés du Bassin parisien en 1358, se tourne ainsi contre les châteaux de seigneurs incapables d'assumer leur rôle, sauf pour réclamer des impôts nouveaux destinés à payer leurs rançons, à la suite de la déroute de Poitiers : les troubles sociaux émergent brutalement parce que la défaite a causé la rupture de la chaîne de la puissance publique, et ceci du haut jusqu'en bas, du roi vaincu aux nobles humiliés. Au-delà des relations matérielles bien connues entre ses membres, la monarchie « féodale » repose aussi sur des systèmes de représentation que l'on commence à mieux percevoir. Une cascade de symboles lie étroitement les dominants aux dominés. Mais les seigneurs font en même temps écran entre les paysans et le roi, car ils sont les médiateurs en tous domaines : l'État n'est pas assez puissant pour envoyer régulièrement des agents au cœur des villages ; sans doute n'est-ce d'ailleurs pas réellement un besoin avant la création tardive, sous Charles VII, des impôts permanents. L'Église est certes plus présente dans les communautés, puisqu'il y a partout un curé. Cependant, ce dernier n'est pas toujours bien formé, on l'a vu. S'il assure un minimum d'unité « culturelle » à travers la religion, il accentue aussi souvent les différences avec les paroisses voisines en restant généralement très profondément immergé dans le milieu local, dont il suit les traditions.

● *L'absolutisme véhicule une tout autre logique économique, sociale et culturelle.* Les villageois ne cessent pas d'obéir à un ou à plusieurs seigneurs qui continuent à les protéger et à les juger, puisque quatre-vingt mille tribunaux seigneuriaux fonctionnent encore au milieu du XVIIIᵉ siècle. Ils apprennent cependant à répondre plus directement aux demandes du pouvoir central, suite notamment à la très forte augmentation des impôts dès le début du XVIIᵉ siècle. Et ils voient l'Église établie se préoccuper beaucoup plus qu'auparavant de leur sort, dans le cadre des missions, de la lutte contre les superstitions, etc. Encore ne sont-ils pas les plus touchés par la construction de l'absolutisme, auquel ils s'opposent confusément lors des révoltes de la première moitié du XVIIᵉ siècle, avant de manifester une soumission apparente sous le règne de Louis XIV.

Les villes et les seigneurs sont beaucoup plus concernés par l'évolution. Dans les premières se développe, lentement au XVIIᵉ siècle, plus vigoureusement au XVIIIᵉ siècle, une économie de marché productrice de rapports nouveaux entre des individus autonomes et concurrents, créatrice de puissances sociales qui ne s'appuient ni sur la terre ni sur la naissance. L'absolutisme n'en est pas la cause initiale, mais il sait s'y adapter. Car l'émergence des bourgeoisies contribue à mettre en cause la prééminence de la noblesse. Depuis la fin du Moyen Âge, celle-ci est d'ailleurs affaiblie par des résistances paysannes plus nettes qu'auparavant, par exemple en Normandie au XIVᵉ siècle ou en Languedoc vers 1430-1450 (dans le deuxième cas, les ruraux survivants d'une catastrophe démographique sont en position de force relative face aux seigneurs, dont ils n'acceptent pas aisément les conditions). Aux trois siècles suivants, l'ouverture des marchés, les hausses des prix liées à l'arrivée des métaux précieux américains, l'enrichissement en cours du pays par suite de l'exploitation des ressources coloniales figurent aussi au tableau des inéluctables modifications économiques et de leurs conséquences sociales. Il ne faudrait pourtant pas croire à un déclin accéléré de la noblesse. Malgré le mythe du « gouvernement de vile bourgeoisie » imputé à Louis XIV, celle-ci maintient de solides positions, produisant même au XVIIIᵉ siècle une noblesse d'affaires. Fascinés par les valeurs propres aux aristocrates, nombre de bourgeois tentent de les imiter, achètent des seigneuries, marient leurs filles à des membres du second ordre du royaume : des élites mixtes existent avant la Révolution, à côté d'autres bourgeois qui se sentent « refoulés sociaux » parce que la richesse ne leur permet pas d'accéder aux postes officiels que la « réaction nobiliaire » réserve aux privilégiés de la naissance.

● *En réalité, le sens de dépossession que peuvent éprouver les nobles,* du moins les plus titrés d'entre eux, provient d'une modification de fond du pouvoir royal, et en conséquence de leur propre puissance. Les frustrations exprimées pendant un siècle de complots ou de résistance à la royauté en rendent compte : de 1559 à 1661 s'extériorise ainsi largement un attachement collectif à une monarchie tempérée par l'aristocratie dont Montesquieu conserve plus tard la nostalgie dans *L'Esprit des lois.* L'échec concret peut être situé à l'époque de la Fronde (Arlette Jouanna, *Le Devoir de révolte. La noblesse française et la gestation de l'État moderne, 1559-1661,* Paris, Fayard, 1989). Il est cependant déjà en germe dans le rapport inégal noué par le pouvoir royal, au temps de Louis XIII et de Richelieu, avec des nobles indisciplinés condamnés spectaculairement à mort pour avoir contrevenu aux édits d'interdiction des duels. Car les aristocrates tentent de prouver leur indépendance dans une sphère symbolique de désobéissance, au nom d'un honneur situé au-dessus des lois. Mais le prince n'entend plus leur laisser cette latitude, afin d'être le seul à se placer à ce niveau absolu : délié des lois. Le souvenir de la Fronde et la méfiance face aux clientèles nobiliaires conduisent ensuite Louis XIV à surveiller de près le deuxième ordre. Non pas en le brisant, mais en le domestiquant par l'obligation de venir à Versailles sous peine de disgrâce (ou de compter fort peu, à l'image des nombreux nobles pauvres de province). Habile, le Roi-Soleil excelle à distribuer les faveurs ou les nominations (gouverneurs, chefs d'armées...). Il utilise les jalousies, notamment entre gens bien nés et personnages d'humble origine qu'il décide de promouvoir. Divisant pour régner, il sait aussi bâtir un système proprement rayonnant, où toute puissance part de sa personne, c'est-à-dire de la cour. Tout est en place pour ses successeurs, simplement conduits à gérer sans beaucoup innover.

● *L'absolutisme est donc une réponse globale à des problèmes nouveaux.* Il ne détruit pas l'ancien équilibre des fidélités féodales et seigneuriales, mais il les double d'un système vertical dominant où chacun est sujet du monarque avant d'être client d'un autre homme. L'aristocratie ancienne s'en trouve dépossédée en partie de son rôle de médiation entre le souverain et le peuple. D'autant que des officiers fidèles au premier, propriétaires de leur charge par application de ce que l'on nomme la « vénalité des offices », officialisée en 1522 et renforcée en 1604, aident à faire progresser lentement la centralisation étatique. Ainsi s'effectue un basculement symbolique du pouvoir, de la campagne vers la cour et vers la ville. Bien avant l'urbanisation triomphante du XIXᵉ siècle, l'Ancien Régime reconnaît l'importance économique des cités et surtout prépare par la cour une transition que l'on peut qualifier indifféremment de culturelle ou de symbolique. Les campagnes amorcent un déclin à très long terme, parce que l'État moderne attire loin d'elles non seulement leurs productions mais aussi une partie de la noblesse, tentée par la consommation ostentatoire et le luxe des mondes nouveaux où se structure désormais l'autorité.

Le tour de force des rois absolus n'est pas d'avoir parfaitement centralisé leur pouvoir, qui reste limité par de nombreux obstacles, en particulier par la lenteur des communications et par les résistances actives ou passives des populations. Il est d'avoir détaché nombre de nobles de la source terrienne de leur puissance, pour les pousser à s'installer au moins une partie de l'année à la cour, puis de plus en plus à la ville après le règne de Louis XIV. Ce mouvement contribue à établir une double dynamique, de dispersion et d'affaiblissement de la tutelle des seigneurs sur les paysans, d'une part, et de concentration de la puissance publique autour du prince ainsi devenu « absolu », d'autre part. Cette voie royale est l'objet d'une incessante « propagande » propre à la renforcer en la sacralisant davantage jusqu'au milieu du XVIIIe siècle (Michèle Fogel, *Les Cérémonies de l'information dans la France du XVIe au XVIIIe siècle*, Paris, Fayard, 1989).

• *Lieutenant de Dieu sur terre, le roi porte désormais en sa personne une notion divine de l'autorité* dont Bossuet se fait avec talent le théoricien. La doctrine n'est certes pas parfaitement nouvelle, car on en trouve les traces au Moyen Âge ou encore sous François Ier. Encore fallait-il qu'elle s'incarne véritablement, au carrefour des représentations mentales et des réalités sociales : l'absolutisme est en effet une dynamique destinée à surmonter les périls de l'éclatement du corps social sous les coups des guerres religieuses, des frustrations croissantes des seigneurs terriens et des ambitions des bourgeoisies montantes. La synthèse réalisée place le roi très loin au-dessus de tous ses sujets. Elle rend inaccessible la puissance étatique, dont les élites sont désormais invitées à tirer leur légitimité sans véritablement en partager les formes les plus sacrées, tandis que les masses sont conviées à en admirer les représentations en se tenant à l'exacte place où Dieu a voulu les faire naître.

CENTRE ET PÉRIPHÉRIES

L'absolutisme n'est pas la seule voie de « modernisation » de l'État et de la société dans une Europe dilatée aux dimensions du monde depuis les Grandes Découvertes de la fin du XVe siècle. Les Provinces-Unies du XVIIe siècle préfèrent s'ériger en République marchande protestante, tandis que l'Angleterre anglicane subit deux révolutions avant de s'orienter vers une monarchie tempérée, dont les philosophes français du XVIIIe siècle admirent l'équilibre, réalisé par la séparation des pouvoirs.

Aboutissement d'une lente maturation politique et religieuse, le choix français correspond aussi à la définition de l'hégémonie d'un pays très peuplé, très fortement rural, qui se pose en modèle, autant qu'en champion du catholicisme de la Contre-Réforme face aux menaces protestantes. Propulsé sur la scène internationale, conquérant, le royaume Très-Chrétien ne produit cette dynamique d'ensemble que parce qu'il a réduit les particularismes et jugulé les forces centrifuges si puissantes aux siècles précédents. N'avait-il pas été vaincu par l'Angleterre nettement moins peuplée que lui pendant la guerre de Cent ans ? N'avait-il pas subi près de cinquante ans de troubles dus à la minorité protestante, à l'indiscipline des nobles ainsi qu'aux appétits étrangers, dans la seconde moitié du XVIe siècle ?

● *Les ramifications du pouvoir.* Le mérite de la transformation ne revient pas uniquement à la conduite du gouvernement, aux excellents ministres tels que Colbert ou Louvois et à la qualité de l'encadrement administratif. Il s'appuie aussi sur une diffusion des notions absolutistes dans l'ensemble de la société. Du centre symbolique constitué par Versailles sous Louis XIV partent en effet des ramifications peu visibles que l'on peut qualifier de « propagande » monarchique, bien qu'il ne s'agisse pas d'un phénomène aussi bien organisé ni aussi efficace que celui qui a cours dans la France du XXᵉ siècle.

La stabilisation du centre politique est déjà en elle-même un événement d'importance, si l'on se souvient de la cour itinérante de François Iᵉʳ et de la légèreté de l'armature administrative à la même époque. Il n'y a pas lieu de détailler ici les progrès réalisés (voir Denis Richet, *La France moderne : L'esprit des institutions,* Paris, Flammarion, 1973 et Philippe Sueur, *Histoire du droit public français, XVᵉ-XVIIIᵉ siècle,* Paris, PUF, 1989, 2 vol). On peut se contenter d'indiquer que l'Ancien Régime répugne à détruire ce qui existe, préférant souvent ajouter des nouveautés, au risque de créer parfois des tensions et des frictions. Les grands nobles continuent ainsi à recevoir le gouvernement des provinces, fonction devenue plus honorifique que réelle puisque l'intendant obtient sur le même territoire une « commission » lui donnant l'essentiel des pouvoirs.

● *Les intendants :* les diverses régions sont l'objet d'une sollicitude croissante de leur part, et de celle des subdélégués qu'ils choisissent à la fin du XVIIᵉ siècle pour les aider dans leurs tâches. La lutte contre les particularismes manifeste le développement, imparfait il est vrai, de la volonté centralisatrice. Au fond, la plupart des provinces constituent des périphéries, à cause de leurs différences de coutumes et de langage par rapport au centre. Tel est aussi le cas des villes et surtout des villages, ces multiples cellules juxtaposées d'un corps social loin d'être parfaitement unifié. La surveillance des dettes des communautés, la tutelle financière de l'intendant, puis le choix des maires par l'autorité royale sont autant d'étapes réalisées sous Louis XIV en vue d'un meilleur contrôle par le gouvernement central.

L'objectif est évidemment de mettre de l'ordre, afin d'obtenir aisément le paiement d'impôts sans cesse alourdis par les besoins guerriers ou somptuaires de la monarchie. Et si les grandes révoltes rurales se raréfient à la fin du XVIIᵉ siècle, malgré une misère paysanne croissante, c'est en partie à cause de cette présence assez efficace des agents du roi dans les provinces. Plus subtilement, les périphéries sont l'objet d'une très active propagande monarchique. Propagande qui semble aller de soi, car elle ne se présente nullement comme une idéologie mais plutôt comme une morale véhiculée par les hommes d'Église, voire plus inconsciemment par les pères de famille eux-mêmes.

● *Les curés de paroisse* deviennent en effet des auxiliaires de l'absolutisme, parce qu'ils servent à la fois Dieu et le Roi, son lieutenant sur terre. Mieux formés dans le moule des séminaires à partir de la seconde moitié du XVIIᵉ siècle, ils ne se contentent pas d'annoncer en chaire des nouvelles locales concernant des événements ou des ventes aux enchères, par exemple. Ils entrent également dans le cadre de ce que Michèle Fogel nomme « un système d'information ritualisé » faisant de l'Église un vecteur privilégié de la propagande monarchique. Apparu sous Louis XIII pour connaître son apogée vers le milieu du XVIIIᵉ siècle, le système en question diffuse du haut en bas de la société un discours conventionnel à la gloire du prince. Ce dernier s'adresse en premier lieu aux évêques, pour leur demander un *Te Deum* destiné à célébrer une bonne nouvelle dynastique, diplomatique ou militaire. Un mandement épiscopal à ce sujet est alors envoyé aux prêtres de paroisse. Lu en chaire, le document écrit se transforme en célébration orale très rhétorique de la fonction souveraine. L'information brute s'enrobe là d'un cérémonial d'origine savante, mis à la portée du peuple. Elle diffuse de ce fait les notions de base constitutives de l'absolutisme, provoquant par ses répétitions une adhésion collective qui n'a nul besoin de se définir comme telle.

De telles « cérémonies de l'information » produisent dans les villages comme dans les villes un langage symbolique, un rituel monarchique sans cesse renouvelé, dont le peuple est simplement le spectateur passif mais admiratif. N'est-ce pas la force principale de l'absolutisme que de fonder le consensus social sur la qualité sacrée et inaccessible du prince, qu'il n'est possible que d'admirer, comme on adore la divinité, sous peine d'être rejeté vers la périphérie de cette véritable cité de Dieu sur terre ? Se révolter est purement et simplement commettre un crime de lèse-majesté, en rejoignant les cohortes démoniaques en rébellion contre le Créateur.

● *Chaque père de famille porte d'ailleurs une petite parcelle de cette même autorité d'essence divine*, ce qui rend compte de l'importance accordée à la puissance paternelle. Celle-ci est si intimement liée à l'absolutisme que des lettres de cachet destinées à emprisonner des enfants récalcitrants peuvent être demandées au roi par des géniteurs incapables de se faire obéir, en particulier au XVIIIᵉ siècle (Arlette Farge et Michel Foucault, *Le Désordre des familles. Lettres de cachet des Archives de la Bastille,* Paris, Gallimard-Julliard, 1982). Cette voie détournée de la « propagande » monarchique définit d'évidentes relations entre la puissance politique supérieure et les millions de pères de famille appelés à gouverner leur univers domestique selon le même esprit. On peut ainsi parler de médiateurs inconscients de l'absolutisme, ce qui aide à mieux comprendre les poussées de paternalisme reflétées dans les archives judiciaires de la fin de l'Ancien Régime. Le parricide devient d'ailleurs l'un des crimes les plus horribles qui soient, parce qu'il participe un peu du régicide, puni d'atroce manière. Rejeté du centre, il appartient à d'infernales périphéries, ou mieux encore à l'ensemble des actes contre nature, c'est-à-dire contre Dieu. De véritables mythes obsessionnels sont alors forgés par les élites dominantes : ils concernent de prétendus ennemis organisés de la société, qui portent en fait les caractéristiques inversées des valeurs diffusées par l'absolutisme.

● *Toute civilisation définit à la fois ses principes, ses ennemis et ses limites.* On a vu ce qu'il en était pour les villageois, portés à se considérer au centre du monde dans leur communauté et à rejeter ce qui arrive de l'extérieur. À un niveau beaucoup plus général, l'absolutisme précise pour tous ses sujets les contours d'une cité idéale : là règne un ordre social théoriquement fixe, issu des volontés divines ; obéissance et respect des hiérarchies (en particulier du roi et des hommes d'Église), doivent être des vertus naturelles ; travail, piété et moralité sont donc exigibles des populations laborieuses pour conserver l'harmonie des trois ordres constituant la « nation » française. À cette philosophie fixiste s'opposent des réalités mouvantes, tant à cause des transferts de richesse dans les couches supérieures que de la misère accentuée, au moins au XVIIᵉ siècle, d'une partie des masses populaires. La réponse d'ensemble du nouveau système politique, religieux et social à ces dangereux mouvements est de tendre sans cesse à renforcer le centre symbolique en rejetant avec une force croissante les éléments perturbateurs vers des phériphéries proprement démoniaques.

Car il ne s'agit pas seulement de marquer ou de détruire des déviants, dont aucune société n'est d'ailleurs jamais exempte. L'absolutisme produit en réalité un modèle inversé de ses propres valeurs, c'est-à-dire une contre-société imaginaire soupçonnée de vouloir détruire l'œuvre de Dieu et du roi. Le fait n'est évidemment pas parfaitement conscient de la part des théoriciens du système : la puissance de ce mythe provient de la rencontre de résistances importantes, mais non pas organisées, aux volontés de changement appliquées au corps social. En d'autres termes, ces résistances sont assimilées à un envers maléfique du monde idéal que l'on souhaite établir. Profondément imprégnés par le christianisme de combat de la Contre-Réforme, les gouvernants laïques, comme les ecclésiastiques, voient se dérouler sur terre un combat inexpiable entre le Bien et le Mal. Se situant tout naturellement dans le premier camp, ils sont portés à imputer aux adeptes du démon des tentatives de destruction de l'ordre établi. Il est possible de parler en ce domaine d'une dialectique, puisque le combat contre l'infâme renforce les certitudes de ceux qui luttent.

Ainsi s'explique la mise en œuvre de la doctrine démonologique dans la chasse aux sorcières. Née à la fin du XVᵉ siècle, elle ne devient un mythe obsessionnel qu'un siècle plus tard, parce qu'elle relaie alors une véritable peur de la subversion organisée. La sorcière rurale, on l'a vu, n'a pas changé de comportement depuis des siècles. Seuls les juges imaginent désormais qu'elle appartient à une secte diabolique prête à submerger le monde. Le pouvoir judiciaire pénètre un peu mieux qu'avant au village ; il repousse les oppositions latentes vers une sorte de périphérie symbolique : les paysans assistant à un bûcher sont conviés à choisir entre la juste voie de l'existence offerte par la loi et le rejet dans les ténèbres démoniaques.

De tels fantasmes collectifs, que Norman Cohn a nommés « les démons internes de l'Europe », ne doivent pas être considérés comme des méthodes volontaires de gouvernement destinées à briser les oppositions. Les juges, ou plus généralement les élites sociales, sont en effet si intimement convaincus de la réalité de l'action satanique en ce monde qu'ils sont persuadés de devoir s'y opposer de toutes leurs forces. N'ayant pas le « sens de l'impossible » avant le développement des idées rationalistes dans la seconde moitié du XVIIᵉ siècle, les plus grands penseurs partagent ces convictions. Tous soutiennent en conscience les efforts déployés par l'État et par l'Église pour purifier la cité de Dieu sur terre.

• *L'Ancien Régime est en conséquence l'époque de l'invention de la marginalité,* considérée comme un phénomène global et non comme une attitude propre à quelques individus ou à certains groupes. Les gueux, qui existaient évidemment au Moyen Âge, se transforment en ennemis organisés de la société. Les ruptures économiques et sociales du temps développent en effet les déracinements, ce qui aboutit à la multiplication des vagabonds, des brigands et des déviants. La justice s'en préoccupe, on le verra plus loin. Mais cette montée des périls, particulièrement ressentie dans les villes, où passent sans cesse ces miséreux, conduit à l'élaboration d'un mythe obsessionnel comparable à la démonologie. Le diable est aussi censé se trouver derrière de tels personnages. En outre, ceux-ci sont supposés se doter d'armes redoutables pour s'opposer à la société établie. La littérature dite de « gueuserie » décrit de tels phénomènes. Elle raconte que les cités possèdent une faune souterraine qui se rencontre la nuit, dans des tavernes ou dans d'autres endroits spécifiques. Cette « cour des miracles » dont s'inspirera Victor Hugo pour écrire *Notre-Dame de Paris* paraît d'autant plus redoutable qu'elle est hiérarchisée, sous la direction d'un roi entouré de princes aux noms parodiques, et qu'elle possède une langue incompréhensible aux gens normaux, ainsi que des secrets. Violente, libérée de la morale ordinaire, subversive en un mot, elle semble défier les pouvoirs établis.

Pourtant, les sources criminelles ne corroborent pas de telles descriptions. Dès le XVIe siècle, les autorités agissent avec vigueur pour empêcher les marginaux de se regrouper. La « cour des miracles » est assurément un mythe. Elle ne recouvre guère que des phénomènes plus ou moins tolérés dans les villes : tavernes mal famées, lieux de prostitution, etc. La criminalité urbaine est forte durant toute l'époque moderne, mais elle se trouve rarement sous une forme collective ou véritablement organisée. La peur des gueux est quant à elle bien réelle, comme le sont les techniques pour mendier, le jargon des truands, le goût des marginaux pour la boisson et pour le sexe. De cet ensemble très disparate émerge une synthèse mentale artificielle destinée à la fois à faire frissonner les lecteurs des livres de gueuserie et à pousser les gens bien pensants à chercher la sécurité dans l'adhésion aux valeurs positives véhiculées par l'absolutisme ainsi que par la religion.

Il serait possible d'analyser de la même manière d'autres mythes fondateurs d'une opposition très tranchée entre le Bien et le Mal, qui fonctionnent comme une propagande implicite. Le thème du monde à l'envers, par exemple, quitte peu à peu les rives de l'inversion carnavalesque populaire pour aborder celles du symbolisme politique, religieux et surtout moral (voir Emmanuel Le Roy Ladurie, *Le Carnaval de Romans. De la chandeleur au mercredi des cendres 1579-1580,* Paris, Gallimard, 1979). Les gravures du XVIIe siècle consacrées au pouvoir excessif de certaines femmes qui dominent leur mari racontent ainsi de manière humoristique la nécessité pour l'homme d'être maître chez soi : écho parmi d'autres de la montée en puissance du pouvoir paternel et marital dont on a noté ci-dessus les liens avec la puissance royale. Au moment même où les désordres du carnaval sont sévèrement jugés par l'Église comme par les agents de l'autorité publique, la confiscation au profit de la morale et des bonnes mœurs du thème du monde à l'envers indique précisément l'ampleur de l'action du centre sur des périphéries qu'il s'agit soit de domestiquer soit de rejeter complètement du côté de l'univers diabolique.

Séparer le bon grain de l'ivraie n'est d'ailleurs pas seulement du ressort de la théorie. L'Église joue un rôle concret, actif et incessant en distinguant l'orthodoxie des superstitions. Quant aux juges, ils assument une fonction pratique en différenciant nettement la normalité de la marginalité.

JUSTICE ET CONTRÔLE SOCIAL

Michel Foucault parlait d'un « grand renfermement » visant les pauvres, les fous, les déviants, ou encore, de façon plus symbolique, les femmes et les enfants (notamment dans le cadre des internats des collèges), ceci à partir du XVIIᵉ siècle pour l'essentiel. Il me semble plutôt que la notion reflète une sorte d'idéal d'une cité de Dieu bien encadrée et épurée. Justice criminelle et police prennent alors une nouvelle dimension en France comme dans d'autres pays européens : assurer le contrôle social. J'ai décrit ailleurs longuement ce processus de « criminalisation de l'homme moderne » (Robert Muchembled, 1988).

La justice du roi n'est pas indépendante, dans un monde qui ne connaît alors aucune séparation des pouvoirs. Elle est directement reliée à l'absolutisme et à la religion, dont elle véhicule les valeurs en punissant des coupables, tout en offrant aux innocents des spectacles de supplices exemplaires destinés à les détourner des voies dangereuses du crime ou du péché. Sa réussite n'est pourtant ni immédiate ni complète, ce qui amène à voir l'évolution comme un processus souvent freiné par diverses réalités, plutôt que comme un contrôle social bien réalisé, même à la fin de l'Ancien Régime. Les trois siècles concernés constituent autant d'étapes qui correspondent assez bien à la mise en place du système absolutiste lui-même.

● *Le XVIᵉ siècle est un temps de définitions, de tâtonnements, de début d'expérimentation de la justice moderne.* Celle-ci hérite du Moyen Âge une infinie complexité, puisque coexistent des tribunaux royaux, seigneuriaux, ecclésiastiques et parfois même urbains, à tel point que les accusés peuvent être réclamés par diverses juridictions, ce qui affaiblit ou paralyse les magistrats. L'objectif du roi et de ses agents n'est pas de détruire ces divers ressorts, mais de renforcer à leur détriment l'action de la hiérarchie judiciaire royale, de la châtellenie puis du bailliage, à la base, jusqu'aux parlements, au sommet. Diverses ordonnances témoignent de ce souci, notamment celle de Villers-Cotterêts en août 1539 : une procédure criminelle clarifiée, dite inquisitoriale, doit désormais s'appliquer partout. Écrite, secrète, prévoyant l'usage de la torture dans des formes réglementées pour obtenir l'aveu du coupable, elle succède à une procédure orale publique cherchant plus souvent le compromis entre les personnes que la punition des délinquants.

La justice criminelle tente en réalité de mieux s'adapter à une forte poussée de criminalité et de marginalité. L'exode rural des années 1520, la multiplication des bandes de brigands dans les provinces sous le règne de François Ier, la prolifération en ville de mendiants et de vagabonds créent en effet des impressions croissantes d'insécurité pour les populations, tandis qu'émerge le mythe de la cour des miracles (voir Bronislaw Geremek, 1980). Le prince ne dispose cependant pas d'assez de moyens ni d'hommes pour intervenir sur tous les fronts. Il se contente pour l'essentiel de préconiser une rigueur accrue des supplices, afin de faire peur à tous les criminels en puissance. Les exécutions capitales prennent des formes plus spectaculaires qu'auparavant, par exemple avec l'introduction du supplice de la roue réservé aux brigands de grand chemin : le condamné est attaché vivant sur une roue ; le bourreau lui brise les membres à coups de barre de métal, avant de lui enfoncer la cage thoracique, si bien qu'il agonise longuement sur l'échafaud. Les mutilations corporelles punitives et infamantes à la fois se multiplient : langue percée au fer rouge pour un blasphème ; oreille coupée à la suite d'un vol ; peau des doigts pelée par un geste sacrilège ; etc. (Robert Muchembled, 1992).

● *L'invention de la « police », au sens actuel du terme, est au XVIᵉ siècle la plus grande nouveauté en la matière.* L'objectif du roi est de réduire l'insécurité sur les routes ou dans les lieux ne relevant pas des justices ordinaires. Il reprend pour cela l'ancienne institution des prévôts des maréchaux, chargés jusque-là d'une simple police militaire, comme auxiliaires des maréchaux des armées. En 1520, il confie à trente d'entre eux une forme de justice expéditive. Assistés d'un lieutenant, d'un greffier et de dix archers, ils sont chargés de chevaucher dans une province, pour saisir des criminels en flagrant délit, puis pour leur faire faire sur place un procès, en demandant à quatre notables du lieu de décréter une sentence rigoureuse ne souffrant aucun appel à un tribunal supérieur. Soldats déserteurs, vagabonds, pillards n'ont désormais qu'à bien se tenir, face à la redoutable maréchaussée. Les conteurs facétieux disent, à peine avec exagération, que ces rudes prévôts pendent d'abord puis interrogent ensuite ! Avec quelques éclipses dues aux jalousies des juges ordinaires, la fonction en question prend de plus en plus d'importance à partir de la fin du XVIᵉ siècle, pour aboutir deux siècles plus tard à un contrôle policier assurant une sécurité des chemins, bien supérieure en France à celle de divers autres pays européens.

● *Au XVIIᵉ siècle, l'élimination physique d'un bon nombre de marginaux et de truands se double d'une progression de la justice criminelle au cœur même de la société.* La doctrine judiciaire se fixe définitivement : elle se trouve théoriquement uniformisée par la grande ordonnance criminelle d'août 1670. Le principe retenu est celui d'un étagement pyramidal des délits et des peines, en partant des plus communs vers les plus exécrables qui soient. Chaque société a sa façon particulière de définir la gravité des actes criminels. L'Ancien Régime n'accorde qu'une importance secondaire aux plus fréquents : les atteintes aux personnes. Coups et blessures sont trop communs pour mériter des poursuites systématiques et des peines très graves. L'homicide lui-même est relativement banal tant il est fréquent. La loi le punit de mort, mais il est assez aisé aux coupables de s'exiler ou encore de demander au souverain une grâce, en invoquant des circonstances que nous nommerions atténuantes. Un grand nombre de ces « rémissions » sont accordées, contre paiement d'une amende, ce qui a pour conséquence de donner aux coupables l'impression de ne pas avoir commis un acte particulièrement grave. Ce sentiment est d'ailleurs renforcé par la fréquente propension des juges ordinaires à ne poursuivre que mollement les individus homicides.

● *Le vol est considéré avec beaucoup plus de sévérité,* car il met en cause les fondements mêmes de la société, l'ordre, le sens du travail et la morale. Les peines sont rigoureuses, aboutissant aux galères, voire à la mort en cas de récidive, de brigandage, de vol domestique commis par un serviteur chez son maître, etc. Beaucoup moins fréquents, les crimes sexuels sont l'objet d'une intense surveillance. Certains d'entre eux sont punis du dernier supplice, comme le viol, la sodomie, la bestialité ou l'homosexualité. Ils se révèlent en effet « contre nature », selon les juristes, car ils profanent un corps humain créé par Dieu à son image. Enfin, la catégorie supérieure, celle des actes complètement impardonnables, est constituée par les crimes de lèse-majesté humaine ou divine. Les premiers concernent la personne ou les biens du roi : les régicides sont écartelés vifs par quatre chevaux. Les seconds s'étagent du blasphème (durement puni mais en deçà de la mort) à la sorcellerie, en passant par l'hérésie : le bûcher attend les coupables dans les deux derniers cas.

Ce principe final de lèse-majesté est à proprement parler celui qui organise la justice des rois absolus. Il sépare clairement le Bien du Mal, ce qui lui donne une valeur pédagogique sur les divers corps de population. Il est néanmoins évident qu'il ne s'applique pas de la même manière à chacun d'entre eux. Les hommes d'Église, en premier lieu, ne relèvent que des officialités, juridictions ecclésiastiques ne condamnant jamais à mort. Les nobles, eux, sont justiciables de tribunaux spécifiques, ou directement des parlements. Loin d'être égale pour tous, la justice fait office de filtre social, en fonction de la qualité des personnes. Mieux encore, elle se différencie très nettement en s'adressant à trois catégories de gens du tiers état : les marginaux, les citadins et les ruraux.

● *Les marginaux sont éliminés sans pitié s'ils transgressent la loi.* Leurs tourments donnent raison à Michel Foucault lorsqu'il évoque une puissance souveraine affichant sa force tout en se réparant sur le corps souffrant des suppliciés. Le préambule de l'ordonnance de 1670 ne dit-il pas qu'il faut contenir « par la crainte des châtiments ceux qui ne sont pas retenus par la considération de leur devoir » ? Gibiers de potence exécutés et pauvres enfermés dans des hôpitaux généraux au XVIIe siècle appartiennent à ces cohortes qui pourraient contaminer la cité de Dieu si on ne prenait le soin de les faire disparaître ou de les encadrer de près pour les empêcher de nuire.

● *Les citadins, eux, sont l'objet d'une procédure plus subtile de moralisation par la justice.* Les mondes urbains sont en effet travaillés en profondeur par la christianisation de la Contre-Réforme. Plus ouverts que les campagnes à des nouveautés de tous ordres, entraînant des mutations économiques, sociales et mentales, ils sont également l'objet d'une attention croissante de la part des autorités ecclésiastiques et laïques, d'autant que de nombreuses institutions ont leur siège en ville, tels les tribunaux royaux chargés de juger les paysans, par exemple. Entrées et sorties sont étroitement surveillées, afin de repousser les marginaux qui tentent de trouver là du travail ou un refuge. On ne s'étonnera donc pas de voir la justice criminelle tendre plus souvent à façonner les mœurs des habitants permanents qu'à les punir aveuglément. Les traditions médiévales subsistent : les brebis galeuses sont fréquemment bannies, tandis que les délinquants domiciliés jugés moins irrécupérables sont punis d'amendes, de pèlerinages expiatoires, de réparations honorables en public, d'exposition infamantes au carcan. En séparant le bon grain de l'ivraie, les tribunaux ne se montrent impitoyables que dans les matières de vol aggravé, de crimes capitaux contre les mœurs et de lèse-majesté. Pour le reste, ils placent les condamnés humiliés en public sous la surveillance des autres, ce qui doit les pousser à amender leur conduite pour ne pas subir de plus graves poursuites. Ainsi les villes françaises sont-elles en voie de pacification interne et de moralisation, surtout à partir de la deuxième moitié du XVIIe siècle. La création d'une charge de lieutenant de police, confiée à La Reynie, à Paris, sous Louix XIV ne fait que marquer l'accentuation du processus dans la capitale, la prévention s'ajoutant peu à peu à la répression, grâce aux commissaires de quartier du XVIIIe siècle. L'ordre moral se relâche pourtant nettement dans les dernières décennies de l'Ancien Régime, avec une poussée des vols, notamment. Comme si se fracturait un consensus, en prélude à la Révolution.

● *Quant aux campagnes, elles connaissent une criminalisation beaucoup plus lente et plus imparfaite.* La justice royale ne s'y implante qu'en taches d'huile, à partir des villes où clle siège. Au même moment, vers le début du XVIIe siècle, elle rencontre précisément la christianisation en train de lutter contre les superstitions. Ce double mouvement de pénétration vers le cœur des villages produit la chasse aux sorcières décrite plus haut et se heurte de manière générale à des résistances passives de la part des populations méfiantes face aux agents extérieurs. Habitués à régler eux-mêmes leurs problèmes, y compris par la violence, les paysans s'adaptent beaucoup plus lentement que les citadins aux principes organisateurs de la justice du roi absolu. Ce dernier en tient d'ailleurs compte au XVIIe siècle, puisqu'il continue à octroyer aisément des lettres de grâce à des coupables d'homicide. Les effets du système judiciaire unificateur ne se font sentir réellement qu'à partir du XVIIIe siècle, après une lente progression. Ce que certains auteurs considèrent comme le résultat d'un adoucissement des mœurs, le passage apparent de la criminalité rurale de la violence au vol, traduit plus certainement une adaptation progressive aux idéaux judiciaires dominants.

● *Au XVIIIe siècle, la justice criminelle participe assurément au contrôle social.* Mais elle ne le fait pas à la manière d'une impitoyable machine à niveler les différences. Comme l'absolutisme dont elle est issue, elle s'es-souffle un peu dans les conditions changeantes de l'Ancien Régime déclinant. Les philosophes attaquent ses excès en affirmant que la torture est indigne d'un peuple civilisé (elle sera abolie en 1788). Les paysans paraissent mieux se soumettre à la loi qu'au siècle précédent, mais les résurgences de la violence rurale au XIXᵉ siècle montrent qu'ils n'ont pas parfaitement accepté de se plier aux exigences nouvelles du droit. Les citadins, enfin, voient craquer le corset de moralité qu'ils avaient adopté plus vite que leurs cousins campagnards : les villes des dernières décennies de l'Ancien Régime connaissent notamment de spectaculaires progressions des vols et des atteintes aux mœurs ou à la religion.

L'ORDONNANCE CRIMINELLE D'AOÛT 1670 (extraits)

TITRE XIV

Des Interrogatoires des accusés

Art. I. Les prisonniers pour crimes seront interrogés incessamment, et les interrogatoires commencés au plus tard dans les vingt-quatre heures après leur emprisonnement, à peine de tous dépens, dommages et intérêts contre le juge qui doit faire l'interrogatoire ; et à faute par lui d'y satisfaire, il y sera procédé par un autre officier, suivant l'ordre du tableau.

2. Le juge sera tenu vaquer en personne à l'interrogatoire, qui ne pourra en aucun cas être fait par le greffier, à peine de nullité et d'interdiction contre le juge et le greffier, et de 500 liv. d'amende envers nous contre chacun d'eux, dont ils ne pourront être déchargés.

3. Nos procureurs, ceux des seigneurs, et les parties civiles, pourront donner des mémoires au juge pour interroger l'accusé, tant sur les faits portés par l'information, qu'autres, pour s'en servir par le juge, ainsi qu'il avisera.

4. Il sera procédé à l'interrogatoire au lieu où se rend la justice, dans la chambre du conseil ou de la geôle ; défendons aux juges de les faire dans leurs maisons.

5. Pourront néanmoins les accusés pris en flagrant délit, être interrogés dans le premier lieu qui sera trouvé commode.

6. Encore qu'il y ait plusieurs accusés, ils seront interrogés séparément, sans assistance d'autre personne que du juge et du greffier.

7. L'accusé prêtera le serment avant d'être interrogé, et en sera fait mention, à peine de nullité.

8. Les accusés, de quelque qualité qu'ils soient, seront tenus de répondre par leur bouche, sans le ministère de conseil qui ne pourra leur être donné, même après la confrontation, nonobstant tous usages contraires, que nous abrogeons, si ce n'est pour crime de péculat [= vol de deniers publics], concussion, banqueroute frauduleuse, vol de commis ou associés en affaires de finance ou de banque, fausseté de pièces, suppositions de part, et autres crimes où il s'agira de l'état des personnes, à l'égard desquelles les juges pourront ordonner, si la matière le requiert, que les accusés après l'interrogatoire communiqueront avec leur conseil ou leurs commis. Laissons au devoir et à la religion des juges, d'examiner avant le jugement s'il n'y a point de nullité dans la procédure.

9. Pourront les juges, après l'interrogatoire, permettre aux accusés de conférer avec qui bon leur semblera, si le crime n'est pas capital.

10. Les hardes, meubles et pièces servant à la preuve, seront représentés à l'accusé lors de son interrogatoire, et les papiers et écritures paraphés par le juge et l'accusé ; sinon sera fait mention de la cause de son refus, et sera l'interrogatoire

continué sur les faits et inductions résultantes des hardes, meubles et pièces, et l'accusé tenu d'y répondre sur-le-champ, sans qu'il lui en soit donné autre communication, si ce n'est ès cas mentionnés en l'art. 8 ci-dessus, après néanmoins que l'interrogatoire aura été achevé.

11. Si l'accusé n'entend pas la langue françoise, l'interprète ordinaire, ou s'il n'y en a point, celui qui sera nommé d'office par le juge, après avoir prêté serment, expliquera à l'accusé les interrogatoires qui lui seront faits par le juge, et au juge les réponses de l'accusé, et sera le tout écrit en langue françoise, signé par le juge, l'interprète et l'accusé, sinon mention sera faite de son refus de signer.

12. Ne sera fait aucune rature, ni interligne dans la minute des interrogatoires ; et si l'accusé y fait aucun changement, il en sera fait mention dans la suite de l'interrogatoire.

13. L'interrogatoire sera lu à l'accusé à la fin de chacune séance, coté et paraphé en toutes ses pages, et signé par le juge et par l'accusé, s'il veut ou sait signer, sinon sera fait mention de son refus ; le tout à peine de nullité, et de tous dépens, dommages et intérêts contre le juge.

14. Les commissaires de notre Châtelet de Paris pourront interroger pour la première fois les accusés pris en flagrant délit, les domestiques accusés par leurs maîtres, et ceux contre lesquels il y aura décret d'ajournement personnel seulement.

15. L'interrogatoire pourra être réitéré toutes les fois que le cas le requerra, et sera chacun interrogatoire mis en cahier séparé.

16. Défendons à nos juges et à ceux des seigneurs, de prendre, recevoir, ni se faire avancer aucune chose par les prisonniers pour leur interrogatoire, ou pour aucuns autres droits par eux prétendus ; sauf à se faire payer de leurs droits par la partie civile, s'il y en a.

17. Les interrogatoires seront incessamment communiqués à nos procureurs ou à ceux des seigneurs, pour prendre droit par eux, ou requérir ce qu'ils aviseront.

18. Sera aussi donné communication des interrogatoires à la partie civile, en toutes sortes de crimes.

19. L'accusé de crime auquel il n'échera peine afflictive, pourra prendre droit par les charges, après avoir subi l'interrogatoire.

20. Si nos procureurs ou ceux des seigneurs, et la partie civile, sont reçus à prendre droit par l'interrogatoire, et l'accusé par les charges, la partie civile pourra donner sa requête contenant ses demandes, et l'accusé ses réponses, dans le délai qui sera ordonné, passé lequel, sera procédé au jugement, encore que les requêtes ou les réponses n'aient point été fournies.

21. Si pardevant les premiers juges, les conclusions de nos procureurs ou de ceux des seigneurs, et en nos cours, les sentences dont est appel, ou les conclusions de nos procureurs généraux, portent condamnation de peine afflictive, les accusés seront interrogés sur la selette.

22. L'interrogatoire prêté sur la selette pardevant le juge des lieux, sera envoyé en nos cours avec le procès, quand il y aura appel, à peine de 100 liv. d'amende contre le greffier.

23. Les curateurs et les interprètes seront interrogés derrière le barreau, encore que les conclusions et la sentence portent peine afflictive contre l'accusé.

TITRE XIX

Des Jugemens et Procès-Verbaux de Questions et Tortures

Art. Ier. S'il y a preuve considérable contre l'accusé d'un crime qui mérite peine de mort, et qui soit constant, tous juges pourront ordonner qu'il sera appliqué à la question [= torture], au cas que la preuve ne soit pas suffisante.

2. Les juges pourront aussi arrêter que nonobstant la condamnation à la question, les preuves subsisteront en leur entier, pour pouvoir condamner l'accusé à toutes sortes de peines pécuniaires ou afflictives, excepté toutefois celle de mort, à laquelle l'accusé qui aura souffert la question sans rien avouer, ne pourra être condamné, si ce n'est qu'il survienne de nouvelles preuves depuis la question.

3. Par le jugement de mort, il pourra être ordonné que le condamné sera préalablement appliqué à la question pour avoir révélation des complices.

4. Si celui qui aura été condamné à mort par jugement prévôtal et en dernier ressort, préalablement appliqué à la question, revèle aucuns de ses complices, qui soient arrêtés sur-le-champ, la confrontation pourra en être faite, encore que le prévôt n'ait été déclaré compétent pour connoître des complices ; sera tenu néanmoins de faire après juger sa compétence.

5. Défendons à tous juges, à l'exception de nos cours seulement, d'ordonner que l'accusé sera présenté à la question sans y être appliqué.

6. Le jugement de condamnation à la question sera dressé et signé sur-le-champ, et le rapporteur assisté de l'un des autres juges, se transportera sans divertir en la chambre de la question pour le faire prononcer à l'accusé.

7. Les sentences de condamnation à la question ne pourront être exécutées qu'elles n'aient été confirmées par arrêt de nos cours.

8. L'accusé sera interrogé après avoir prêté serment, avant qu'il soit appliqué à la question et signera son interrogatoire, sinon sera fait mention de son refus.

9. La question sera donnée en présence des commissaires, qui chargeront leur procès-verbal de l'état de la question et des réponses, confessions, dénégations et variations à chacun article de l'interrogatoire.

10. Il sera loisible aux commissaires de faire modérer et relâcher une partie des rigueurs de la question, si l'accusé confesse et s'il varie, de le faire remettre dans les mêmes rigueurs ; mais s'il a été délié et entièrement ôté de la question, il ne pourra plus y être remis.

11. Après que l'accusé aura été tiré de la question, il sera sur-le-champ et de rechef interrogé sur ses déclarations et sur les faits par lui confessés ou déniés, et l'interrogatoire par lui signé, sinon sera fait mention de son refus.

12. Quelque nouvelle preuve qui survienne, l'accusé ne pourra être appliqué deux fois à la question pour un même fait.

ISAMBERT, *Recueil général des anciennes lois françaises*, t. XVIII, pp. 371-423.

● *Loin d'avoir produit une harmonisation sociale d'ensemble, la justice criminelle a accentué les différences.* Elle n'a fait, au fond, que déployer la logique même du système absolutiste dont elle est issue : assurer la prééminence d'une minorité privilégiée sur des masses dominées. Elle ne s'est pas limitée à la sphère punitive, car elle a exercé une action classifica-toire en imposant à tous des modèles d'adaptation sociale. Elle a poussé les dominants à se sentir collectivement solidaires, malgré leurs nombreuses rivalités, en les opposant à des marges réelles ou mythiques terrifiantes et à des masses dangereuses. À ces dernières, tentées par les révoltes avant la Fronde, elle a constamment montré la voie du Bien : en insistant sur la subversion satanique partout à l'œuvre, elle a développé chez leurs membres une recherche de sécurité les incitant à obéir aux hiérarchies établies par la volonté divine, c'est-à-dire à savoir rester à leur place tout en se résignant à payer plus d'impôts, sans autre espoir que celui du salut de leur âme.

On peut donc parler de culture en ce domaine que certains voudraient réserver à l'étude institutionnelle ou politique. Le développement de l'État royal modifie en effet les rapports sociaux et les productions symboliques générées par les divers groupes de population. Point n'est pour cela besoin d'une volonté constituée de la part des acteurs ni même des théoriciens. La rupture des équilibres anciens produit naturellement de tels phénomènes, tout comme la civilisation du livre entraîne involontairement un certain nombre de mutations au sein de la culture populaire.

8 La civilisation du livre

Réservée à une étroite minorité au Moyen Âge, la culture écrite amorce une importante progression sous l'Ancien Régime. Elle demeure néanmoins très inégalement partagée selon les sexes ou les conditions sociales, avant l'établissement par Jules Ferry de l'école laïque obligatoire. Car elle se trouve essentiellement aux mains des clercs : l'alphabétisation du peuple est avant tout pour eux une forme de christianisation et de surveillance morale, comme l'est aussi à sa façon la culture livresque urbaine développée par la Bibliothèque bleue de Troyes. Au fond, le livre reste une affaire de spécialistes, même si le nombre de ces derniers s'accroît en passant par les collèges et par les universités.

ALPHABÉTISATION ET CHRISTIANISATION

Sans être véritablement exceptionnel, l'enseignement de base correspondant vaguement à notre primaire n'est pas densément représenté dans la France de la fin du Moyen Âge : écoles capitulaires des cathédrales, manécanteries formant des enfants de chœur, petites écoles paysannes parfois, maîtres écrivains enseignant à écrire puis à compter dans les villes (une centaine à Paris).

Le défi protestant est l'aiguillon du développement au cours du XVIᵉ siècle. Les réformés sont partisans du livre, afin de permettre aux fidèles de lire la Bible en langue vulgaire. La Contre-Réforme catholique se lance aussi dans un effort de multiplication des petites écoles pour contrer la progression des idées protestantes. L'objectif principal est l'éducation religieuse. La formation intellectuelle de l'enfant sert uniquement d'« appât », comme l'écrit en 1733 le chanoine Blai, qui ajoute : « C'est pour enseigner les vérités du salut et les principes de la religion à ceux et à celles qui viennent apprendre à lire, à écrire et le chiffre qu'on ouvre les écoles gratuites. »

● *La multiplication des petites écoles aux XVIIᵉ et XVIIIᵉ siècles* est sans conteste une arme pour le combat religieux. Lorsque l'État se mêle (très rarement) de légiférer en ce domaine, par exemple en 1698 ou en 1724, il recherche avant tout l'extirpation de l'hérésie, en laissant d'ailleurs aux communautés toute la charge financière d'une éventuelle création. L'armature scolaire est donc particulièrement variable selon les provinces. Elle devient très solide dans les grandes villes sous Louis XIV, se doublant parfois au XVIIIᵉ siècle de « maisons d'éducation particulières », sortes de pensions élitistes privées. Dans les cités moins importantes, le réseau antérieur se renforce, surtout à partir du milieu du XVIIᵉ siècle, par la création d'écoles « de charité ». Fondées par des municipalités, ou par des milieux dévots comme la Compagnie du Saint Sacrement, elles accueillent plus ou moins gratuitement les enfants pauvres. Les Frères des écoles chrétiennes, organisés par Jean-Baptiste de la Salle, créent à partir des années 1680 de nombreux établissements gratuits, en particulier dans le Nord-Est, le Sud-Est puis le Languedoc. Malgré l'hostilité souvent ouverte des municipalités et des maîtres écrivains, ils réussissent en 1789 à scolariser 30 000 garçons, dans 110 écoles tenues par 760 Frères. De tels chiffres donnent les limites du phénomène scolaire, car les lassalliens constituent la principale organisation d'éducation « populaire » : dans les villes où ils sont implantés, ils touchent entre 15 % et 40 % de la classe d'âge masculine. Les filles du peuple, quant à elles, ne sont scolarisées qu'à partir du XVIIᵉ siècle, lorsque les ursulines, les visitandines ou des congrégations séculières se mettent à se préoccuper de leur enseigner « avec la piété et la vertu ce qui est digne d'une vierge chrétienne » (Bulle accordée par Paul V aux ursulines de Toulouse en 1616).

• *La situation est beaucoup plus diversifiée dans les campagnes.* L'école rurale est à la charge de la communauté qui rechigne parfois à payer de tels frais, se contentant alors du catéchisme enseigné par le curé. Le réseau scolaire dépend donc de l'importance de la population agglomérée, de la qualité de l'économie et de la bonne volonté des habitants. Dès le XVIᵉ siècle s'observent de fortes différences en ce domaine. La moitié Nord est générale-ment bien dotée en écoles de villages, par exemple la Champagne. Le réseau est beaucoup plus lâche au sud de la Loire, à l'exception des fronts de catholicité contre le protestantisme. Le maître est en tout cas partout au service de la communauté qui l'engage puis le rétribue, et surtout du curé, qu'il assiste en diverses occasions, notamment pendant les offices, tout en éduquant religieusement les enfants. Même s'il est laïc, il lui a fallu obtenir une lettre d'approbation de l'évêque. Obligé de se comporter en tout avec décence et modestie, il est fréquemment choisi sur de tels critères plutôt que sur ses qualités intellectuelles, car il doit donner une instruction essentiellement chrétienne.

• *Lire, écrire, compter* sont des moyens en ce domaine, non pas des finalités indépendantes. Le premier apprentissage est celui de la lecture. Il se fait généralement en latin, au moins pour les garçons, et de manière collective. D'un coup de cloche ou de baguette, le maître indique que le suivant doit continuer ce qu'un précédent a entrepris. Les *Règlements* de Charles Démia pour les écoles de Lyon en 1688 précisent la progression envisagée sur trois ou quatre années en moyenne : lecture de quelques lettres affichées au mur en montrant comment ouvrir la bouche ; syllabes lues en épelant chaque lettre ; syllabes lues sans épeler, pendant une période assez longue ; lecture de mots latins ; lecture collective de mots français, chacun énonçant à son tour les membres d'une phrase ; dernière étape, enfin, en utilisant successivement un manuel de civilité, des « lettres de main faciles » puis des contrats plus difficiles.

Bien que Jean-Baptiste de La Salle ait proposé en 1698 de commencer cet enseignement en français, il semble que la majorité des élèves ait continué de le subir sur le modèle ancien jusqu'à la fin de l'Ancien Régime. La lenteur de l'initiation traduit les difficultés rencontrées par nombre d'entre eux. À un deuxième stade, l'écriture pose des problèmes encore plus redoutables, car elle nécessite un matériel encombrant, de l'espace, ainsi que des techniques complexes. L'apprentissage corporel n'est pas aisé, comme le montrent les minutieux conseils des maîtres. Et tous ne peuvent aller jusqu'au bout de la lente progression qui reprend celle de la lecture (lettres, syllabes, mots, phrases), mais de manière plus individuelle, ce qui explique que les enseignants, débordés, ne lui accordent pas toujours une grande place. Comme les petits paysans ne fréquentent guère l'école que l'hiver, ils n'arrivent pas tous, loin s'en faut, à savoir dominer cette difficile technique à l'issue de leur scolarité.

Or le critère de l'écriture est malheureusement le seul que puisse utiliser l'historien pour approcher l'alphabétisation des Français de l'époque moderne. La législation royale du XVIIe siècle oblige en effet les jeunes mariés à signer ou à tracer un signe de substitution sur le registre paroissial tenu par le curé. Une grande enquête lancée au XIXe siècle par le recteur Maggiolo a entrepris de compter ces signatures ou ces croix. Des études plus récentes prouvent la fiabilité globale de cette recherche, en particulier pour les campagnes (François Furet et Jacques Ozouf, 1977. Voir également Bernard Grosperrin, 1984). Mais les relevés obtenus ne nous renseignent pas sur la pratique *courante* de l'écriture : on peut constater des différences, repérer des signatures très malhabiles ou d'autres aisées, donc définir des catégories diverses de gens sachant plus ou moins bien manier la plume. Certains dessinent leur paraphe selon un modèle préétabli, comme ils ont appris à le faire au début de leur apprentissage, ce qui veut dire qu'ils ne savent pas réellement écrire. Il est cependant probable qu'ils aient une pratique plus aisée de la lecture, puisque celle-ci est enseignée en premier. Encore n'en ont-ils pas toujours eu l'usage, entre l'enfance et le mariage, célébré vers 25 ans ou plus tard, on le sait. Les enquêtes actuelles prouvant que des millions des Français de la fin du XXe siècle ne savent ni manier l'écriture ni lire correctement à l'issue de l'école obligatoire doivent également inciter à la prudence : les taux dits « d'alphabétisation » des temps modernes sont de précieuses indications culturelles, mais leurs limites sont évidentes.

● *L'écrit trace une ligne de partage socioculturelle* entre une majorité « orale » de la population et une minorité elle-même composée de strates diverses. Vers 1686-1690, 86 % des femmes et 71 % des hommes se révèlent incapables de signer le registre des mariages. Les variations régionales sont très importantes, de part et d'autre d'une ligne imaginaire courant de Saint-Malo à Genève. La France septentrionale est nettement plus alphabétisée, en moyenne, que celle du Midi, de l'Ouest ou du Centre. Certains auteurs y voient l'effet de réticences méridionales et occidentales à la pratique du français d'Île-de-France. Mais comme l'enseignement des petites écoles se fait essentiellement en latin, mieux vaut avouer que l'énigme n'est pas encore parfaitement résolue.

D'autres critères définissent des privilégiés de l'alphabétisation. Les citadins sont beaucoup plus instruits que les campagnards, bien qu'on observe

LIRE ET ÉCRIRE
A LA VEILLE DE LA RÉVOLUTION FRANÇAISE

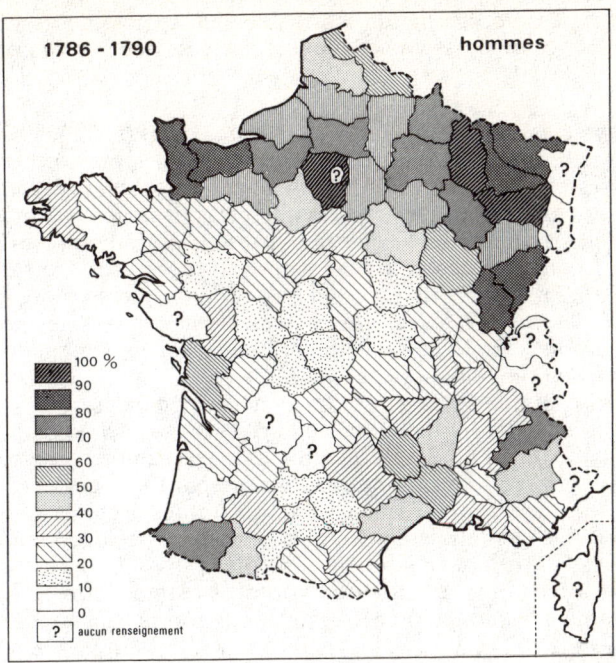

Carte établie d'après le nombre de conjoints masculins capables de signer leur acte de mariage. La supériorité du Nord et de l'Est y apparaît nettement (F. Furet et J. Ozouf, *Lire et écrire. L'alphabétisation des Français de Calvin à Jules Ferry,* Paris, 1977).

au XVIIIᵉ siècle des stagnations, voire des régressions dans certaines cités. En tout cas, les Parisiens sont déjà alphabétisés à 75 % et les Rouennais à 57 % sous Louis XIV. Il faut cependant ajouter que le sexe, le métier, la richesse entraînent des écarts considérables entre les groupes sociaux. Les femmes comme les pauvres ont une très faible pratique de la signature, ce qui correspond parfaitement aux valeurs hiérarchiques d'une société d'ordres et de privilèges, ainsi qu'à la nette séparation entre dominants et dominés. Malgré une progression d'ensemble au XVIIIᵉ siècle, aucune de ces oppositions majeures ne disparaît entièrement : le Nord du royaume garde son avance, tandis que le Sud-Est amorce un rattrapage ; les mondes urbains conservent la primauté ; les femmes sont toujours en position inférieure, malgré des poussées d'alphabétisation supérieures à celles des hommes dans les villes, que ce soit au Nord ou au Sud du pays. En 1789, 63 % des mariés ne savent toujours pas signer. Les méridionaux, campagnards et pauvres, les femmes en particulier, fournissent les plus gros bataillons de cette armée pour qui le livre est un produit étranger, à peine entrevu, parfois, lors de la fréquentation sporadique de l'école paroissiale.

Au stade terminal de l'enseignement élémentaire, les enfants apprennent aussi à compter. Le fait les marque probablement moins que la véritable éducation de la foi et du comportement qu'ils subissent constamment à l'école.

• *La religiosité y est en effet le climat dominant :* bénitier, images pieuses sur les murs, prières, apprentissage de la lecture, après le stade du syllabaire, dans des textes liturgiques puis finalement dans des *Vies de saints* ou autres *Maximes chrétiennes*. De plus, les maîtres sont tenus de leur faire le catéchisme, de leur apprendre le silence et la discipline, tout en surveillant leurs attitudes hors de l'école, au point de relayer l'autorité paternelle, puisqu'ils n'hésitent pas à punir « ceux qui auraient juré, menti, dérobé chez eux ou ailleurs, dit des injures à leurs sœurs, frères ou autres ». Châtiments corporels, telle la baguette appliquée sur les doigts ou sur le derrière, isolement, humiliation publique offrent un arsenal répressif, à côté de l'émulation recherchée à l'image de la pédagogie des jésuites. L'école est sans conteste un lieu d'éducation dans tous les domaines. Les élèves parvenus au degré final de la lecture du français étudient des manuels de civilité pour pouvoir se comporter de manière polie et « honnête » dans tous les actes de la vie quotidienne. Car ces traités inspirés d'un livre d'Érasme paru en 1530 définissent les règles impératives de la bienséance, que l'on nomme aussi la « civilité chrétienne ».

Celle-ci vise à inculquer à l'enfant des autocontraintes, afin de lui faire respecter autrui, ainsi que des manières dignes et graves dans tous les actes de l'existence, en particulier dans les relations avec les autres. On apprend donc à « s'abstenir de cracher », ou encore à se moucher sans indisposer ses voisins. « Porter les doigts dans les narines est une malpropreté qui révolte ! » En d'autres termes, ces manuels expriment une véritable obsession de l'impureté et de la nudité, dont on verra plus loin l'expression dans les couches supérieures de la société soumises à la civilisation des mœurs. Les enfants des milieux populaires sont conviés eux aussi à se méfier de leur propre corps, à en réprimer les manifestations sales, pour être de bons chrétiens. « C'est le péché qui nous a mis dans la nécessité de nous vêtir », affirme Jean-Baptiste de la Salle. Il ajoute qu'il faut pratiquer les activités physiques sans « quitter ses habits, ou même son chapeau, car ce sont des choses que la bienséance ne permet pas ».

Les progrès de l'école élémentaire à partir du milieu du XVIIe siècle amplifient donc le processus de christianisation et de moralisation des populations entrepris par l'Église. Avant d'éveiller les intelligences, il s'agit surtout de modeler des esprits dociles et des cœurs chrétiens. Les enfants sont en effet plus malléables que les adultes engoncés dans leurs superstitions. Il ne faudrait cependant pas exagérer les résultats de cette puissante offensive d'acculturation. Les petits paysans, en particulier, ne fréquentent pas tous ni assidûment ni même très longtemps les écoles paroissiales, lorsque celles-ci existent. La civilité, si elle leur est proposée, doit leur paraître en bonne partie incompréhensible, tant elle leur est étrangère.

Pour ceux de langue d'oc, soit au moins 7 à 8 millions d'habitants vers 1789, le latin et surtout le français sont les langues des dominants du Nord ou des privilégiés du Midi qui imitent les maîtres : double raison, peut-être, de résister, au moins passivement, à la progression de l'écrit dans les campagnes, alors que s'épanouissent au XVIIIe siècle les académies savantes francophones à Marseille, Toulouse, Nîmes ou Pau.

D'une manière générale, d'ailleurs, les écarts culturels entre les villes et les villages se creusent plus qu'ils ne s'atténuent. Au temps des Lumières, certains philosophes se méfient de l'instruction des humbles : « Le pauvre n'a pas besoin d'éducation », dit Rousseau dans l'*Émile*. Nombre de péda-gogues plus obscurs tiennent de tels discours, tel Louis Philipon de la Madeleine, dans son livre *Vues patriotiques sur l'éducation du peuple...*, publié à Lyon en 1783 : l'un des chapitres s'intitule « Danger des écoles répandues dans les bourgs et les villages » ! Monopolisée par l'Église, freinée par la nécessité de l'autofinancement paroissial, combattue par une importante partie de l'opinion publique, l'école élémentaire n'a évidem-ment pas jusqu'en 1789 les caractères « libérateurs » que lui accordèrent les « hussards noirs de la République » : les instituteurs laïques du XIXe siècle.

À LA FRONTIÈRE DE L'ÉCRIT ET DE L'ORAL : LA BIBLIOTHÈQUE BLEUE DE TROYES

● *À partir de l'invention de l'imprimerie, le livre devient l'axe d'un très grand changement culturel.* La « galaxie Gutenberg » est effectivement l'occasion d'un désenclavement sans précédent de la pensée, dont nous percevons toujours les effets à la fin du XXe siècle, au moment où s'installe la « galaxie Mac Luhan », basée sur une progression tout aussi prodigieuse des moyens de communication audiovisuels et électroniques. C'est dire que la page imprimée comporte une dimension un peu sacrée, pour les paysans de l'époque parfois portés à en faire des talismans, autant que pour les historiens qui réfléchissent sur ces origines de leur propre culture. Aussi l'ouvrage pionnier de Robert Mandrou sur la littérature de colportage (1964) avait-il été accueilli avec réticence par certains spécialistes : brisant le dogme du livre libérateur, il osait parler à ce sujet d'une culture aliénante écrite pour tenir le peuple en tutelle et non pas produite par lui. La thèse me paraît pourtant globalement exacte, même s'il faut lui ajouter une dimension positive en parlant du développement d'habitudes nouvelles dans une partie des mondes populaires.

● *Nicolas Oudot invente les livrets de colportage à Troyes au début du XVIIe siècle.* Il s'agit d'opuscules imprimés à moindres frais, sur du mauvais papier. Brochés sans grand soin, sous une couverture de papier bleu d'où provient leur nom générique, ils sont vendus par des colporteurs dans les villes, puis ensuite aussi dans les campagnes. Leur prix très bas les met à la portée de beaucoup de gens, à la différence des ouvrages ordinaires. Leur succès est important dans les cités du Nord-Ouest, beaucoup plus alphabétisées que celles du reste de la France : à Troyes s'ajoutent Caen,

Rouen, Paris, etc. La diffusion, assurée par 45 colporteurs autorisés en 1611, puis par 120 en 1712, s'amplifie particulièrement au XVIIIe siècle, parallèlement à la vogue de l'imagerie pieuse dite populaire : les estampes représentant des saints, ou encore apprenant à bien mourir, pénètrent dans les chaumières paysannes aussi bien que dans les maisons des humbles citadins. Épinglées aux murs, y compris dans les tavernes, elles préparent en quelque sorte le terrain pour l'arrivée de l'écrit dans une civilisation encore très majoritairement orale, en habituant l'œil à certains des thèmes diffusés par la Bibliothèque bleue.

Cette dernière contient un peu de tout. Elle vulgarise, souvent avec retard, des œuvres de toute nature : romans de chevalerie médiévaux très appréciés par les nobles et les lettrés du XVIe siècle, comme *Les Quatre Fils Aymon* ou *Huon de Bordeaux ;* ouvrages utilitaires tels le *Maréchal Expert* ou *Le jardinier françois ;* œuvres savantes anciennes, souvent sans citer le nom de l'auteur ; manuels de civilité puérile et honnête à l'usage des écoles élémentaires ou *Instructions de la jeunesse ;* etc. Publié par Robert Mandrou, l'inventaire après décès de Jacques II Oudot en 1722 permet de s'en faire une idée assez précise.

Généralement anonymes, les auteurs de cette littérature bleue sont des compilateurs d'une culture livresque puisée à des traditions diverses venues d'époques différentes. Ayant lu les œuvres de grands auteurs, disposant eux-mêmes de connaissances acquises au collège, ils refondent leurs lectures et leur savoir pour le mettre au goût supposé d'un public large, sinon « populaire ». Au début de l'entreprise, tous ceux qui savent lire sont susceptibles de s'y intéresser. Les plus lettrés achètent ces petits volumes qui passeront vite de mode dans leur milieu et qui attireront même le mépris croissant des spécialistes du livre. Le public principal est finalement composé de citadins et de ruraux alphabétisés, consommateurs individuels ou collectifs de la littérature de colportage. En effet, un phénomène culturel important est constitué par la lecture publique, en famille, à la veillée, ou même à la taverne, de textes qui débordent ainsi largement du domaine de l'écrit. Copiés, lus et relus, mémorisés, résumés pour être racontés en diverses circonstances, ils alimentent des circuits mal connus de communication entre la civilisation du livre et celle de l'oral. Que l'on se souvienne des fameux contes de Perrault, empruntés à des traditions populaires, réécrits de façon savante en leur donnant souvent des fins plus heureuses ou plus décentes, avant de retourner un jour dans le domaine populaire, où ils reprennent une carrière orale : on comprendra mieux l'importance et la complexité de tels échanges culturels.

Le contenu des livrets bleus peut être déduit d'un sondage opéré par Robert Mandrou sur 450 titres troyens. La piété arrive en tête avec 26 %. Viennent ensuite la vie quotidienne (18 %), les contes (15 %), les jeux et la vie de société (11 %), l'histoire de France sous forme mythologique (9 %), l'amour, la mort et la criminalité (6 %). Le principal message véhiculé est religieux, ce qui ne saurait surprendre : *Pensées chrétiennes, Saint sacrement, Préparation à la mort,* cantiques, vies de saints, *Miroir de la confession, Pratique de l'amour de Dieu* figurent, entre autres titres, dans l'inventaire de 1722. La Bibliothèque bleue prolonge donc de manière évidente les efforts de l'Église de la Contre-Réforme pour modeler le chrétien. Elle prend sa place dans une grande pédagogie de masse représentée par les missions, la lutte contre les superstitions, l'école élémentaire et l'iconographie religieuse. La foi qu'elle diffuse est exigeante, car elle définit des modèles héroïques de sainteté, mais elle s'écarte nettement des subtilités théologiques, pour parler de la vie quotidienne ou, on l'a noté, pour permettre à chacun d'apprendre à « bien mourir ».

● *Contes et légendes,* quant à eux, proposent aux lecteurs des évasions dans des récits merveilleux très éloignés des misères vécues par les masses paysannes de la fin du XVIIᵉ siècle, ou récréatifs pour des citadins soumis à un ordre moral croissant sous l'égide de l'école, de la justice criminelle et à Paris du lieutenant de police. Ce qui concerne la vérité sociale est écrit, selon l'expression de Robert Mandrou, « avec une extrême pudeur ». Les réalités les plus douloureuses ne semblent pas exister, tout comme on demande aux écoliers de cacher leur corps en apprenant à se comporter avec décence. Il s'agit bien des mêmes notions constitutives de la « civilité » : savoir souffrir en restant à sa place ; respecter les hiérarchies, puisque telle est la volonté divine ; se conduire en bon fils, bon mari, bon père, sous l'égide de la religion et de la morale ; préparer son salut plutôt que s'attacher à cette vallée de larmes terrestre. Les revendications sociales des paysans révoltés, les plaintes des populations accablées par les famines, les épidémies et les augmentations d'impôts ne s'expriment pas dans les pages des livres de colportage, ou si peu, comme des péripéties rituelles d'une aventure humaine aboutissant finalement à l'idéal de vie défini plus haut.

En décrivant un univers mythique ou féérique beaucoup plus harmonieux que la réalité, la littérature de colportage crée une sphère d'évasion par le rêve, l'imaginaire, le rire. Donnant réponse à toutes les interrogations, qu'elles portent sur les dates des plantations ou sur le salut éternel, elle évacue de nombreuses craintes, par exemple en rendant ridicules les brigands habituellement si redoutables, et elle atténue les angoisses existentielles des lecteurs. On peut discuter les interprétations historiques insistant trop sur ses vertus aliénantes, car elle procure aussi aux humbles un espace mental de liberté. Leur permettant de fuir parfois un quotidien étroit, elle joue alors un rôle positif, d'autant qu'elle prépare la voie d'autres lectures, au moins pour les citadins alphabétisés. Il n'en reste pas moins qu'elle est une forme de consommation populaire liée directement à la diffusion, simplifiée il est vrai, des valeurs dominantes. Fiction globale, elle décrit en effet une version « populaire » de la cité de Dieu que veulent instaurer l'Église de la Contre-Réforme et l'État absolutiste. Elle invite le « jardinier françois » à cultiver son lopin de terre sans émotion excessive, dans la décence d'une civilité bien comprise, en rêvant souvent à des mondes merveilleux d'où sont absents le sexe, la violence, les horreurs de la guerre. Cette conception de l'humaine condition n'est évidemment pas celle du peuple, dans les campagnes comme dans les villes.

Il faut insister sur le fait que le livre constitue assurément un important progrès culturel, à l'image de l'école, mais que tout dépend de la façon dont l'un et l'autre sont proposés aux « consommateurs ». Il leur arrive donc aussi, sous l'Ancien Régime en tout cas, de créer dans les masses des conséquences ambivalentes, en partie novatrices et en partie réductrices. La logique des spécialistes de la culture n'était d'ailleurs pas de partager véritablement avec les humbles la puissance de l'écrit, mais d'en conserver le contrôle, ainsi qu'on a pu le noter à propos de l'école élémentaire.

LES SPÉCIALISTES : DES COLLÈGES AUX LUMIÈRES

Sous l'Ancien Régime, le livre s'adresse pour l'essentiel à des privilégiés de la culture, accentuant ainsi les oppositions sociales entre un monde de dominants et les masses dominées. De très nombreuses études ont été consacrées à ce thème, dont je me contenterai ici de présenter les lignes de force (approche synthétique et illustrée dans Pierre Goubert et Daniel Roche, 1984).

UN EXEMPLE D'ÉDUCATION AU DÉBUT DU XVIIIᵉ SIÈCLE

« Je suis né le 18 novembre 1718, à dix heures du soir, de Jean Grosley, avocat, et de Louise Barolet, fille de Pierre Barolet, marchand et conseiller de l'échevinage, et d'Élisabeth Drouot, d'une ancienne famille dans le même état.

Presque mort en naissant, la délicatesse de ma complexion fut entretenue par quatre nourrices que j'eus successivement dans le cours de sept mois, et dont la dernière me sevra à cet âge. J'ai depuis été consulté par un paysan à très large carrure, qui, dans la vue de m'intéresser à son affaire, m'apprit qu'il était fils de la dernière nourrice, qui m'avait sevré, et mon frère de lait. Il avalait le pain, le vin, les pots au feu et les biscuits que l'on m'envoyait chaque semaine. Tout cela lui avait amplement profité : qui nous eût vus à côté l'un de l'autre, n'eût pu douter de la réalité des vampires !

Mon aïeule paternelle, qui avait son petit ménage dans la maison qu'habitait mon père, se voulut charger de mon éducation. Cette maison que j'habite aujourd'hui et que l'on juge trop petite pour moi, avait alors de moins la pièce qui forme mon cabinet, et qui était la salle de réserve pour les grandes visites... Élevé sous les yeux d'Élisabeth Noël, mon aïeule, j'eus pour instituteur, gouverneur et précepteur, une vieille servante, qui entrée au service de ma trisaïeule, à l'âge de 15 ans, était successivement passée à celui de ma bisaïeule, et de mon aïeule, à raison de dix écus de gages par an : elle avait pour tous les intérêts de la maison un zèle et des connaissances de détail, communs alors à tous les domestiques, avec qui les maîtres vivaient dans cette pleine confiance que fait naître et qu'entretient la commensalité. Elle avait de plus que les autres domestiques, une intelligence et des lumières au-dessus de son état : elle faisait sur ses doigts, avec autant de promptitude que de justesse, les quatre règles d'arithmétique. Présente aux conseils que donnaient ses maîtres à leurs clients, elle s'était formée aux affaires et au style du palais : elle était le premier conseil de tous les habitants de Chamoy, son pays, de Saint-Phal, et des cantons voisins [1]. Elle savait par cœur plusieurs morceaux de Corneille, et presque tout Malherbe, dont ses

(1) Ces villages sont à une vingtaine de kilomètres de Troyes, où est né et vit Grosley.

maîtres s'occupaient dans leurs soirées d'hiver, tandis qu'au coin du feu elle filait sa quenouille. Elle me chantait la complainte du maréchal de Biron allant au supplice, comme événement récent [2] : elle avait été témoin des désordres que l'armée du duc de Lorraine, marchant vers Paris au secours de la Fronde, avait commis dans son pays [3], et les nouvelles de la gazette, qu'on lisait toujours en sa présence, lui étaient moins étrangères qu'elles ne le sont aujourd'hui à quantité de nos bourgeois les plus huppés.

Quoiqu'elle ne sût point lire, c'est elle qui me l'a appris : une demi-heure dans chaque soirée était consacrée à une lecture que je faisais dans les figures de la Bible. J'étais obligé de recommencer chaque phrase, tant qu'elle ne l'entendait point de manière à en saisir le sens, qu'elle m'amenait par là à sentir moi-même. Quand je lisais sans m'arrêter aux points et aux virgules, elle frappait le livre du bout de son fuseau, en me disant d'arrêter.

J'allai prendre les premiers principes du latin chez un vieux maître d'école nommé Huez. Tous les samedis, M. Huez terminait la classe de l'après-dînée par une histoire pieuse, dont le sujet, le plus souvent tragique, allait à prouver l'enfer et le purgatoire. Quant j'arrivai au collège, j'y trouvai établi l'usage d'un recueil de pareilles histoires, sous le titre d'*Histoires choisies,* recueil qu'on croyait très utile pour former le cœur et l'esprit de la jeunesse.

Par les soins de M. Huez, j'entrai au collège en cinquième, à l'âge de sept ans. Cette nouvelle carrière en ouvrit une de nouveaux soins pour mon aïeule, et pour Madame Marie Grosley. Toute la ville appelait de ce nom mon institutrice, qui en remplissait tous les devoirs avec autant de zèle que d'exactitude. Elle me faisait lever à six heures en toute saison, exigeait que je lui lusse mes versions ; et en tout temps ne me permettait de course et de récréation, que quand mon devoir était fait. La lecture du soir continuait : aux figures de la Bible se joignaient la vie des Saints, et celle des saints du diocèse. Ces lectures étaient interrompues de ma part, par des questions de toute espèce, que l'on éludait ou résolvait, ou comme l'on pouvait, ou de la manière que l'on jugeait le plus capable, ou de me satisfaire ou de m'en imposer : « Il n'y a que les prêtres qui sachent cela ; ce sont des choses que les prêtres eux-mêmes doivent aussi croire, sans les comprendre ; cela est réservé aux médecins, etc. » Telles étaient le plus souvent les réponses que j'obtenais sur les questions relatives à la religion, à la physique, etc.

Entrant au Collège à l'âge que j'ai dit ci-dessus, il m'échut pour régent un Père Montison, qui me conduisit jusqu'à la rhétorique, que je fis sous un petit Breton nommé Calabre. Ces deux professeurs étaient également peu chargés de latin. Le Père Calabre, que je pris en rhétorique, nous expliquait Tite-Live d'après l'unique traduction française qu'on eût alors de cet historien, celle de Duryer [4] ; et toute explication qui ne s'y trouvait pas conforme, était impitoyablement rejetée. Nous jugeâmes notre régent, sur cet attachement servile pour Duryer, et rien ne démentit ce jugement. Ainsi, dans chaque classe, chaque régent était jugé par ses écoliers. C'est sans doute une grâce d'état chez les professeurs, et chez tous les gens qui se mêlent de pédagogie, de fermer les yeux sur ces jugements, en oubliant qu'ils ont été jeunes, et qu'ils ont porté sur leurs instituteurs des jugements confirmés par le temps et par l'expérience.

Mon oncle Barolet, sous-chantre de Saint-Étienne, était prieur de Belleroy, prieuré de nomination royale, de trois mille livres de revenus, assis sur l'Aube, entre Bar et Clairvaux ; il en jouissait depuis une trentaine d'années. Il vint un matin trouver mon

(2) Le maréchal de Biron a été exécuté en 1602.
(3) 1652.
(4) Duryer (1605-1658) fut l'auteur d'un grand nombre de (mauvaises) traductions latines dans la première moitié du XVIIe siècle.

père, lui dit que me trouvant dans ma dixième année, j'était bon à tonsurer ; qu'il me remettrait son prieuré ; qu'il était sûr de l'agrément du Roi ; que ce revenu me servirait aux études que je ferai à Paris dans la carrière de l'Évangile. Mon père répondit à cette proposition, qu'il la communiquerait à sa femme, qu'il sonderait mes dispositions, et que ma sœur lui porterait la réponse. Ma mère trouva la chose faisable.

... Dans l'année de la mort de mon père (1732), je passai à la pension du Collège.

Pierre-Jean GROSLEY,
Vie de Grosley, écrite par lui-même, Londres, Paris, 1787 [5]

(5) Grosley est mort à Troyes en 1785.

Les collèges

● *L'humanisme, l'imprimerie et la Réforme* sont pour beaucoup dans la mise au point, vers le XVᵉ-XVIᵉ siècle, d'un réseau scolaire correspondant à notre enseignement secondaire (Marie-Madeleine Compère, *Du Collège au lycée (1500-1850)*, Paris, Gallimard-Julliard, 1985). Destiné à fournir les rudiments de latin nécessaires pour entrer à l'université, cette institution établie ou rénovée à partir d'écoles existantes dans les villes est un enjeu d'importance entre les protestants et les catholiques. Les collèges municipaux n'ont guère d'espace de développement, car ils sont vite récupérés par les congrégations religieuses, dans une véritable politique d'affrontement ou de reconquête spirituelle. Les protestants conservent jusqu'en 1685 leurs collèges et leurs académies, où le français prend une grande importance. Du côté catholique s'imposent les pédagogies cléricales. Les jésuites définissent à la fin du XVIᵉ siècle leur vocation enseignante : ils visent à former les couches dirigeantes, tout en accueillant quelques enfants pauvres distingués par leur intelligence. Leurs ennemis huguenots les accusent de chercher la forme plus que le fond, car ils diffusent une culture de bon ton, dans le cadre d'une éducation formelle centrée sur la religion, les lettres classiques, la philosophie et la théologie. Les oratoriens, principaux concurrents des jésuites, ont des buts identiques, avec un peu plus de souplesse et de modernisme. Influencés par le cartésianisme, ils font du français leur langue d'enseignement, valorisent la version latine plus que le thème, introduisent dans leurs programmes l'histoire et les sciences (mathématiques, physique, sciences naturelles).

Deux phases générales peuvent être dégagées. Jusqu'aux années 1675 se manifeste une forte progression du réseau des collèges. Selon une enquête des jésuites en 1627, les établissements de la compagnie accueilleraient environ 40 000 élèves, sur un total de 60 000 en France, dans des classes que nos pédagogues considéreraient comme surchargées : souvent plus de 100 élèves, parfois même jusqu'à 300 ou 400. Vers 1650, plus des deux tiers des collèges jésuites sont en place, alors que les oratoriens ont également fondé 60 % des leurs, depuis leur première installation à Dieppe en 1614. Les grandes villes, c'est-à-dire celles de plus de 10 000 habitants, sont toutes pourvues, mais le mouvement se développe dans de plus petites cités.

148

Par la suite apparaissent des processus que certains auteurs nomment de désagrégation. Le mouvement des écoles de charité fait perdre au collège son monopole dans les villes, précisément à partir des années 1680. Séminaires et pensions le concurrencent également, si bien que les effectifs des grands établissements stagnent ou déclinent au XVIIIe siècle. La perte est cependant compensée par la prolifération de fondations plus modestes dans les petites cités et dans les bourgs. Le chiffre total de 50 000 collégiens vers 1789 paraît être raisonnable.

LES PRINCIPAUX COLLÈGES AU MILIEU DU XVIIIe SIÈCLE

Carte reproduite d'après Pierre Goubert et Daniel Roche, *Les Français et l'Ancien Régime*, 2. *Culture et société*, Paris, Armand Colin, 1984.

• *Les taux de scolarisation indiquent d'énormes différences sociales.* Il est probable qu'un garçon des villes sur cinq ou six va au collège, mais ceci ne représente à la fin de l'Ancien Régime qu'un garçon sur cinquante, compte tenu de l'importance de la population rurale. La culture écrite est donc éminemment sélective. Les « filles de condition » y accèdent timidement, depuis la fondation de Saint-Cyr par Madame de Maintenon en 1686, par exemple : les demoiselles de noblesse pauvre peuvent ainsi recevoir une éducation les préparant au « gouvernement domestique », avec un peu de lecture, d'écriture, de grammaire française, d'arithmétique, de droit et d'histoire. Aux garçons sont véritablement réservées les « humanités » qui couronnent l'enseignement du collège. Nombreux sont ceux qui ne dépassent pas la troisième : la sélection se fait souvent par l'origine sociale et par l'argent, si l'on en juge par les catalogues d'inscription. Car le collège n'est pas réservé aux classes dominantes, mais il finit par filtrer un parfum de puissance sociale, à l'exception des surdoués de l'artisanat ou de la paysannerie aisée remarqués par les bons pères. Les privilégiés peuvent d'ailleurs fournir des chances supplémentaires à leurs rejetons, par des préceptorats ou par des fréquentations d'académies d'équitation, d'escrime, de danse, où l'on apprend les bonnes manières avec la culture savante. Ils mettent aussi plusieurs de leurs enfants au collège et les y laissent jusqu'au terme normal des études, tandis que les classes moyennes des villes peinent à suivre ce modèle prestigieux mais très coûteux.

• *Mécanisme important de reproduction sociale, le collège* permet quand même un relatif brassage entre une majorité de représentants des couches dominantes, une forte proportion de citadins plus ou moins aisés et de brillantes exceptions issues des franges supérieures du monde populaire. Passage obligatoire pour qui veut faire carrière, il dispense à la fois un savoir et une éducation. Les manuels de civilité y sont lus puis appliqués : chaque élève assimile ainsi les vertus du bon catholique, respectueux des volontés divines et donc obéissant aux hiérarchies représentant celles-ci sur terre. Les pédagogues considèrent d'ailleurs que le monde est aussi dangereux que corrompu. Ils tentent d'éviter le plus possible que la « cire vierge » de l'enfance ne soit imprimée par les marques du péché et du démon, ce qui les conduit à surveiller les élèves de près, voire, dans les collèges jésuites notamment, à les pousser vers une autodiscipline en utilisant l'émulation, la culpabilisation ou la délation. Le latin est souvent aussi une frontière entre les réalités trop rudes ou trop triviales et les jeunes âmes « innocentes ». L'utilisation du français par les lassalliens, dans les petites écoles, ou par les oratoriens au collège, traduit les aspirations nouvelles de catégories sociales souvent moins directement liées au monde dominant : une partie des bourgeoisies aspire à un savoir moins étouffant, moins statique, plus pratique, qui corresponde mieux à des évolutions sociales et économiques en cours. Accentuées au XVIIIe siècle, de telles fractures pédagogiques indiquent que « l'enfermement » scolaire ne suffit plus à stabiliser la société française. Car les Lumières se répandent, le principe nouveau du talent prend sa place à côté de la naissance ou de la richesse. Ironie du sort, nombre de philosophes sont passés par les collèges, en particulier par ceux des jésuites, et ils désirent desserrer le carcan qu'ils y ont subi. Or on note un véritable affaiblissement de la tutelle religieuse après la crise de conscience européenne des années 1680, puis surtout à cause de la sclérose d'ensemble qui gagne l'Église et l'absolutisme royal dans la deuxième moitié du XVIIIᵉ siècle : ceci rend moins opératoires les formes d'éducation données dans les collèges, en jetant un doute sur la validité d'une reproduction sociale trop immobile dans un monde qui change.

L'université : former des clercs

Fermée aux filles, l'université couronne ce système inégalitaire. Son objectif est de former des combattants de la foi, tant chez les protestants que chez les catholiques. Elle produit donc des clercs, en puisant dans les cohortes de collégiens dégraissées par la sélection sociale et par le jeu des capacités individuelles. Aussi n'est-il pas étonnant de voir ses effectifs atteindre leur maximum durant la première moitié du XVIIᵉ siècle, à l'époque de l'apogée de la Contre-Réforme, puis stagner globalement jusqu'à la Révolution : 12 à 15 000 étudiants, c'est-à-dire moins d'un garçon sur cent, atteignent le stade des études supérieures. Malgré l'édit de 1600 et les projets de réforme de Rollin (*Traité des études*, 1726), celles-ci restent organisées sur le modèle médiéval dans la bonne vingtaine d'établissements concernés. La faculté des arts accueille le plus grand nombre de postulants (40 % en 1789), les autres étudiants se spécialisant en droit ou en médecine, ou encore en théologie, couronnement des études. Les grades sont délivrés sous la surveillance renforcée de l'autorité royale et des parlements, afin d'assurer au mieux la reproduction professionnelle et l'unification culturelle d'un corps de lettrés de plus en plus aspiré par les bureaucraties du temps. Les meilleures universités, Paris, Montpellier, Toulouse, Avignon constituent ainsi un moule intellectuel contraignant, pétri d'immobilisme. Les promotions peuvent bien croître dans certains secteurs, elles n'ont rien de vagues déferlantes ni très innovatrices. Montpellier, par exemple, produit annuellement 30 à 40 médecins vers 1600, puis une petite centaine au moment de la Révolution : il n'y a pas là de quoi médicaliser la France profonde !

Les universités constituent de véritables forteresses de l'Ancien Régime, même si y accèdent parfois quelques individus d'humble extraction qui servent de caution, mais qui en défendent sans doute d'autant mieux les valeurs. Maintenir est assurément leur fonction, encore plus que ne le font les collèges, touchés à la marge par des idées innovatrices. Les mouvements nouveaux trouvent ailleurs à s'exprimer, dans des écoles militaires ou techniques, des pensions, des sociétés savantes. Car la civilisation du livre porte une ambivalence, déjà décelable à propos de la littérature de colportage : d'un côté elle interdit l'évolution, en se fondant sur la charge sacrée contenue dans la page écrite, au point de faire brûler des ouvrages impies mis à l'index par la censure ; de l'autre, elle déclenche la tempête du changement en préparant la Révolution.

La révolution du livre

Il serait possible d'écrire des ouvrages entiers sur le livre à l'époque moderne, tant est importante la charge émotive qu'entretient le phénomène avec l'intellectuel historien qui en traite. En simplifiant de manière outrancière, il faut au moins insister sur les conséquences sociales de la soif de lecture exprimée sous l'Ancien Régime.

Après Lyon, capitale de l'imprimerie au début de la Renaissance, Paris acquiert une prépondérance qu'il possède toujours à l'aube du XXIe siècle. L'essor principal se fait à partir de la fin des guerres de Religion, par l'impression de livres de propagande de la Contre-Réforme. Au début du règne de Louis XIV, en 1661, le latin a nettement cédé du terrain au français, car il ne représente plus alors qu'une impression sur dix. Puis vient le temps de la concurrence étrangère (en particulier celle des éditeurs des Provinces-Unies), ainsi que du développement d'une production provinciale massive de livres destinés aux besoins de l'école ou liés aux dynamismes d'académies locales, surtout dans le courant du XVIIIe siècle.

● *Le contrôle de cette marchandise très particulière qu'est le livre s'impose dès l'origine aux autorités.* Le fameux index romain condamne les ouvrages d'Érasme, le « prince des humanistes ». Rabelais est censuré par la Sorbonne. Puis les monarques absolus décident d'interdire la composition autant que la diffusion « des écrits scandaleux contre la religion, le roi et les mœurs ». Vers le milieu du XVIIe siècle, des censeurs sont chargés de lire tous les manuscrits, pour juger s'ils peuvent en autoriser l'impression publique, au profit d'un libraire parisien en général. Un système complexe mais souple se met en place. Il n'empêche nullement la prolifération de textes clandestins. La répression est d'ailleurs fréquemment plus empirique que réelle, comme en témoigne le succès de l'*Encyclopédie* ou des écrits de Rousseau, pourtant condamnés. Et la police agit souvent par pulsations de sévérité, plus que d'une manière continue. Un quart des embastillés de 1660 à 1790 (mais seulement 12 % de 1660 à 1700) sont cependant des imprimeurs, des libraires, des colporteurs ou des artisans du livre. La surveillance s'intensifie dans les deux dernières décennies de l'Ancien Régime, à la suite d'édits contre le commerce clandestin des ouvrages imprimés. Il est vrai que les censeurs visent désormais plus le libertinage des mœurs et les pamphlets politiques que les textes mettant en cause l'unité de la foi, alors que ces derniers faisaient l'objet de 62 % des saisies parisiennes, contre 12 % pour les livres politiques, entre 1678 et 1701.

● *L'écrit a pris une importance nouvelle au XVIIIe siècle.* Le public des cafés ou des salles de lecture lit désormais des journaux, alors que ceux-ci étaient réservés à d'étroits cercles dominants et cultivés un siècle auparavant. Le peuple des cités y a même accès, souvent de manière indirecte, par la lecture en public, tout comme il se fait déchiffrer des affiches ou des « placards » placés sur les murs, des livrets de colportage, des « occasionnels », petits textes illustrés d'images.

La révolution de l'imprimé n'a évidemment pas le même sens pour tous ceux qui peuvent y avoir accès d'une façon ou d'une autre. La plupart des paysans et une importante partie des citadins vivent toujours dans le cadre d'une culture orale productrice d'une sociabilité spécifique (Arlette Farge, *Vivre dans la rue à Paris au XVIIIe siècle,* Paris, Gallimard-Julliard, 1979). Pour d'autres qui ont appris à lire à l'école, la frontière de l'écrit n'est pas totalement imperméable, mais il n'est pas certain qu'ils aient durant toute leur vie le désir de la franchir, en entretenant des connaissances en bonne partie étrangères aux besoins, aux joies ou aux douleurs du quotidien. La rareté de la présence de livres, à la notable exception d'une Bible, par exemple, dans les inventaires après décès de citadins pauvres habitant les villes fortement alphabétisées de la moitié Nord du pays, laisse croire que la pratique de la lecture est bien inférieure aux compétences théoriques. Lire est un effort culturel, y compris au XXe siècle, si l'on en juge par de nombreuses enquêtes sociologiques. Sous l'Ancien Régime, il s'agit encore plus que de nos jours d'un phénomène de différenciation sociale, d'adaptation au monde des privilégiés de la culture, ou à l'inverse de rupture avec l'ordre établi (libelles, pamphlets, affiches...).

Les effectifs des collèges et des universités donnent des ordres de grandeur approximatifs d'une pratique de l'écrit bien établie : le marché potentiel approche 500 000 lecteurs, dont 50 000 peuvent être considérés comme actifs au temps des Lumières, selon Daniel Roche. La France littéraire, quant à elle, pourrait compter environ 2 500 auteurs entre 1750 et 1790. Cette pyramide fortement rétrécie au sommet définit l'importance, ainsi que les limites, du pouvoir intellectuel. Encore faudrait-il la décomposer en multiples degrés pour tenir compte d'extraordinaires variations dans les curiosités ou l'ampleur de la culture, telle qu'on peut l'apprécier d'après les bibliothèques citées dans les inventaires après décès.

● *La révolution du livre est donc le fait d'une avant-garde.* La police recense en 1750 environ 500 auteurs qui comptent, d'après ses critères, dont « un grand sec qui a l'air d'un satyre » : Voltaire. Il est vrai que la civilisation du livre se montre de plus en plus corrosive pour le pouvoir de l'Église puis pour celui du roi. Elle dispose de relais puissants : salons, clubs (appelés à jouer un grand rôle sous la Révolution), académies provinciales, loges maçonniques. Implantées dans les trois quarts des villes de plus de 20 000 habitants, les académies assurent une fusion des élites locales et une diffusion des Lumières. Les loges maçonniques rassemblent beaucoup moins de clercs ou de nobles, mais plus de bourgeois, de négociants et surtout de citadins d'origine relativement modeste, y compris quelques salariés, ce qui accentue probablement les tensions entre ces adeptes de la fraternité et les tenants de l'ordre établi ; comme les académiciens, ils défendent généralement des principes équilibrés : partisans d'un absolutisme éclairé qui fasse une place importante aux notables et aux propriétaires, ils ne songent pas à détruire tous les privilèges. En ce sens, les Lumières comme les livres aboutissent à proposer de tenir compte des réalités en cours, c'est-à-dire de la mobilité sociale ainsi que de la rationalisation, ou si l'on préfère de la laïcisation, de l'ordre du monde. On sait ce qu'il adviendra de cette impulsion en 1789. Puis viendra en 1792 ce que certains nomment le dérapage d'une Révolution qui n'est évidemment plus celle du livre.

9 *La civilisation des mœurs*

« Mon Dieu, des mœurs du temps mettons-nous moins en peine,
Et faisons un peu grâce à la nature humaine »

(Molière,
Le Misanthrope, acte I, sc. 1).

Cette réplique de Philinte à Alceste, dans la célèbre pièce de Molière représentée en 1666, semble indiquer que les mœurs humaines sont choses essentiellement naturelles. Il n'en est rien, comme le savent aujourd'hui les historiens capables de suivre les leçons des ethnologues ou des sociologues. Traductions concrètes des mentalités, les mœurs et les comportements sont fondamentalement des faits culturels.

L'Ancien Régime français en fournit d'éclatants exemples. Depuis les remarquables travaux pionniers de Norbert Elias, il est possible de repérer les étapes et les formes d'un lent processus de modification des attitudes, dans tous les cadres de la vie quotidienne. Il commence par le sommet de la société. Les courtisans apprennent les premiers l'importance de la « civilité ». Raffinement et bonnes manières gagnent ensuite les élites sociales, de la noblesse aux bourgeoisies, pour produire le modèle de l'« honnête homme » du XVIIᵉ siècle ou de l'« homme éclairé » du XVIIIᵉ siècle. Sans réussir à s'imposer parfaitement dans les masses populaires, cette même civilisation des mœurs est à l'origine d'une modification des relations dans les familles bourgeoises et citadines, d'où est issue notre propre pratique « moderne » du phénomène.

COURTISANS ET « CIVILITÉ »

L'éducation du comportement n'est évidemment pas une pure invention de l'époque moderne. Les « manières de table » du Moyen Âge enseignent aux jeunes aristocrates ou aux pages à savoir se comporter de façon courtoise, selon leur rang : « Deux hommes de noble extraction ne doivent se servir de la même cuiller ». « Boire dans la soupière n'est pas convenable ». « Quelques personnes mordent dans leur tranche de pain et la replongent ensuite dans le plat à la manière des paysans » ; etc.

● *Ces tendances à la différenciation socioculturelle* s'accentuent dans le monde prestigieux des cours luxueuses du XVᵉ siècle. La civilisation des mœurs s'épanouit particulièrement dans l'Italie de la Renaissance et dans le duché de Bourgogne, là où des villes puissantes, comme Florence, Rome ou Gand, offrent un extraordinaire cadre de développement aux cours princières. Deux des principaux manuels de savoir-vivre aristocratique en témoignent. Le premier est édité en italien par Balthasar Castiglione (1478-1529). Sa traduction française, intitulée *Le Courtisan,* arrive à point pour imposer de nouveaux modèles sous le règne de François Iᵉʳ. Le second a dans toute l'Europe un succès encore plus durable, puisque des adaptations en circulent toujours à la veille de la Révolution. Écrit en latin par le grand humaniste Érasme de Rotterdam (1469-1536), il n'est pourtant à l'origine qu'un simple traité pédagogique destiné à un prince de onze ans, Henri de Bourgogne, et inspiré par le spectacle de la vie de la cour de Charles Quint aux Pays-Bas.

La Civilité puérile (De civilitate morum puerilium, dans l'édition originale de 1530) donne en sept courts chapitres des conseils pour tous les aspects de la vie intime et collective. L'usage du corps est soigneusement envisagé : attitudes, gestes, soins, propreté sont passés en revue. Chaque situation sociale possible est l'objet de préceptes de conduite : le maintien à l'église, la participation à des banquets ou à des réunions, la conduite dans la chambre comme en public, tout devient l'occasion d'exprimer une civilité distinctive. Alors que le paysan se mouche dans sa vareuse, par exemple, Érasme conseille de se servir d'un mouchoir, ou encore de souffler entre deux doigts, mais d'étaler ensuite soigneusement avec le pied ce qui est tombé à terre. L'objectif est de faire de l'enfant bien né une personne bien élevée, modeste, respectueuse de l'ordre établi par la nature, ce que doivent être également les adultes du même milieu social.

De telles choses ne vont en effet pas de soi au début du XVIᵉ siècle. Les normes de la vie sociale des couches supérieures n'exigent pas véritablement l'intimité pour accomplir les fonctions naturelles. Comme le disent gaillardement des textes du temps, il paraît assez normal de savoir manger, boire, se divertir et... chier en compagnie ! Henri III ne recevait-il pas encore des visiteurs en étant installé sur sa chaise percée ? Il fut d'ailleurs blessé à mort dans cette posture par le moine Jacques Clément. Quant au seuil de la pudeur, il se révèle être très différent du nôtre, à cause des conditions mêmes de la vie ordinaire : nudité des « étuves » (bains publics), où l'on festoie dans le plus simple appareil ; habitude fréquente du lit commun, y compris à l'auberge, ainsi que le précisent nombre d'anecdotes scabreuses des conteurs du XVIᵉ siècle. Malgré l'ouvrage d'Érasme, malgré certains progrès des mœurs, la société de cour française du XVIᵉ siècle demeure dominée par l'expression immédiate des pulsions et des passions, telles que les décrit Brantôme (vers 1535-1614) dans les vies des grands capitaines ou des dames galantes, qu'il rédige d'après nature.

Il ne faut d'ailleurs pas juger les comportements en question selon des critères anachroniques, c'est-à-dire en appliquant à ces êtres nos propres conceptions de l'intimité ou de la sexualité. Marguerite de Navarre, la sœur de François Iᵉʳ, par exemple, est à la fois une catholique exigeante et l'auteur de l'*Histoire des amants fortunés.* Or ce recueil de nouvelles que l'on nomme aussi l'*Heptaméron,* paru en 1558, après sa mort, contient des passages gaillards, voire grivois. Certains critiques se sont posé la question de ce qu'ils nommaient une contradiction dans la pensée de l'auteur. Dans une admirable leçon de critique historique, Lucien Febvre a pu répondre qu'il n'y a là aucune anomalie, mais la marque d'une pensée parfaitement cohérente en son temps, bien que très éloignée de nos propres sensibilités (Lucien Febvre, *Amour sacré, amour profane. Autour de l'Heptaméron*, Paris, Gallimard, 1944). Quittant les bras de sa maîtresse pour aller prier dans une chapelle, François Ier lui-même ne saurait être taxé d'hypocrisie : son attitude ne peut être comprise que d'après les mentalités des gens de son époque, qu'elle ne choque en aucune manière.

● *Le processus de civilisation des mœurs* défini par Norbert Elias est précisément appelé à transformer ces normes de comportement. Génération après génération, les courtisans voient se modifier leur perception du monde. Ils apprennent à utiliser le mouchoir, la cuiller, alors que « jadis le potage on mangeoit dans le plat sans cérémonie » (extrait d'une chanson du marquis de Coulanges en 1672), ou encore la fourchette. Une anecdote raconte qu'un noble du XVIe siècle fait la démonstration de sa virtuosité : ayant piqué de sa fourchette un morceau de viande, il le découpe, le montre fièrement à la ronde, puis... y met les doigts pour le porter à la bouche. Car il n'est pas si facile de s'habituer à des ustensiles inconnus, ni surtout de modifier ses gestes en conséquence.

Les objets ne sont en effet que les instruments d'une mutation d'ensemble des mœurs. Norbert Elias parle d'une « privatisation » sans cesse plus prononcée et plus complète de toutes les fonctions corporelles. Les manières de table introduisent des intermédiaires (couverts, nappes, serviettes, etc.) entre le corps du courtisan et la nourriture à ingérer. Les bonnes manières, que l'on peut aussi nommer en ce domaine des tabous, interdisent désormais de toucher la viande avec les doigts, puis même de couper le poisson avec un couteau ordinaire. Les fonctions naturelles tendent lentement à exiger plus de pudeur, voire d'intimité, du moins après une phase de transition qui comprend encore l'époque de Louis XIV. Et la sexualité, surtout, se déplace hors du champ visuel de la société.

« Autrement dit, précise Elias, on assiste, au cours du processus de civilisation, à la formation progressive de deux sphères différentes de la vie humaine, dont l'une est intime et secrète, l'autre ouverte, d'un comportement clandestin et d'un comportement public. La dissociation de ces deux sphères prend pour l'homme le caractère d'une habitude si évidente, si inéluctable, qu'il n'en a presque plus conscience ». Un tel changement en profondeur des structures mentales correspond selon l'auteur à un conditionnement des courtisans pour en faire de dévoués serviteurs du roi.

Les gentilshommes du Moyen Âge, et même ceux du XVIe siècle, sont relativement libres. Maîtres de leur château, ils accompagnent le prince à la guerre ou dans les déplacements de sa cour, mais ils ne résident pas en permanence auprès de lui. Guerres familiales, vengeances privées, violences, chasses et combats les occupent beaucoup. Il leur arrive fréquemment de suivre des grands nobles révoltés contre le souverain : les clientèles nobiliaires du temps des Guises, pendant les guerres de Religion, ou celles de la Fronde sont assurément une plaie pour le pouvoir central. L'absolutisme, on l'a vu plus haut, est aussi une construction « idéologique ». La pression politique centrale augmente sur l'ensemble de la société, afin de limiter les forces centrifuges : elle oriente les comportements de tous les sujets vers des autocontraintes, des obéissances automatiques aux puissances divines et humaines supérieures. Les courtisans subissent tout particulièrement ces conditionnements. Divers canaux les amènent peu à peu à une régulation individuelle de leurs pulsions, de leurs sensations et de leurs émotions. Tel est le cas de l'interdiction des duels sous Louis XIII, de la diffusion croissante des manières raffinées depuis la Renaissance, de l'instauration de l'étiquette de cour sous Louis XIV (Jean-François Solnon, *La Cour de France,* Paris, Fayard, 1987, décrit bien les étapes des progrès de la cour, en restant malheureusement indifférent à la notion de civilité définie par Norbert Elias).

À l'époque du triomphe de l'absolutisme, le courtisan sert le prince à table, assiste à son lever, à son coucher et à tous les actes de sa vie. Là, il côtoie beaucoup de monde, ce qui l'oblige à doser ses gestes, ses paroles, son langage, ses regards, afin de plaire et surtout pour éviter de déplaire, ce qui assurerait sa disgrâce ou son exil. Cette autodiscipline, dont Louis XIV sait user avec art, modifie donc les structures psychiques du noble de cour. Sans perdre définitivement l'agressivité liée à l'éthique guerrière de son ordre, il lui faut savoir la refouler en public. Comme le souligne Elias, il abandonne alors son rôle de chevalier libre pour devenir le serviteur du monarque, partant se faire tuer au combat sur un signe de lui.

La noblesse de sang s'adapte ainsi bon gré mal gré à la modernisation de la société française. Elle doit accepter de s'assujettir plus qu'auparavant au roi pour garder sa position supérieure, face à la concurrence des nouvelles élites de la richesse et du talent. La transformation mentale est d'importance, mais elle n'est pas brutale ni complète. Nombre d'aristocrates conservent des mœurs rudes, voire grossières, pratiquant le duel malgré les interdictions, défoulant leurs pulsions agressives dans une passion redoublée de la chasse ou de la guerre. Le courtisan n'est donc pas toujours « le miroir des autres en courtoisie, civilité, bonnes mœurs et louables coustumes ». Au moins cet idéal exprimé par Du Peyrat en 1562 traduit-il le mouvement d'élargissement à d'autres couches sociales des principes de la civilité.

URBANITÉ ET BONNES MANIÈRES

● *La civilité n'est pas une simple politesse :* elle définit une nouvelle conception de l'existence. Synonyme de « courtoisie » au XVIᵉ siècle, elle glisse ensuite vers l'*urbanité* : académicien, grand épistolier, Jean-Louis Guez de Balzac (1594-1654) est le premier à bien établir dans la langue ce mot déjà ancien, indice d'une mutation feutrée mais de grande importance.

Car le savoir-vivre se diffuse de la cour vers la ville et même un peu vers la campagne, par l'intermédiaire des livres de civilité utilisés dans les collèges ou dans les écoles élémentaires. Il continuera d'ailleurs à se développer après l'Ancien Régime, nous donnant aujourd'hui l'impression d'être aussi universel que « naturel », malgré ses origines sociales spécifiques et datées.

Politesse, gêne et dégoût

À partir du XVIIᵉ siècle, les traités de civilité se succèdent pour tracer les contours de plus en plus précis de la gêne ou du dégoût. Ils inventent la distinction sociale, car chacun peut reconnaître ceux qui lui ressemblent, seuls capables d'intérioriser leurs émotions, à la différence des rustres grossiers et violents (Robert Muchembled, *L'Invention de l'homme moderne...*, chap. IV, « L'ordre des corps »).

Traduite par Claude Hardy en 1613, *La Civilité puérile* d'Érasme reste assez fidèle au texte original de 1530 mais tient compte de l'évolution en cours de la bienséance. Des passages ajoutés indiquent le refus des manières collectives traditionnelles, où les corps se joignent, où l'on touche à pleines mains les aliments. Henri III avait déjà défini une notion de gêne en légiférant pour interdire aux courtisans de l'approcher de trop près et de le bousculer durant ses repas : signe d'une sensibilité nouvelle, que ne partagent pas encore tous les raffinés de la fin du XVIᵉ siècle. Au début du règne de Louis XIII, il est désormais conseillé aux enfants d'utiliser le couteau et la fourchette pour saisir des aliments, car « tremper ses doigts dedans les saulses, c'est le propre des gens de village ». Le contact physique direct des autres êtres ou de la nourriture apparaît donc simplement comme un signe d'appartenance à une humanité inférieure, ici le monde rural. Aucune notion morale n'est encore convoquée pour expliquer la nécessité de se comporter de cette manière. Les auteurs comme les traducteurs des traités de civilité invoquent généralement une surveillance extérieure, exercée par les autres, ou encore par Dieu. Érasme parlait quant à lui du regard des anges suivant l'être humain dans toutes ses actions.

LES BONNES MANIÈRES :
« DE LA DÉCENCE ET DE L'INDÉCENCE DU MAINTIEN »
POUR UN ENFANT VERS 1530

Si tu as envie de vomir, éloigne-toi un peu : vomir n'est pas un crime. Ce qui est honteux, c'est de s'y prédisposer par sa gloutonnerie.

Il faut avoir loin de se tenir les dents propres ; les blanchir à l'aide de poudres est tout à fait efféminé ; les frotter de sel ou d'alun est nuisible aux gencives ; les laver avec de l'urine est une mode espagnole. S'il reste quelque chose entre les dents, il ne faut pas l'enlever avec la pointe d'un couteau, ni avec les ongles, comme font les chiens et les chats, ni à l'aide de la serviette ; sers-toi d'un brin de lentisque, d'une plume, ou de ces petits os qu'on retire de la patte des coqs et des poules.

Se laver le visage, le matin, dans de l'eau fraîche, est aussi propre que salubre ; le faire plus souvent est inutile. Nous parlerons en temps et lieu de la langue et de l'usage qu'on doit en faire.

C'est de la négligence que de ne pas se peigner ; mais, s'il faut être propre, il ne faut pas s'attifer comme une fille. Prends bien garde d'avoir des poux ou des lentes : c'est dégoûtant. S'éplucher continuellement la tête auprès de quelqu'un n'est guère convenable ; il est également malpropre de se gratter avec les ongles le reste du corps, surtout si c'est par habitude et sans nécessité.

Que les cheveux ne tombent pas sur le front, qu'ils ne flottent pas non plus jusque sur les épaules. Les relever en secouant la tête, c'est ressembler à un cheval qui secoue sa crinière ; les redresser à gauche, du front au sommet de la tête, est inélégant ; il vaut mieux les séparer avec la main.

Fléchir le cou et tendre le dos indiquent de la paresse ; renverser le corps en arrière indique de l'orgueil ; il suffit de se tenir droit sans roideur. Que le cou ne penche ni à droite, ni à gauche, à moins que les besoins d'un entretien ou tout autre motif n'y forcent ; sinon, c'est l'allure de l'hypocrite.

Il convient de maintenir ses épaules dans un juste équilibre, de ne pas élever l'une pour abaisser l'autre, à la façon des antennes. De tels défauts, négligés chez un enfant, se convertissent en habitudes et détruisent, en dépit de la nature, toute la symétrie du corps. Ainsi ceux qui par indolence ont pris le pli de se courber, s'octroient une bosse que la nature ne leur avait pas donnée ; ceux qui s'accoutument à tenir la tête penchée s'endurcissent dans cette mauvaise position, et, en grandissant, s'efforcent en vain de la rectifier. Les corps souples des enfants sont semblables à ces jeunes plantes que l'on courbe à l'aide de baguettes et de liens ; elles croissent et gardent à jamais le pli qu'on leur a donné.

Se croiser les bras en les entrelaçant l'un dans l'autre est l'attitude d'un paresseux ou de quelqu'un qui porte un défi ; il n'est pas beaucoup plus convenable de se tenir debout ou de s'asseoir une main posée sur l'autre. Quelques personnes pensent que cette attitude est élégante, qu'elle sent l'homme de guerre, mais *tout ce qui plaît aux sots n'est pas nécessairement convenable ;* la véritable convenance consiste à *satisfaire la nature et la raison.* Nous reviendrons sur ce sujet quand nous en serons aux entretiens et aux repas.

Il est indigne d'un homme bien élevé de découvrir sans besoin les parties du corps que la pudeur naturelle fait cacher. Lorsque la nécessité nous y force, il faut le faire avec une réserve décente, quand même il n'y aurait aucun témoin. Il n'y a pas d'endroit où ne soient les anges. Ce qui leur est le plus agréable, chez un enfant, c'est *la pudeur, compagne et gardienne des bonnes mœurs.* Si la décence ordonne de soustraire ces parties aux regards des autres, encore moins doit-on y laisser porter la main.

Retenir son urine est contraire à la santé ; il est bienséant de la rendre à l'écart.

Être assis les genoux ouverts en compas et se tenir debout les jambes écarquillées ou tout de travers, est d'un fanfaron. Il faut s'asseoir les genoux rapprochés, rester debout les jambes près l'une de l'autre, ou du moins avec peu d'intervalle. Quelques personnes s'assoient une jambe suspendue sur l'autre, d'autres se tiennent debout les jambes croisées en forme d'X ; la première attitude est d'un homme inquiet ; la seconde, d'un imbécile.

C'était la coutume des anciens rois de s'asseoir, le pied droit appuyé sur la cuisse gauche ; on y a trouvé à redire. En Italie, pour honorer quelqu'un, on pose l'un de ses pieds sur l'autre et l'on se tient debout sur une seule jambe, comme les cigognes. Cela convient-il aux enfants ? Je n'en sais, ma foi, rien.

De même, pour ce qui est de saluer en fléchissant les genoux, ce qui est convenable ici fait rire ailleurs. Quelques-uns plient en même temps les deux genoux, tout en conservant le corps droit ; d'autres, en se courbant un peu. Il en est qui estiment que fléchir les deux genoux ensemble c'est bon pour les femmes et qui, se tenant roides, plient d'abord le genou droit, puis le genou gauche ; en Angleterre, on trouve cela gracieux chez les jeunes gens. Les Français plient seulement le genou droit, en faisant un demi-tour de corps, avec aisance. Lorsque les usages, dans leur diversité, n'ont rien qui répugne à la décence, on est libre d'user de la mode de son pays ou de prendre celle des autres nations ; les façons étrangères plaisent généralement davantage.

Que le pas ne soit ni trop lent ni trop pressé ; l'un est d'un insolent, l'autre d'un écervelé. Il faut aussi éviter le balancement, car il n'y a rien de désagréable comme cette espèce de claudication. Laissons cela aux soldats suisses et à ceux qui sont tout fiers de porter des plumes à leur chapeau. Cependant nous voyons des courtisans affecter cette démarche.

Jouer avec ses pieds, étant assis, est le fait d'un sot ; gesticuler des mains est le signe d'une raison qui n'est pas intacte.

ÉRASME, *La Civilité puérile,* présenté par Philippe Ariès, Paris, 1977 (l'ouvrage original, en latin, date de 1530).

● *Dans ce premier stade, la bienséance enseignée aux courtisans, aux enfants des nobles ou des bourgeois et aux écoliers des villes est essentiellement une éducation corporelle.* Il faut savoir se tenir bien droit, ne pas empiéter sur l'espace des voisins, ne pas « se jeter sur la table à bras étendus jusques aux coudes » ni s'accoter « indécemment les épaules ou les bras à son siège ». Ceux qui ont entendu durant toute leur enfance la célèbre expression « Tiens-toi droit ! Dis bonjour au Monsieur ! » peuvent comprendre l'importance d'une pédagogie éminemment répétitive et donc banale, créatrice d'automatismes gestuels.

Des impressions de gêne se précisent peu à peu, en marche vers le dégoût. Une *Civilité nouvelle* publiée à Paris en 1667 sans nom d'auteur ajoute en effet de telles notions aux traditionnels conseils corporels. Il ne faut pas vider les plats les uns dans les autres en présence des invités parce que « cela fait mal au cœur à qui les voit ». Si un œuf ne vous paraît pas frais, évitez de le sentir et posez-le sur une assiette « sans en dire mot de peur de dégoûter ceux de la compagnie ».

La bienséance n'a pas besoin d'être expliquée. Elle est imposée comme une nécessité « naturelle », c'est-à-dire voulue par Dieu. Il est certain qu'elle s'applique d'autant mieux qu'elle se transforme en autocontraintes. Or celles-ci ne peuvent reposer sur un simple apprentissage gestuel ni sur la vague mention d'une surveillance exercée par Dieu ou par les anges.

● *Un deuxième stade du savoir-vivre se définit par une intériorisation croissante de ses principes, à travers un mécanisme moral de culpabilisation.* Tel est le cas dans l'un des plus célèbres manuels du XVIIe siècle, le *Nouveau traité de la civilité qui se pratique en France parmi les honnestes gens,* publié en 1675 par Antoine de Courtin puis souvent réédité par la suite. L'œuvre ne rompt pas avec les habitudes anciennes : elle enseigne toujours à tenir son corps droit, à ne jamais mettre les coudes sur la table, etc. Sa plus grande nouveauté consiste cependant à définir une véritable hantise du toucher direct, au nom d'un principe d'indécence qui confine à une notion d'impureté. La fourchette est donc nécessaire, par exemple, car il est « très indécent de toucher à quelque chose de gras, à quelque sauce, à quelque syrop, etc., avec les doigts ». L'auteur détaille diverses inconvenances en les reliant à des attitudes animales : il ne faut pas « laper comme les bestes » en buvant sa soupe. Il précise également qu'il est important de ne pas écœurer les spectateurs : « se moucher avec son mouchoir à découvert et sans se couvrir de sa serviette, en essuyant la sueur du visage, se grater la teste ou autre part, rotter et cracher avec cela, et se tirer de l'estomac avec force et fréquemment, sont des saletez à faire soulever le cœur à tout le monde ».

Le seuil du dégoût s'est notablement relevé depuis le temps d'Érasme. Comme le dit Courtin lui-même : « Autrefois, il estoit permis de cracher à terre devant des personnes de qualité, et il suffisoit de mettre le pied dessus : à présent, c'est une indécence. » En d'autres termes, il importe de cacher aux autres les manifestations de ce que l'on peut désormais appeler l'intimité corporelle. Sont particulièrement visés les signes de la fermentation interne, morve, urine, excréments, ainsi que les odeurs et les bruits qui font ressembler l'homme à un animal. Alors que Rabelais ou les conteurs du XVIe siècle se complaisent dans les plaisanteries scatologiques et sexuelles, le goût nouveau exige au XVIIe siècle de « cacher ce sein que je ne saurais voir » et de réserver à des lieux spécifiques les nécessités corporelles.

L'HONNÊTE HOMME À TABLE D'APRÈS COURTIN (1675)

S'il arrive qu'une personne de qualité vous retienne à manger, c'est une incivilité de laver avec elle, sans un commandement exprès. Au quel cas il faut observer que s'il n'y a point d'officier pour prendre la serviette dont on s'est essuyé, il faut la retenir, et ne pas souffrir qu'elle demeure entre les mains d'une personne plus qualifiée.

Il faut aussi se tenir découvert et debout quand on dit *Bénédicité* et *Grâces*.

Il faut ensuite attendre que l'on vous place, ou se placer au bas bout, selon le précepte de l'Évangile ; et en se plaçant avoir la teste nuë, et ne se couvrir qu'après que l'on est tout à fait assis, et que les personnes plus qualifiées sont couvertes.

Il ne faut point quitter son manteau ou son épée pour se mettre à table, parce qu'il est de la bienséance de les garder (...). Si on sert, il faut toujours donner le meilleur morceau, et garder le moindre, et ne rien toucher que de la fourchette. C'est pourquoy si la personne qualifiée vous demande de quelque chose qui soit devant vous, il est important de sçavoir couper les viandes proprement et avec méthode, et d'en connoître aussi les meilleures morceaux, afin de les pouvoir servir avec bien-séance (...). Il faut observer qu'il est mal-séant de toucher le poisson avec le couteau, à moins qu'il ne soit en pasté. On le prend ordinairement avec la fourchette, et on le présente sur une assiette.

Il est de la bien-séance et de l'honesteté de peler quasi toutes les sortes de fruits crus avant que de les présenter, et de les offrir recouverts bien proprement de leur plûre ; quoy qu'à présent en beaucoup d'endroits on les présente sans peler (...). Il faut observer que quand on vous demande quelque chose que vous devez prendre avec une cuillère, il ne faut pas le faire avec la vôtre, si elle vous a servi. Que si elle ne vous a pas servi, il la faut laisser sur l'assiette que vous présentez, et en demander une autre, si ce n'est que celuy qui vous a prié de le servir n'eust mis la sienne sur son assiette en vous l'envoyant ou vous la présentant. Observant que tout ce que vous servirez, vous le devez toujours présenter sur une assiette blanche, et jamais avec le couteau, la fourchette ou la cuillère tout seuls.

Si la personne à qui vous présentez cette assiette est proche, et que vous la luy présentiez à elle-même, et qu'elle soit d'une qualité fort relevée, vous pouvez vous découvrir pour la première fois en la luy présentant, et ne le faire plus de peur de l'embarrasser.

Si on vous sert, il faut accepter tout ce que l'on vous donne, et vous découvrir en le prenant quand il vous est offert par une personne supérieure.

Si vous serviez quelque chose où il y eust de la cendre, comme quelque fois sur des trufes, il ne faut jamais souffler dessus, mais il faut les nettoyer avec le couteau : le soufle de la bouche dégoutant quelque fois les personnes, outre que cela jette la cendre sur la table (...). Il faut prendre en une fois ce que l'on a à prendre. C'est une incivilité de mettre deux fois la main au plat et plus encore de l'y mettre pour prendre morceau à morceau, ou bien tirer la viande par lambeaux avec sa fourchette.

Il faut bien se garder d'étendre le bas, par dessus le plat que vous avez devant vous, pour atteindre à quelque autre.

Il est nécessaire aussi d'observer qu'il faut toujours essuyer votre cuillère, quand après vous en estre servi vous voulez prendre quelque chose dans un autre plat, y ayant des gens si délicats, qu'ils ne voudroient pas manger de potage où vous l'auriez mise après l'avoir portée à la bouche.

Et même, si on est à la table de gens bien propres, il ne suffit pas d'essuyer sa cuillère, il ne faut plus s'en servir, mais en demander une autre. Aussi sert-on à présent en bien des lieux des cuillères dans des plats, qui ne servent que pour prendre du potage et de la sauce.

Quand on mange, il ne faut pas manger viste ni goulument, quelque faim que l'on ait, de peur de s'engouer. Il faut en mangeant joindre les lèvres pour ne pas laper comme les bestes.

Moins encore faut-il en se servant faire du bruit, et racler les plats, ou ratisser son assiette en la desseichant jusqu'à la dernière goutte. Ce sont cliquetis d'armes, qui découvrent comme par un signal notre gourmandise à ceux qui sans cela n'y prendroient peut-estre pas garde (...).

Je dis avec la fourchette, car il est, pour le dire encore une fois, très-indécent de toucher à quelque chose de gras, à quelque sauce, à quelque syrop, etc., avec les doigts ; outre que cela vous oblige à deux ou trois autres indécences. L'une est d'essuyer fréquemment vos mains à votre serviette, et de la sallir comme un torchon de cuisine, en sorte qu'elle fait mal au cœur à ceux qui la voyent porter à la bouche pour vous essuyer. L'autre est de les essuyer à votre pain, ce qui est encore très-mal propre ; et la troisième de vous lécher les doigts, ce qui est le comble de l'impropreté (...). Il n'y a rien de plus mal appris, comme nous avons dit, que de lécher ses doigts, son couteau, sa cuillère ou sa fourchette ; ni rien de plus vilain que de nettoyer et essuyer avec les doigts son assiette et le fond de quelque plat ; ou, ce qui est encore pis, de boire à même le reste du bouillon, de la sauce et du syrop, ou de verser dans la cuillère : c'est s'exposer à la risée de toute la compagnie.

Il faut, quand on a les doigts gras, ou son couteau, ou sa fourchette, etc., les essuyer à sa serviette et jamais à la nappe, ni à son pain. Et pour s'empêcher d'avoir les doigts gras, il ne faut point manger avec, mais avec sa fourchette, comme nous avons déjà remarqué (...). Que s'il arrive par quelque accident extraordinaire qu'on ait quelque chose dans la bouche que l'on soit obligé de rejetter, il seroit fort incivil de le laisser tomber de haut en bas sur son assiette, comme si on vomissoit. Il faut le prendre, et l'enfermer dans la main, le remettre doucement sur son assiette, et la donner aussi-tost pour la faire emporter, s'il se peut, sans que ceux qui sont à table s'en apperçoivent, observant de ne jamais rien jetter à terre.

Se moucher avec son mouchoir à découvert, et sans se couvrir de sa serviette, en essuyer la sueur du visage, se grater la teste ou autre part, rotter et cracher avec cela, et se tirer de l'estomac avec force et fréquemment, sont des saletez à faire soulever le cœur à tout le monde. Il faut donc s'en abstenir, ou le faire le plus secrettement qu'il est possible, en se couvrant et se cachant tant que l'on peut (...).

Que si la personne de qualité vous porte la santé de quelqu'un, ou même boit à la vostre, il faut se tenir découvert, s'inclinant un peu sur la table jusqu'à ce qu'elle ait beu. Il ne faut point luy faire raison, si elle ne l'ordonne précisément. Ce qui se doit entendre des personnes de la haute qualité. Car pour celles qui ne sont pas si éminentes, et entre lesquelles et l'inférieur il y a peu ou point de différence, il ne faut pas violer la maxime de la table, qui est de ne se point découvrir, l'usage l'ayant tellement établi, que l'on passeroit pour un nouveau venu dans le monde d'en user autrement. Quand elle vous parle, il faut aussi se découvrir pour luy répondre, et prendre garde de n'avoir pas la bouche pleine. Il faut observer la même civilité toutes les fois qu'elle vous parlera, jusqu'à ce qu'elle vous l'ait défendu ; après quoy il faut demeurer couvert, de peur de la fatiguer par trop de cérémonie (...).

Il est incivil de se curer les dents devant le monde, et de se les curer devant et après le repas avec un couteau, ou avec une fourchette : c'est une chose tout à fait mal honneste et dégoutante.

Il est aussi de l'incivilité de se rincer la bouche après le repas devant des personnes que nous devons respecter (...).

Pour conclusion du repas, il faut se tenir découvert en se levant de table, et dire *Grâces* quand la personne qualifiée les dit, et puis luy faire une profonde révérence pour la remercier. Et quand même plusieurs autres personnes se seroient trouvées à ce repas, qui seroient au-dessus de nous, il ne faudroit pas faire cette révérence générale, mais il faut l'adresser uniquement à la personne la plus qualifiée.

Extraits du *Nouveau traité de la civilité qui se pratique en France parmi les honnestes gens,* d'Antoine DE COURTIN (1675), d'après l'édition de 1695 citée par Alfred FRANKLIN, *La Vie privée d'autrefois... Les Repas,* Paris, 1889.

● *Il faut sans doute saisir ici l'expression d'une dévalorisation du corps sous l'effet de la Contre-Réforme.* Depuis le début du XVIIᵉ siècle, le modèle social le plus prestigieux est celui du saint ou de la sainte traitant durement son enveloppe charnelle, évitant même de se laver pour ne pas éveiller sa concupiscence, se méfiant profondément des pièges du démon imprimés dans la chair. Tous les aristocrates et tous les citadins ne peuvent évidemment atteindre cette perfection chrétienne. Ils n'en sont pas moins touchés par la propagande catholique, dont les manuels de civilité destinés aux établissements scolaires se font sans cesse l'écho. Ainsi se trouve fortement dévalorisé le bas du corps, siège d'activités animales, lieu diabolique par excellence : les sorcières ne sont-elles pas censées embrasser le derrière du démon, en arrivant au sabbat, puis avoir avec lui des copulations sataniques ? Nudité, sexualité, et dans une moindre mesure fonctions urinaires et excrémentielles, sont désormais reliées à des notions maléfiques. La justice poursuit sans pitié leurs manifestations les plus horribles : homosexualité, sodomie, bestialité, viol. Parallèlement, chacun est convié à contrôler les forces mystérieuses en œuvre dans son propre corps. La conception chrétienne du mépris de la chair se transforme pour les enfants lecteurs des civilités en culture de culpabilisation, productrice d'autocontraintes. Ils apprennent de ce fait à définir une sphère d'intimité, qu'il importe de ne pas mettre en contact avec d'autres personnes ni donner en spectacle. Tout ce qui provient du corps est donc à surveiller. Ainsi peuvent se comprendre certains préceptes évoqués par Courtin. Il ne faut pas souffler sur un aliment couvert de cendres, « le souffle de la bouche dégoûtant quelque fois les personnes ». Et puis, il y a « des gens si délicats qu'ils ne voudroient pas manger de potage où vous l'auriez mise [votre cuiller] après l'avoir portée à la bouche ».

• *Ces bonnes manières assurent une différence sociale,* car les paysans continuent à puiser à pleines mains au plat commun ou à boire au pot qui circule à la ronde. Posées comme nécessaires et universelles par les auteurs de civilités, elles parlent d'un puissant effort de refoulement destiné à produire un « honnête homme », parfaitement maître de lui, poli, urbain en public. Son corps discipliné, à la fois bien né et « bien fait », ne sauroit théoriquement être la proie du démon qui rôde partout selon les hommes d'Église de l'ère classique.

Le dressage corporel

On peut cependant se demander si la théorie en question transforme réellement les attitudes quotidiennes des élites sociales aux XVIIe et XVIIIe siècles. Divers indices vont dans ce sens, mais ils signalent aussi des résistances, ainsi que de grandes variations selon les groupes sociaux ou les époques.

Le dressage corporel est sans conteste en progrès sous l'Ancien Régime. Les courtisans et les nobles, en particulier, nombre de bourgeois également, apprécient l'escrime ou l'équitation qui les aident à appliquer les préceptes de civilité enjoignant de tenir son corps droit en contrôlant ses gestes. La pratique systématique de l'emmaillotage des bébés est en ce domaine un point de départ commun aux privilégiés et aux humbles, mais les attitudes divergent très vite : seuls les individus de distinction continuent ensuite par devoir, plus que par sens esthétique, un apprentissage quotidien de la rectitude physique. Le courtisan, encore une fois, s'impose comme modèle. De subtiles cascades de mépris différencient d'ailleurs les aristocrates des bourgeois portés à les imiter. Il suffit pour s'en convaincre de suivre les efforts du *Bourgeois gentilhomme* de Molière (1670), comiquement acharné à apprendre cette distinction que les nobles prétendent leur être naturelle. Le maître à danser lui enseigne à aborder une marquise : « Si vous voulez la saluer avec beaucoup de respect, il faut faire d'abord une révérence en arrière, puis marcher vers elle avec trois révérences en avant, et à la dernière vous baisser jusqu'à ses genoux » (Acte II, sc. 1). Puis le maître d'armes lui met en main un fleuret : « Allons, Monsieur, la révérence. Votre corps droit. Un peu penché sur la cuisse gauche. Les jambes point tant écartées. Vos pieds sur une même ligne. Votre poignet à l'opposite de votre hanche. La pointe de votre épée vis-à-vis de votre épaule. Le bras pas tout à fait si étendu. La main gauche à hauteur de l'œil. L'épaule gauche plus quartée. La tête droite. Le regard assuré. Avancez. Le corps ferme... » (Acte II, sc. 2).

● *Les thèmes iconographiques.* Le corps parle assurément. Ses postures disent l'appartenance sociale, parce qu'elles mettent en scène un code de civilité appris depuis l'enfance. Les gestes emphatiques des nobles, balayant le sol de leur chapeau, faisant la révérence devant une dame, montrant au roi leur respect, s'affichent dans la peinture ou dans la gravure. Les thèmes du portrait, de la famille, redoublent ces spectacles de distinction pour en faire des moyens d'identification sociale : les bourgeois et les citadins aisés accrochent sur leurs murs de telles toiles qui leur donnent la certitude, ou pour certains l'impression, d'appartenir au monde des dominants, dont les gestes assurés et les postures hiératiques ne peuvent être confondus avec les attitudes vulgaires de la vile populace. Les peintres officiels s'appliquent parfois même à représenter sur ce modèle une minorité de paysans riches : nombre d'œuvres des frères Le Nain, Louis (1593-1648), Antoine (1598-1648) et Mathieu (1607-1677), prolongent ainsi vers la campagne des attitudes observées chez les gentilshommes, mêlant au réalisme du décor ou des objets des exemples de maintien et de maîtrise des corps sans doute très idéalisés, pour être trop calqués sur ceux des élites sociales. Tel est à mon avis le cas des personnages mis en scène dans *La Charrette ou le retour de fenaison* de Louis Le Nain.

La thématique picturale dominante relie en effet l'ordre des corps à des valeurs positives, répudiant le continent noir de la nudité, des mouvements désordonnés, des grimaces et des manifestations faciales trop appuyées. Seule l'évocation éventuelle du péché, des démons, de la sorcellerie présente au siècle classique des corps incontrôlés, ou plutôt des humains en marche vers le royaume de Satan.

Littérature et théâtre participent aussi intensément à la formation de la sensibilité classique. Car l'« honnête homme » du XVIIe siècle se soumet peu à peu à des exigences nouvelles d'ordre, de respect des hiérarchies, que traduisent bien les règles dramatiques dites des trois unités ou qu'exprime le langage domestiqué, exempt de toute trivialité, des « précieuses », dont Molière raille les aspects excessifs, devenus ridicules.

● *La mode.* Tous les aspects de la vie sont en vérité concernés par ces mutations des sensibilités collectives dans les couches sociales supérieures. Les rituels de la parure du corps en fournissent d'évidents exemples. De la Renaissance à la Révolution, la mode atteint ainsi une richesse proprement extraordinaire, à la cour puis à la ville. Les petits marquis du XVIIe siècle portent jabots, dentelles et rubans, rivalisant ainsi avec la somptuosité des costumes féminins. À tel point que l'homme du monde éclipse alors souvent sa compagne, ce qui n'est pas des plus fréquents dans l'histoire de l'humanité. Le véritable raffinement s'observe désormais à la blancheur du linge : aristocrates et bourgeois ne se lavent guère à l'époque, mais ils exhibent une propreté textile immaculée, en changeant sans cesse de linge et de chemise, en étalant la blancheur des étoffes sur une crasse jalousement préservée, du moins jusqu'à la vogue des bains dans le deuxième tiers du XVIIIe siècle (Georges Vigarello, 1985).

Il est possible en ce domaine de parler de véritables stratégies de l'apparence. L'hygiène n'est pas une catégorie dominante de la pensée du temps, d'autant que l'usage de l'eau paraît dangereux depuis la fermeture des étuves urbaines, au début du XVIᵉ siècle, par peur de la syphilis alors en progression foudroyante. Les contemporains de Louis XIV, et le roi lui-même, souffrent de ce fait de la vermine, des maladies de peau, des abcès, des furoncles entre autres choses. La vogue des fraises empesées autour du cou au XVIᵉ siècle, ou celle des perruques poudrées par la suite, ne relève pas uniquement de phénomènes esthétiques : ces parures sont également des cache-misère. D'autres faux-semblants servent les mêmes buts, tout en permettant à l'homme du monde de dissimuler des parcelles de chair nue qu'il n'est plus de bon ton de laisser voir. Comme s'il se protégeait ainsi contre son animalité, ainsi que contre les pièges du démon, l'homme à la mode se farde, se poudre, se parfume autant que la femme. Mains gantées, selon la leçon des manuels de civilité, il ne se présente aux autres que sous une cuirasse protectrice : couches de rouge ou de blanc sur le visage ; poudre semée à foison sur la perruque ; fortes odeurs répandues sur le costume, sur le mouchoir ou dans des pommes de senteur que les élégants portaient parfois dans leur braguette sous Henri III.

Futilités ? Non pas ! Les parfums font fureur parce qu'ils permettent de résister aux puanteurs de la vie quotidienne. Car à la cour comme à la ville, les pots de nuit sont souvent vidés devant la porte. La capitale n'est-elle pas réputée pour l'insupportable odeur de ses boues ? Plus profondément encore, les élites sociales suivent des rites collectifs contraignants qui les convient à une sorte de parade du corps caché. Il leur faut en effet se faire les mannequins des modes, en dissimulant leur individualité sous le masque des apparences. Ils jouent réellement un rôle, en théâtralisant leurs gestes en public, sous peine de n'être pas admis dans la bonne société. L'essentiel est bien de « paraître », comme le savent les courtisans à Versailles et les citadins désireux de se hausser à ce niveau supérieur.

● *Il est possible d'identifier une triple cause à cette évolution des sensibilités propre aux privilégiés.* La culpabilisation réalisée par la Contre-Réforme ; le dressage du corps préconisé par les manuels de civilité ; le refoulement individuel d'un « enfer » de sensations et de sentiments. Ce triple mouvement traduit au fond une perception nouvelle de la mort. Car multiplier les senteurs fortes, masquer la chair périssable, se poudrer, se cacher de multiples manières, c'est aussi refouler le plus loin possible de la conscience les signes de l'œuvre du temps. On pourrait donc parler en ce domaine d'un réflexe de recherche de sécurité, pour répondre à une angoisse fortement accentuée par la religion de la peur qu'est le catholicisme du XVIIᵉ siècle. Les privilégiés développent en effet un sens de la mort plus intense et plus intime que celui des masses paysannes, encore très attachées à une culture chrétienne collective, on l'a vu. Bien qu'ils n'en aient probablement pas conscience, les tyrannies de l'apparence, du corps dressé, paré, éloigné autant que possible de ce qui le rend animal, leur permettent sans doute de mieux supporter la peur du trépas : la culpabilisation contenue dans la morale chrétienne comme dans les traités de civilité à partir de celui de Courtin n'est donc finalement acceptée qu'au prix d'un intense refoulement. Et chacun s'éloigne d'autant mieux de la bestialité qu'il ne doit plus en présenter les signes aux autres s'il veut les ignorer en lui-même.

Ainsi s'invente ce que Freud nomme un surmoi individuel, relié à une conscience sociale spécifique : cette culture de la culpabilité s'oppose de plus en plus à celle de masses populaires, dont la philosophie de l'existence n'évolue pas alors au même rythme.

CULTURE DE LA CULPABILITÉ
ET NAISSANCE DE LA FAMILLE MODERNE

L'une des principales conséquences de la civilisation des mœurs est la modification progressive des relations au sein de la famille que l'on peut nommer « moderne » ou « bourgeoise », par opposition au modèle paysan traditionnel.

● *La famille est au cœur de l'histoire des mentalités,* parce qu'elle conditionne la manière dont une société se reproduit et transmet ses acquis aux générations suivantes. On a vu ce qu'il en était dans le monde rural. Les villes, pour leur part, provoquent une rupture de ce modèle traditionnel. L'endogamie s'y affaiblit, à tel point qu'un nouvel époux lyonnais sur deux est né hors de la cité au XVIIIe siècle. Or une telle importance de l'immigration brise la continuité familiale. Elle ne laisse plus guère aux célibataires la place spécifique qui leur est réservée dans les royaumes de jeunesse villageois, les forçant à s'insérer dans des confréries, des corporations, des groupes de rue où ils côtoient à la fois l'autre sexe et des adultes, ainsi que des individus aux situations sociales variées.

● *La place de l'enfant.* Le noyau conjugal est plus important dans les villes qu'à la campagne. En ce qui concerne les migrants d'origine populaire, il doit assurer la survie des membres de la maisonnée et surtout relayer les solidarités d'origine distendues. Pour les citadins aisés, il se révèle encore plus primordial, à tel point que Philippe Ariès a fait de la famille bourgeoise le berceau d'un sentiment nouveau de l'enfance, apparu au XVIIe siècle : selon lui, les citadins aisés d'origine roturière se sont alors mis à avoir moins de rejetons, afin de mieux s'occuper d'eux et de leur assurer la meilleure promotion possible, prenant ainsi leur revanche sur une société d'ordres dominée par les privilégiés de la naissance. Le fait de « mignoter » les enfants, en d'autres termes de jouer avec eux et d'user de tendresse à leur égard, serait apparu dans ce monde en évolution, par opposition à la froideur affective des familles aristocratiques ou populaires.

De telles mutations n'empêchent pas, par ailleurs, le développement dans les villes d'un « long processus d'enfermement des enfants », à l'école, au collège, ou encore sous la forme d'une séparation des sexes et d'une attentive surveillance : il importe en effet que la « cire vierge » des premiers âges soit le moins possible corrompue par les spectacles du monde, c'est-à-dire de la mort, de la sexualité et du péché. Le couvent forcé, ou du moins fortement conseillé, pour les jeunes filles de bonne famille, qu'elles soient nobles ou bourgeoises, correspond à cette conception des choses. Le mariage négocié par les parents en est une autre expression. Et l'autorité royale renforce en ce domaine le pouvoir des pères de famille, car elle multiplie les textes législatifs (1556, 1579, 1606, 1629, 1639, etc.). Un tel « sentiment très vif de l'autorité paternelle » vise notamment à interdire les mariages clandestins ou ceux qui sont célébrés sans le consentement des parents. Des lettres de cachet, demandées par ces derniers pour faire emprisonner un enfant récalcitrant à la Bastille, sont aisément accordées par le monarque, en particulier vers 1720-1760.

Les sources traduisent précisément la liaison croissante établie entre le pouvoir royal et l'autorité paternelle, comme on l'a vu dans le chapitre consacré à l'absolutisme. Il faut aussi réinsérer de tels mouvements dans le cadre d'une modification urbaine, « bourgeoise » si l'on veut (mais l'expression est un peu réductrice car d'autres couches peuvent être concernées), de la vie de famille. Celle-ci se centre plus sur la maison et sur la figure paternelle qu'au village, à cause des procédures d'« enfermement » des enfants, des négociations en vue des mariages, mais aussi par suite de la relative faiblesse des sociabilités juvéniles spécifiques. Dans ces conditions apparaît réellement un âge de la vie original : l'adolescence, masculine ou féminine, sous la tutelle directe du maître de maison. Entre l'enfance et l'établissement par suite du mariage, les célibataires, en particulier les garçons, se trouvent plus directement concernés par l'autorité paternelle que ne le sont les membres des royaumes de jeunesse villageois. Ceux qui ne fréquentent pas un collège mais qui ont un précepteur à demeure, ceux qui ne sont pas envoyés en apprentissage (ce dernier concerne plutôt les catégories laborieuses urbaines) sont ainsi très souvent en contact avec leurs géniteurs. Des frictions croissantes semblent en découler dans les milieux aisés, surtout au XVIIIᵉ siècle (M. Daumas). Selon les documents, l'âge critique pour les conflits familiaux se situe précisément autour de vingt à vingt-cinq ans pour les deux sexes.

● *La famille cesse alors d'être « froide », si elle l'a jamais réellement été,* pour devenir explosive, lorsque les conflits de génération ne sont plus tempérés par l'éloignement des jeunes hommes à marier dans le cadre des institutions de jeunesse. Le recul constant de l'âge moyen au mariage durant les deux derniers siècles de l'Ancien Régime ne fait qu'aggraver les frustrations des fils, face à des pères dont le pouvoir symbolique est considérablement renforcé par l'absolutisme. Sans oublier le fait que l'éducation du comportement des enfants des privilégiés les habitue à refouler leurs pulsions et à cacher leurs passions sous le voile de l'urbanité, dans le cadre du processus de culpabilisation évoqué ci-dessus. Tout est donc en place pour produire des économies psychiques différentes de celles des paysans ou de la masse des citadins pauvres. Alors que les humbles relèvent toujours essentiellement d'une culture de la honte, extériorisée et volontiers brutale, les élites apprennent lentement à intérioriser les principes d'une culture de la culpabilité personnelle. Au-delà de leur conscience se met en place une structure psychologique analysable en termes freudiens, à la différence, selon moi, de celle des masses populaires. La civilisation des mœurs franchit donc une première étape sociale, bien avant de se diffuser de manière concentrique vers des groupes de plus en plus importants de la population, jusqu'à son triomphe sous nos yeux.

Il est possible que les tensions entre classes d'âge dans les couches urbaines supérieures aient joué un rôle dans la Révolution française : Pierre Goubert rappelle avec raison que 1789 fut, entre autres, un conflit de générations. Que les paysans aient alors été si peu concernés, à l'exclusion de la Grande Peur, par un bouleversement de cette importance ne fait que confirmer une différence collective de mentalités et de comportements entre les majorités paysannes traditionnelles et les minorités citadines en pleine mutation.

10 La fascination de l'éphémère : une prérévolution culturelle au XVIIIe siècle

Les modes historiques récentes rendent justice à l'événement, trop délaissé par les structuralistes. Il n'est pourtant pas de grandes ruptures qui ne soient précédées de multiples fractures. La Révolution de 1789 en fournit un excellent exemple. La pensée des Lumières prépare durant un siècle la montée des revendications politiques ou sociales, mais il y a plus : comportements et mentalités se modifient en profondeur dans les mondes urbains du XVIIIe siècle. Trois vagues de mutations déferlent à des rythmes variables, pour produire ensemble une véritable prérévolution culturelle : le lent dérèglement du modèle démographique se double d'une accélération des progrès matériels ; tous deux induisent une recherche nouvelle du bonheur personnel, tournée vers la consommation, vers l'éphémère, tandis que les fossés sociaux se creusent de frustrations croissantes, au moment même où s'affaiblissent, surtout après 1750, les forces englobantes de l'État et de l'Église.

MODERNITÉS DÉMOGRAPHIQUES URBAINES

● *La première « révolution » du XVIIIe siècle est démographique.* Une révolution apparemment modeste, puisqu'elle se limite à une croissance de 30 % environ, soit la moitié de celle de l'Angleterre, à peine le tiers de celle de l'empire germanique. Pour la première fois depuis des siècles, en tout cas, la population française « décolle », car les grandes famines cessent définitivement leurs ravages. Relativement modérée, diverse selon les régions, la poussée urbaine est le deuxième trait important de l'évolution. Cette croissance s'explique moins par l'immigration ou la fécondité des couples que par un recul de la mort, en particulier dans la deuxième moitié du XVIIIe siècle : les adultes paraissent vivre plus longtemps ; les jeunes enfants semblent mourir moins massivement qu'auparavant.

Les caractères démographiques urbains bougent donc, lentement mais sûrement. Dans les grandes villes, la proportion des mariés nés ailleurs augmente nettement après 1750. Elle atteint 70 % à Paris ou 58 % à Lyon vers 1789. Les hommes, en particulier, viennent des campagnes surpeuplées, à la recherche d'un travail. Leur mariage indique alors une volonté d'intégration à la cité. Mais de telles novations font craquer l'étroit corset

170

de moralité hérité du siècle précédent. Alors souvent limitée à 1 % dans les campagnes, l'illégitimité s'élève à 10 % ou plus dans les cités à la veille de la Révolution. Le fait est ambigu, car il concerne parfois des paysannes venues chercher l'anonymat. Il traduit également la montée des concubinages, unions précaires en attendant d'avoir des moyens de vivre assurés, ou volonté de se situer hors des normes de la morale établie. Celle-ci se corrode assurément : les démographes repèrent aussi des poussées de conceptions prénuptiales, sortes d'avances sur mariage, dépassant dans certains cas 10 % à la fin du siècle. Les abandons d'enfants s'inscrivent dans une même perspective d'évolution des mentalités et des comportements après plusieurs générations d'ascétisme imposé par la Contre-Réforme catholique.

Certains auteurs parlent d'un refus d'une trop abondante descendance. Le contrôle des naissances s'installe précocement en France à partir des années 1770. En Île-de-France, en Normandie ou en Aquitaine, il concerne aussi bien les campagnes que les villes. Les « funestes secrets », comme disent les moralistes, corrompent donc le peuple : il s'agit du coït interrompu, que les soldats de la Révolution et de l'Empire enseignent à leurs partenaires féminines, après leur retour des campagnes militaires.

L'ancien modèle démographique fondé sur un mariage tardif fortement endogame subit de toute évidence une mutation accélérée durant les décennies prérévolutionnaires. La société urbaine se voit soumise à des tensions croissantes, issues des migrations, de la montée des jeunes générations et de l'évident affaiblissement des contraintes morales issues de la Contre-Réforme. Tout ceci indique peut-être que la recherche du bonheur, ce thème si cher aux philosophes des Lumières, se fait confusément en rejetant d'anciens tabous, en limitant par la contraception, ou par l'abandon, le poids des enfants, c'est-à-dire des obligations qui en découlent. La misère est souvent le lot des masses citadines, en particulier des déracinés. N'est-il pas plus difficile de s'y résigner dans un environnement changeant, et surtout face au spectacle des richesses matérielles étalées par les minorités urbaines privilégiées ?

PROGRÈS MATÉRIELS ET FASCINATION DE L'ÉPHÉMÈRE

La culture matérielle urbaine connaît des progrès spectaculaires au XVIIIᵉ siècle. Le luxe et le confort font des entrées remarquées dans l'univers des gens riches ou simplement aisés, accentuant des différences sociales qui s'expriment de plus en plus par des termes de goût, ou inversement de mépris. Car les humbles peuvent bien tenter d'imiter les puissants : ils n'ont ni les moyens ni souvent même la possibilité psychologique de se comporter comme eux.

Le confort de la maison établit de nettes hiérarchies urbaines. La spécialisation des pièces affirme des différences avec les masses populaires, souvent confinées dans une « chambre » unique. Les couloirs apparaissent, permettant de développer l'isolement, d'écrire dans un bureau, de manger dans une salle spécifique, de réserver la chambre au sommeil, alors que toutes ces fonctions se placent dans le même lieu et sous le regard des autres pour la plupart des citadins. Encore faudra-t-il attendre la fin du XVIIIe siècle pour voir émerger des salles de bains, avec cuvettes d'étain ou de faïence, mais fort rarement un bidet.

● *La richesse permet aussi l'accès à la lumière et à la chaleur.* Les vitres deviennent relativement communes au XVIIIe siècle, car leur prix baisse. Cependant, voir se refléter la lumière du jour dans des glaces n'est pas donné à tous. Les moyens d'éclairage, et surtout les matières plus ou moins précieuses qui les composent, dépendent également du niveau social. Beaucoup de gens doivent se contenter du chandelier ou de la cheminée pour éclairer des intérieurs d'ailleurs bien sombres durant la journée. Disposer de bassinoires pour réchauffer le lit, de cheminées améliorées, de poêles (timidement apparus dans la deuxième moitié du XVIIIe siècle), pour supporter avec plaisir de rester chez soi, est également du domaine du luxe. Tentures, rideaux, dont l'intérêt est d'atténuer les courants d'air froids, appartiennent aussi à l'univers des nantis. Les peintres du temps traduisent ce goût croissant pour la douceur de la vie, opposée à la promiscuité, à la saleté, aux odeurs fortes des rues ou des maisons à étages de Paris, dans lesquelles, on le sait, la misère monte les marches des escaliers (A propos de Paris, voir Annick Pardailhé-Galabrun, 1988).

● *La nourriture traduit clairement les différences.* Le pain est la base de l'alimentation des humbles. Celui de froment, blanc et moelleux, est le plus recherché, mais son prix élevé en fait un aliment de riches : les boulangers de Gonesse le vendent aux Parisiens aisés, tandis que les habitants du lieu, comme les citadins d'origine populaire, se contentent de pain plus ou moins jaune ou gris, à base de farines de méteil (froment et seigle) ou d'autres mélanges de « bleds », c'est-à-dire de céréales. Les hausses des prix du pain déclenchent des émeutes, souvent conduites par des femmes et des enfants, par exemple en 1789, après de mauvaises récoltes. Pour le reste, la consommation traduit l'appartenance sociale. Les Parisiens mangent de la viande, sauf s'ils sont très pauvres : volaille des jours de fête ; porc pour les couches populaires ; bœuf et gibier sur les tables des plus aisés. Réservé à ces derniers, à cause de son prix élevé, le poisson frais entre dans les compositions recherchées d'une cuisine des « gras » de plus en plus soignée. Les « maigres », à l'opposé, conservent beaucoup de goût pour les épices. Celles-ci permettent d'oublier les odeurs fortes de viandes manquant souvent de fraîcheur, ou de varier des sensations gustatives répétitives (pain, soupes, légumes, poissons salés et séchés, un peu de viande, quelques fruits…). Plus subtilement, elles installent ici comme ailleurs des frontières de raffinement, car les élites sociales s'en détournent depuis quelques générations, recherchant les plaisirs d'une cuisine française en train de s'affirmer contre une marque de distinction parmi d'autres. La consommation du thé, du café, du chocolat va dans le même sens : au lieu de fréquenter les plaisirs canailles de la taverne, les gens de bien vont boire ces nouveaux breuvages, fumer parfois, converser et lire des journaux dans des lieux spécifiques d'une sociabilité séparée de celle du vulgaire.

• *Les manières de table médiévales sont bien loin !* Les citadins vivent au contact permanent les uns des autres mais consomment de manière socialement très différenciée. Le vin de l'année, et la bière plus encore, font vulgaire, comparés aux vins vieux, abordables pour les seules bourses bien remplies. Avec les nappes et les serviettes, la vaisselle, les couverts prennent une importance croissante pour définir la qualité des gens, ou celle qu'ils souhaitent afficher. Les privilégiés se distinguent par l'usage ostentatoire de matériaux de qualité, tels que l'or ou l'argent. La faïence les tente, mais elle devient relativement commune, comme le verre, parce que les prix de revient s'abaissent nettement. La vogue des porcelaines ou des « chinoiseries » permet alors de posséder chez soi ce qui reste inabordable pour la grande majorité de la population.

• *Les vêtements traduisent particulièrement des évolutions mentales d'importance.* Les courtisans et les bourgeois riches portent depuis longtemps des tissus précieux, aux couleurs vives, qui expriment leur appartenance sociale sous le couvert des modes. La civilisation paysanne préfère généralement gérer la pénurie en utilisant des étoffes rudes, résistantes, principalement sombres, ternes et souvent usées, suite à d'incessants réemplois. Les citadins du XVIIe siècle paraissent avoir suivi assez fréquemment la mode espagnole, austère, où domine le noir, dans le prolongement de la moralité exigeante de la Contre-Réforme. Ces catégories un peu figées volent en éclats au XVIIIe siècle. Les vêtements des gens aisés se diversifient encore, avec l'utilisation du coton, des indiennes (coton imprimé), de la soie et avec la découverte de procédés tinctoriaux permettant d'obtenir des couleurs plus vives, ou nuancées en d'infinies variétés. Fait nouveau, ces habits descendent progressivement l'échelle sociale dans les villes. Donnés par les maîtres aux domestiques, cédés par ces derniers à des fripiers ou directement à des artisans et à des citadins pauvres, ils apportent avec retard la mode en bas de l'échelle sociale. La soif de consommation populaire est abondamment attestée par la vogue des motifs colorés, des carreaux, des rayures (Daniel Roche, 1981).

On peut parler en ce domaine d'une révolution des sensibilités collectives. Car ces textiles sont fragiles, plus colorés que la plupart de ceux qui dominent encore dans les campagnes. Les villes produisent une volonté de consommation nouvelle qui rayonne du haut vers le bas de la société. Les silhouettes changent également, car le règne du corset a commencé pour les femmes, par exemple, et les sous-vêtements sont de plus en plus portés par les Parisiennes, si l'on en juge par les inventaires après décès. Les attitudes corporelles ne peuvent donc qu'évoluer, puisque les habits se font à la fois plus confortables, plus légers, plus adaptés aux saisons. Ombrelles, parapluies, cannes, gants, mouchoirs, rubans, dentelles… Le spectacle de la rue se modifie profondément avant la Révolution, en attendant d'autres modes ou d'autres transformations. Il reste beaucoup de recherches à faire sur ce thème passionnant des apparences, en vue de découvrir les réalités qu'elles recouvrent : les fourneaux, pour se limiter à ce cas, amènent la cuisinière à travailler debout et non plus accroupie. Toute l'économie gestuelle et corporelle se trouve ainsi concernée, de proche en proche, de groupe en groupe.

• *Cette accélération des progrès matériels ébranle le vieil ordre des choses.*
Les vitrines urbaines amènent des conduites d'imitation de la part du plus
grand nombre, pour se rapprocher du bonheur, ou au moins du bien-être,
dont les dominants donnent le spectacle permanent. Mais l'espoir est le
plus souvent illusoire, d'autant que les élites abandonnent vite les modes
devenues trop « vulgaires », pour continuer leur course vers une distinction
inaccessible aux masses. Les fractures sociales ne se ferment pas, bien
au contraire. La pression des impatiences des jeunes générations, plus
nombreuses à partir de 1750, avive des frustrations croissantes, surtout dans
les grandes villes soumises à des immigrations importantes. Le sens de
l'éphémère me semble caractériser ces mentalités urbaines bousculées :
désir de jouir vite de ce qui paraît être à portée de la main tout en étant
inabordable pour beaucoup ; souci d'alléger le poids des obligations sociales
et de la morale, quitte à refuser l'enfant ou à l'abandonner ; besoin d'imiter
ceux qui réussissent, fût-ce en achetant leurs hardes déjà usées.

Le fossé entre l'élite et le peuple des cités ne fait donc que s'élargir, car
le bonheur n'est pas promis à tout le monde par les philosophes, pas
plus que l'instruction. La cohésion urbaine, garante de la paix sociale, est
subrepticement mise à mal dans ce contexte fiévreux. Les masses populaires
n'ont probablement pas encore conscience de ce qu'elles sont. Mais en
suivant les fascinations de l'éphémère, elles expriment intensément une
conscience de frustration. En se détachant du durable dans le textile ou les
objets, n'amorcent-elles pas aussi un désengagement lourd de conséquences
vis-à-vis des dogmes établis par l'absolutisme et surtout par l'Église ?

DÉSACRALISATION DE L'ANCIEN RÉGIME ?

Chacun peut trouver à sa guise une explication d'ensemble de l'arrivée de
la Révolution. Fondateur de notre identité collective, ce grand événement
ne saurait être analysé avec indifférence. Je voudrais simplement ici montrer
modestement que l'Ancien Régime s'est sans le savoir détruit lui-même
lorsqu'il s'est révélé « ancien », c'est-à-dire inadapté aux évolutions en
cours.

La démographie est le lointain élément de départ d'une réaction en
chaîne. Elle bouscule une population de paysans n'ayant plus guère de
terres à défricher, ne disposant que de peu d'exutoires dans l'industrie et
prenant conscience de la difficulté d'établir ses enfants. Nombre de ceux-
ci errent sans espoir sur les routes, tandis que beaucoup d'autres vont
grossir de leurs frustrations des foules urbaines. Celles-ci transcendent par
le goût de l'éphémère les immobilismes sociaux qu'elles subissent. Les
chiffres disent l'importance explosive du problème : 40 % des Français ont
moins de vingt ans et 8,5 % soixante ans ou plus en 1789 (respectivement
28 % et 19 % en 1989).

Vieillis, l'État et l'Église ne savent pas répondre à ce défi, dont ils ne
perçoivent même pas exactement la gravité. L'imaginaire politique ou
religieux perd en effet précisément de sa puissance dans les décennies
prérévolutionnaires. La figure royale mythique se fragilise, Louis XVI

(1754-1793) étant un brave homme mais assurément pas le roi-père justicier incarné par Louis XIV. Détestée pour sa morgue, ses idées et ses caprices, l'« Autrichienne », Marie-Antoinette (1755-1793), prête le flanc à des critiques : exprimées par des caricatures, celles-ci jouent leur rôle dans la dévalorisation d'un pouvoir incapable de se réformer lui-même, c'est-à-dire de s'adapter aux difficultés, financières et autres. Ancien, aux yeux d'une partie des nobles comme des partisans des Lumières, ce régime l'est assurément.

L'Église établie n'est pas mieux inspirée. La déchristianisation est en marche dans la deuxième moitié du XVIIIe siècle : chute du nombre des communiants, baisse des effectifs des séminaires, recul des confréries indiquent que l'autorité et la morale de la Contre-Réforme ne sont plus incontestées. Les formes extérieures de la piété refluent dans de nombreuses provinces. En Provence, d'après l'étude des testaments menée par Michel Vovelle, les années 1750-1760 marquent le repli sans appel de la pastorale issue du concile de Trente. Les attitudes devant la mort se laïcisent, en commençant par les villes. Tel est également le cas à Paris à partir de 1770. Il semble bien que les conquêtes chrétiennes du XVIIe siècle aient été plus superficielles que profondes, au moins dans une partie des couches populaires. Le Siècle des Saints a en effet fait émerger une minorité chrétienne très exigeante, sans convaincre le reste de la population d'abandonner définitivement ses conceptions anciennes du sacré. Là où la lutte a été la plus brutale, les oppositions se sont simplement couchées sous l'orage, pour se relever lorsque l'étau s'est desserré. Les superstitions ont retrouvé leur importance quand l'encadrement religieux s'est affaibli, parce qu'elles correspondaient à des traditions ou à des pratiques fortement enracinées dans les populations. Les citadins eux-mêmes n'ont pas perdu tout contact avec cette approche rituelle et automatique de la religion, d'autant plus que leur nombre a sans cesse été grossi par l'arrivée de paysans déracinés. Par ailleurs, le démon ne fait plus recette, suite à l'arrêt des poursuites pour sorcellerie ainsi qu'à l'apparition chez les gens cultivés d'un sens de l'impossible lié au rationalisme. Enfin, les interdits étroits définis par le catholicisme de combat correspondent de plus en plus mal à la quête du bonheur, à la fascination de l'éphémère, à la recherche de plaisirs immédiats qui font leur chemin dans les mondes urbains de la deuxième moitié du XVIIIe siècle. On a pu parler d'« éclipse du sacré » pour caractériser ces mutations concordantes, c'est-à-dire ce détachement progressif réalisé par une importante partie des masses populaires vis-à-vis des dogmes et des pratiques de la religion établie.

Désacralisation ! Le mot convient pour résumer la marche de l'Ancien Régime vers son déclin. Sans doute faut-il admettre que la sacralisation de départ recélait en elle-même ses limites. Absolutisme et Contre-Réforme avaient bâti ensemble un système de domination des âmes et des corps reposant sur l'adhésion de minorités sociales à l'idéal exigeant d'une cité de Dieu sur terre. Pour tenir en tutelle des marges dangereuses ou des masses inquiétantes sans recourir constamment à la répression, la peur avait été convoquée : peur des autorités ; peur des châtiments ; peur du démon, des sorcières et de l'enfer. Encore fallait-il que tout reste immobile, afin que se perpétue éternellement un monde identique au précédent. Les

LES SURVIVANCES CULTURELLES DE L'ANCIEN RÉGIME

Dans le domaine de la culture, combien de traits anciens perdurent jusqu'à nos jours. Et d'abord la tyrannie parisienne, les gros messieurs de Paris dictent aux provinces et aux provinciaux les normes du bien-dire et du bien-faire. Il n'est pas jusqu'aux actuels académiciens de province qui ne reconnaissent sans toujours l'admettre ces orientations du goût et de la mode, et l'on sait combien il est difficile d'y échapper. La noria des talents que Colbert et ses commis avaient fortement accélérée continue de conduire vers Paris, ses lumières, ses salons, ses éditeurs, voire ses universités, les fils des régions qu'on tente aujourd'hui, enfin ! de faire renaître. La marque d'une centralisation distinctive élaborée pendant deux siècles et accentuée par les régimes divers et nouveaux qui présidèrent au destin des Français depuis 1789 continue de donner à notre pays une originalité à nulle autre pareille en Europe ; il suffit de regarder l'Italie et ses multiples capitales culturelles malgré les ambitions romaines, l'Angleterre, la Suisse et ses cantons, l'Allemagne et ses Länder. Le fédéralisme culturel agonise sous l'Ancien Régime, il meurt sous la Révolution quand il prend une résonance politique. C'est peut-être une chance pour demain de le voir réclamé par les jeunesses et encouragé par le pouvoir. Reste que c'est une loi du développement culturel de s'imposer par la violence et de voir triompher les cultures dominantes — et les idéologies qui les accompagnent. L'unité de notre culture était sans doute à ce prix et l'on aurait mauvaise grâce à le regretter. Conçoit-on Marcel Proust écrivant au soleil de Marseille et Raymond Queneau à l'ombre du beffroi de Lille ! Le triomphe du français était à l'œuvre dans l'effort des notaires et des juges, des maîtres d'école et des régents, des libraires et des imprimeurs, des académiciens provinciaux et des amateurs de tout poil qui font le succès des œuvres et des chefs-d'œuvre, lisants et écrivants de tous ordres, écrivains et novateurs quelquefois. L'important est de ne pas prendre pour mouvement naturel ce qui n'est que ruse de l'histoire, et nous avons encore beaucoup à faire pour nous déprendre des mauvaises habitudes léguées par les créateurs de la véritable « nouvelle histoire », les vaillants positivistes moustachus et barbus qui au temps de l'affaire Dreyfus se voulaient progressistes et étaient créateurs : ils nous ont appris à croire au « génie français », mais, en même temps qu'ils exaltaient l'Ancien Régime et ses Lumières, ces Lavisse, Monod et quelques autres dont Lanson *qui genuit* Mornet, ils ont fait passer à la trappe les gêneurs et ce qui ne prenait pas facilement place dans la grande machinerie annonciatrice des progrès politiques, littéraires et scientifiques et que justifie l'amour de la patrie substitué à celui des rois. Le XVIIIᵉ siècle et ses Lumières avaient créé le Panthéon, l'histoire positive sinon positiviste s'accommode de lui et exige le culte des grands hommes de l'absolutisme que la République célébra : « Turenne et Vauban, Corneille et Molière, ils sont la civilisation » (A. Compagnon). Le XXᵉ siècle finissant, notre république se présidentialise et retrouve des accents monarchiques. Les pouvoirs intellectuels façonnés par une douzaine de générations continuent à fonctionner et à sélectionner, prouvant que les meilleurs sont là où ils doivent être selon les meilleures traditions de la *sanior pars,* telle qu'elle organisait le devenir culturel des hommes à l'aube du XVIIᵉ siècle. Ses membres ne doutaient pas, les actuels non plus.

Pierre GOUBERT et Daniel ROCHE, *Les Français et l'Ancien Régime,* 2. *Culture et société,* Paris, Armand Colin, 1984.

craquements du XVIIIᵉ siècle, de la démographie à la culture en passant par l'économie et les comportements quotidiens ne l'ont pas permis. Inadapté, l'Ancien Régime était déjà en cause avant la tourmente révolutionnaire. Le recul de l'insécurité, la quête de l'éphémère, l'atténuation de la peur de Satan sapaient ses bases, en particulier dans les villes. D'autres synthèses relationnelles entre les dominés et les dominants étaient attendues, en passant par d'autres expressions du sacré, par d'autres peurs, par de nouvelles formes plus positives d'adhésion, aussi : l'identification à la nation et à la patrie en danger.

Conclusion

L'Ancien Régime :
un laboratoire de la modernité

À l'aube de l'an 2000, comment est-il possible de penser l'Ancien Régime ? Les Temps Modernes n'ont nullement produit des formes sociales et culturelles figées sous la poussière d'un passé définitivement révolu. Ils ont été le laboratoire de mise au point du moteur même de notre modernité, dans sa variante française comme plus généralement dans sa définition occidentale : ce dynamisme nouveau a profondément modelé le monde entier depuis un demi-millénaire.

Le « décollage » de l'Europe s'est en effet accompli par les Grandes Découvertes, la colonisation du reste du monde et les mutations en profondeur de l'économie. Des mouvements de grande ampleur ont modifié les équilibres sociaux, ainsi que ceux de la culture, au sens le plus large et le plus complet du terme. Le socle massivement paysan de la France des Valois ou des Bourbons s'est vu parcourir par de nouveaux agents de changement, appliqués à l'amarrer aux modernisations en cours, suivant les volontés convergentes de la monarchie et de l'Église. Capables de s'adapter parfois, de se révolter souvent ou de trouver des refuges et des consolations, les ruraux ont lutté pour ne pas être dépossédés de leurs croyances ni de leurs valeurs traditionnelles. L'inéluctable marche du « progrès » s'est cependant imposée à eux dès l'Ancien Régime, pour s'accentuer davantage à la suite de la grande cassure de 1914-1918 et surtout après le milieu du XXe siècle. Encore sont-ils aujourd'hui plutôt vaincus par le nombre que par les convictions des étrangers à leur univers, si l'on en juge par des permanences invétérées, telles ces attitudes et ces mentalités magiques dont les journalistes aiment à montrer l'exotisme.

Loin du relatif immobilisme des campagnes, la civilisation française que nous connaissons s'est bâtie durant cinq siècles par un double processus de modernisation appelé à rompre le traditionnel face à face entre seigneurs et paysans pour produire de nouvelles « aristocraties » de plus en plus larges.

La pensée et l'art, en premier lieu, sécrètent alors progressivement un discours d'adaptation au changement en légitimant des valeurs nouvelles destinées aux groupes dominants de la société. La modernité est d'abord triomphaliste avec la Renaissance, c'est-à-dire avec la croyance humaniste dans les infinies possibilités de l'homme (bien né). Angoissée et pleine de doutes pendant les guerres de Religion puis l'intermède baroque, elle se fait dominatrice, sûre d'elle-même, à l'ère classique. L'œil terrible de Dieu et celui du roi appellent cependant par opposition l'émergence d'idées neuves accordant un peu plus de place à l'individu, ainsi qu'un peu plus d'espoir d'évolution : bonheur, progrès et démocratie éclairent de leurs lumières une Révolution dont notre imaginaire collectif a définitivement hérité son identité.

Cette modernité n'est pourtant pas initialement destinée à l'ensemble de la population. Pour une fois d'accord, Voltaire et l'Église établie n'imaginent nullement une élévation générale du niveau intellectuel ou culturel ni même un meilleur partage de la production que l'on nomme aujourd'hui nationale. À de rares exceptions près, les philosophes postulent l'inégalité entre les hommes en fonction de la naissance. Il est vrai que ce code est alors parfois atténué par le principe du talent ou encore par la richesse, en attendant nos actuelles notions de valeur individuelle, de mérite, bref d'égalité bien tempérée.

La deuxième voie du processus de modernisation suit de ce fait des lignes de force socioculturelles, toujours productrices de contradictions en plein XXe siècle. La dynamique conjointe de l'absolutisme, de la Contre-Réforme catholique, du livre, de la « civilisation des mœurs » et du dressage du corps aboutit sous l'Ancien Régime à des cascades de différences dans l'ensemble du corps social. Aspirés vers la cour ou la ville, les nobles rompent ou distendent leurs liens traditionnels avec les paysans, laissant se propager une dépréciation croissante du monde rural. La concentration en cours des pouvoirs aux mains d'un roi qui est le lieutenant de Dieu sur terre tranche dans le vif en engendrant des cascades de mépris entre ceux qui environnent le monarque et tous les autres qui s'en éloignent. Du centralisme imparfait de Versailles ou de Paris à la création de grandes écoles avant la Révolution en passant par les codes de politesse, tout s'organise pour pérenniser des hiérarchies de naissance ou de service du prince, c'est-à-dire des castes, en attendant l'affirmation des classes sociales, puis de nos jours celle des « milieux autorisés » ou des groupes de pression basés sur la détention du savoir et de la puissance publique, sans oublier la richesse.

La société de consommation elle-même trouve un lointain ancêtre dans les fascinations de l'éphémère qui meuvent les citadins du XVIIIe siècle finissant. Car la société dominante produit un modèle de culture tentant pour le plus grand nombre, au moins dans ses formes matérielles, tout en se révélant inaccessible pour la plupart des gens d'origine populaire.

Ne faut-il pas provisoirement conclure sur de telles ambiguïtés ? Notre culture est en effet à la fois une et fondamentalement diverse, car elle se trouve profondément marquée par cette longue histoire (d'où peut-être le goût avoué de nos concitoyens pour la science éminemment humaine qui explore le passé). Peut-être tire-t-elle précisément son dynamisme de sa structure conflictuelle ? Peut-être est-ce à ce prix que l'empire territorial français du XIXe siècle put se construire ? Les spécialistes de la colonisation connaissent l'ethnocentrisme de notre regard, comme de celui des Occidentaux en général. Ils savent combien nos représentants ont pensé en conscience apporter le bonheur, le progrès et la démocratie à des peuples inférieurs, jusqu'à la décolonisation. Là encore, l'Ancien Régime a joué un extraordinaire rôle de laboratoire d'idées : la lente confrontation avec les paysans, ces « sauvages de l'intérieur » accusés de tous les vices au XVIIᵉ siècle, a aidé les élites sociales et culturelles à se forger un sens profond de supériorité, une certitude d'œuvrer pour le bien (Dieu), puis au XVIIIᵉ siècle pour le progrès, au milieu d'une mer de « superstitions » ou d'ignorance.

L'évolution actuelle du monde prouve que d'autres logiques culturelles sont possibles : la réussite du Japon, par exemple, invite à relativiser nos certitudes « révolutionnaires » qui lient obligatoirement le bonheur au progrès et à la démocratie de la voie française, dans le cadre global de la supériorité de l'Occident. Peut-être apprenons-nous simplement à quitter la place de peuple élu de Dieu dont se prévalaient Louis XIV et les couches dirigeantes de son temps ? Ironie du sort, l'anthropologie érode l'ethnocentrisme occidental en brouillant la frontière entre les civilisations dites « modernes » et d'autres plus « traditionnelles ». Niés depuis des siècles, nos « sauvages de l'intérieur » existent toujours, bien qu'ils se trouvent désormais surtout dans le « quart monde », tandis que nombre de paysans gravissent de plus en plus allègrement les pentes de la modernité. Aussi ne faudrait-il pas que l'extraordinaire puissance identitaire de la Révolution française se limite à une célébration passéiste de grandeur perdue, comme en 1989. Il y a d'autres Bastilles à prendre ! En fouillant le passé pour y débusquer à la fois les évidences et les phénomènes mentaux les plus cachés, l'historien peut avoir comme modeste ambition de contribuer un peu à éclairer ce présent que les nouvelles générations, en particulier celles des banlieues des grandes villes, ne paraissent pas vouloir vivre dans la seule ombre de leurs prédécesseurs.

Orientation bibliographique

- *Cadres généraux*

BRAUDEL Fernand, *Civilisation matérielle, économie et capitalisme, XVe-XVIIIe siècle,* Paris, A. Colin, 1979, 3 vol. L'œuvre d'un très grand historien. Le premier volume, *Les Structures du quotidien,* a ouvert de nombreuses pistes de recherche à propos de la nourriture, du vêtement, de l'habitat, etc.

CABOURDIN Guy, VIARD Georges, *Lexique historique de la France d'Ancien Régime,* Paris, A. Colin, 1978.

CORNETTE Joël, *Histoire de la France,* Paris, Hachette (« Carré Histoire »), 1993, 2 vol. t. 1, *L'Affirmation de l'État absolu, 1515-1652* ; t. 2, *Absolutisme et Lumières, 1652-1783.* Par un auteur talentueux, une approche pédagogique bien maîtrisée d'un immense sujet.

GARNOT Benoît, *Société, cultures et genres de vie dans la France moderne, XVIe-XVIIIe siècle,* Paris, Hachette (« Carré Histoire »), 1991. Une initiation très pédagogique à ce vaste sujet.

GOUBERT Pierre, ROCHE Daniel, *Les Français et l'Ancien Régime,* Paris, A. Colin, 1984, 2 vol. La meilleure approche du sujet, remarquablement illustrée.

Histoire du christianisme des origines à nos jours, sous la direction de Jean-Marie MAYEUR, Charles PIETRI, André VAUCHEZ, Marc VENARD. Un véritable monument prévu en 14 volumes, dont 4 concernent l'époque moderne. Le t. 8, *Le Temps des confessions (1530-1620),* est paru sous la responsabilité de Marc VENARD, Paris, Desclée, 1992.

LEBRUN François, *L'Europe et le monde, XVIe, XVIIe, XVIIIe siècle,* Paris, A. Colin, 1987. Replace très bien la France dans le monde du temps.

LEBRUN François (dir.), *Histoire de la France religieuse,* t. 2, *Du Christianisme flamboyant à l'aube des Lumières, XIVe-XVIIIe siècle,* Paris, Seuil, 1988. Synthèse claire, bien illustrée.

MANDROU Robert, *La France aux XVIIe et XVIIIe siècles,* Paris, PUF, 1967 (rééd., 1988).

MANDROU Robert, *Histoire de la pensée européenne,* t. III, *Des Humanistes aux hommes de science (XVIe et XVIIe siècles),* Paris, Seuil, 1973. Une pensée puissante et originale. Tous les ouvrages de ce grand historien trop tôt disparu sont à redécouvrir.

- *Culture et mentalités*

BAKHTINE Mikkaïl, *L'Œuvre de François Rabelais et la culture populaire au Moyen Âge et sous la Renaissance,* Paris, Gallimard, 1970. Une théorie originale sur la culture populaire, aujourd'hui critiquée.

DAVIS Natalie Z., *Les Cultures du peuple. Rituels, savoirs et résistances au XVIe siècle,* Paris, Aubier, 1979. Ce très riche recueil d'articles est particulièrement célèbre pour ses passages sur la jeunesse et sur les femmes.

DELUMEAU Jean, *La Peur en Occident (XIVe-XVIIIe siècles). Une cité assiégée,* Paris, Fayard, 1978. Une somme érudite sur un vaste sujet.

FEBVRE Lucien, *Le Problème de l'incroyance au XVIe siècle. La religion de Rabelais,* Paris, 1942 ; 2e éd., A. Michel, 1968. Ce livre de combat d'un des principaux fondateurs de l'histoire des mentalités est un ouvrage pionnier qu'il faut absolument lire. Les chercheurs n'admettent cependant plus la thèse énoncée selon laquelle l'athéisme est impossible au XVIe siècle.

FOUCAULT Michel, *Histoire de la folie à l'âge classique,* Paris, Gallimard, 1972. Œuvre majeure du grand philosophe, qui irrite toujours nombre d'historiens.

MANDROU Robert, *Introduction à la France moderne. Essai de psychologie historique (1500-1640),* Paris, A. Michel, 1961. Une excellente initiation au sujet. La recherche a évidemment progressé depuis trente ans.

MANDROU Robert, *De la culture populaire aux XVIIe et XVIIIe siècles. La Bibliothèque bleue de Troyes,* Paris Stock, 1964 ; 2e éd., 1975. Très discutée, cette analyse est à l'origine d'un vaste mouvement de recherches.

MUCHEMBLED Robert, *Culture populaire et culture des élites dans la France moderne (XVe-XVIIIe siècle). Essai,* Paris, Flammarion, 1978, rééd., coll. « Champs », 1991. Sur la culture populaire, malgré le titre voulu par l'éditeur. Ne fut pas unanimement accepté. La préface de la réédition de 1991 signale certains repentirs.

MUCHEMBLED Robert, *L'Invention de l'homme moderne. Sensibilités, mœurs et comportements collectifs sous l'Ancien Régime,* Paris, Fayard, 1988. Dix ans après le précédent, sur le même sujet, une approche plus ample, avec la prise en compte des phénomènes d'interaction entre les niveaux culturels. N'utilise plus la théorie trop tranchée de l'acculturation et approfondit cette fois l'étude socioculturelle des couches dominantes.

● *Démographie, famille, enfance, femme, sexualité, santé*

ARIÈS Philippe, *L'Enfant et la vie familiale sous l'Ancien Régime,* Paris, 1960 ; nouvelle éd., Seuil, 1973. Ce grand livre a ouvert d'importantes pistes de recherche. La théorie de la froideur affective qu'il énonce est cependant contestée.

DUBY Georges, PERROT Michelle (dir.), *Histoire des femmes,* t. 3, *XVIe-XVIIIe siècle,* sous la direction de Natalie ZEMON DAVIS et Arlette FARGE, Paris, Plon, 1991. Vue du côté des femmes, une histoire de la société tout entière. Originale, séduisante, mais un peu inégale, en fonction de la qualité des nombreux auteurs.

DUPÂQUIER Jacques (dir.), *Histoire de la population française,* 2, *De la Renaissance à 1789,* Paris, PUF, 1988. Remarquable mise au point, qui fait une place importante aux comportements et aux mentalités.

FLANDRIN Jean-Louis, *Familles. Parenté, maison, sexualité dans l'ancienne société,* Paris, Hachette, 1976. Un bon ouvrage, vieilli sur certains points.

GARNOT Benoît, *La Population française aux XVIe, XVIIe et XVIIIe siècles,* Paris, Ophrys, 1988. Courte et excellente mise au point des connaissances.

HILDESHEIMER Françoise, *Fléaux et société : de la Grande Peste au choléra, XIVe-XIXe siècle,* Paris, Hachette (« Carré Histoire »), 1993. Une approche globale du modèle épidémique d'Ancien Régime qui modela en profondeur les croyances et les comportements jusqu'aux découvertes de Pasteur.

LEBRUN François. *La Vie conjugale sous l'Ancien Régime,* Paris, A. Colin, 1975. Synthèse de haut niveau d'une foule de travaux réalisés avant et après l'ouvrage d'Ariès.

• *Le monde paysan : vie quotidienne, révoltes, sorcellerie*

BERCÉ Yves-Marie, *Croquants et Nu-Pieds. Les soulèvements paysans en France du XVIe au XIXe siècle,* Paris, Gallimard-Julliard, 1974. Anthologie commentée proposant une excellente vue d'ensemble de la question.

DUBY Georges, WALLON Armand (dir.), *Histoire de la France rurale,* t. II, *L'âge classique des paysans, 1340-1789,* Paris, Seuil, 1975. Un classique, très bien illustré.

FLANDRIN Jean-Louis, *Les Amours paysannes (XVIe-XIXe siècles),* Paris, Gallimard-Julliard, 1975. Documents commentés. L'un des meilleurs ouvrages de l'auteur.

GOUBERT Pierre, *La Vie quotidienne des paysans français au XVIIe siècle,* Paris, Hachette, 1982. Remarquable, et pétri de profonde humanité.

LEBRUN François, *Se Soigner autrefois. Médecins, saints et sorciers aux 17e et 18e siècles,* Paris, Messidor-Temps actuels, 1983. Excellente synthèse.

MUCHEMBLED Robert, *La Sorcière au village (XVe-XVIIIe siècle),* Paris, Gallimard-Julliard, 1979, rééd., Gallimard, « Folio », 1991. Recueil de textes d'époque, avec commentaires et illustrations.

MUCHEMBLED Robert, *Les Derniers bûchers. Un village de Flandre et ses sorcières sous Louis XIV,* Paris, Ramsay, 1981. Une tentative de microhistoire : Bouvignies (à 16 km de Douai) en 1679.

MUCHEMBLED Robert, *Sorcières, justice et société aux 16e et 17e siècles,* Paris, Imago, 1987. Recueil d'articles sur le sujet.

MUCHEMBLED Robert, *La Violence au village. Sociabilité et comportements populaires en Artois du XVe au XVIIe siècle,* Turnhout, Brepols, 1989. À la manière d'un ethnologue, une étude du monde paysan en Artois.

MUCHEMBLED Robert, *Le Roi et la Sorcière. L'Europe des bûchers, XVe-XVIIIe siècle,* Paris, Desclée, 1993. La modération des poursuites en France, dans ses limites géographiques du temps, contraste avec la multiplication des bûchers au-delà des frontières de l'Est et du Nord, notamment sur des terres destinées à être conquises par les rois de guerre Bourbons.

• *De la cour à la ville : ruptures et évolutions*

ARIÈS Philippe, CHARTIER Roger (dir.), *Histoire de la vie privée,* t. 3, *De la Renaissance aux Lumières,* Paris, Seuil, 1986. Premiers résultats d'une histoire difficile mais passionnante.

BOLLÊME Geneviève, *La Bibliothèque bleue. La littérature populaire en France du XVIe au XIXe siècle,* Paris, Julliard, 1971. Anthologie commentée de la littérature de colportage, également étudiée par R. Mandrou.

CHARTIER Roger, *Les Origines culturelles de la Révolution française,* Paris, Le Seuil, 1990. Réflexion tonique qui élargit le thème ancien des origines intellectuelles de la Révolution.

DARNTON Robert, *Édition et sédition. L'univers de la littérature clandestine au XVIIIe siècle,* Paris, Gallimard, 1991. Intéressante approche par un historien américain spécialiste du livre au temps des Lumières, dont plusieurs autres ouvrages sont disponibles en français.

DAUMAS Maurice, *Le Syndrome des Grieux. La relation père/fils au XVIIIe siècle,* Paris, Le Seuil, 1990. Un historien très original sur un sujet fondamental, traité au carrefour de l'histoire et de la littérature. Ce qu'il prépare sur le sentiment amoureux est attendu avec intérêt.

DUBY Georges (dir.), *Histoire de la France urbaine. T 3, La Ville classique. De la Renaissance aux Révolutions,* sous la direction d'Emmanuel LE ROY LADURIE, Paris, Le Seuil, 1981. Une synthèse qui demeure fondamentale et comprend une très bonne iconographie.

ELIAS Norbert, *La Civilisation des mœurs, La Société de cour, La Dynamique de l'Occident,* Paris, Calman-Lévy, 1969, 1974, 1975. L'œuvre pionnière d'un sociologue de la culture de cour. Publiée en allemand à partir de 1939, elle a connu le succès en France, mais curieusement n'alimente toujours pas un mouvement de recherche de grande ampleur.

FARGE Arlette, *La Vie fragile. Violence, pouvoirs et solidarités à Paris au XVIIIe siècle,* Paris, Hachette, 1986. Une grande sensibilité, un regard féminin et original, pour retrouver la trace des humbles dans les rues de Paris.

FARGE Arlette, *Dire et mal dire. L'opinion publique au XVIIIe siècle,* Paris, Le Seuil, 1992. À la suite des travaux de Habermas sur l'espace public bourgeois, une interrogation fine, talentueuse, sur l'opinion publique populaire jusqu'ici trop délaissée.

FURET François, OZOUF Jacques, *Lire et écrire. L'alphabétisation des Français de Calvin à Jules Ferry,* Paris, Éd. de Minuit, 1977, 2 vol. Longtemps après l'enquête de Maggiolo, le point sur une question culturelle fondamentale.

GEREMEK Bronislaw, *Truands et misérables dans l'Europe moderne (1350-1600),* Paris, Gallimard-Julliard, 1980. Anthologie commentée.

GROSPERRIN Bernard, *Les Petites écoles sous l'Ancien Régime,* Rennes, Ouest-France, 1984. Clair et précis. Une bonne mise au point.

MUCHEMBLED Robert, *Le Temps des supplices. De l'obéissance sous les rois absolus, XVe-XVIIIe siècle,* Paris, A. Colin, 1992. Un essai d'anthropologie politique. L'étude de la criminalité sert à définir un modèle français de sacralisation accentuée de l'autorité débouchant sur un État centralisateur qui marque toujours notre pays à la fin du XXe siècle.

PARDAILHÉ-GALABRUN Annik, *La Naissance de l'intime. 3 000 foyers parisiens, XVIIe-XVIIIe siècles,* Paris, PUF, 1988. Chiffres à l'appui, les réalités et les apparences de la vie quotidienne révélées par les inventaires après décès.

ROCHE Daniel, *Le Peuple de Paris. Essai sur la culture populaire au XVIIIe siècle,* Paris, Aubier, 1981. Un livre fondamental, à l'origine de nombreuses recherches sur les inventaires après décès.

ROCHE Daniel, *La Culture des apparences. Une histoire du vêtement, XVIIe-XVIIIe siècle,* Paris, Fayard, 1989. Le tissu, imbriqué à celui de la société en marche vers la Révolution, comme enjeu d'une transformation capitale des mœurs et des comportements.

VIGARELLO Georges, *Le Propre et le sale. L'hygiène du corps depuis le Moyen Âge,* Paris, Seuil, 1985. Tonique, décapant, amusant : un chapitre original d'histoire sociale et culturelle.

VOVELLE Michel, *Mourir autrefois (Attitudes collectives devant la mort aux XVIIe et XVIIIe siècles),* Paris, Gallimard-Julliard, 1974. Un recueil de documents commentés par le maître de l'analyse des testaments.

Table des matières

Table des encadrés

Armand Colin Éditeur
103, boulevard Saint-Michel, 75240 Paris Cedex 05
N° d'éditeur : 10649
Dépôt légal : avril 1994

SNEL SA
Rue Saint-Vincent 12 – 4020 Liège
avril 1994

COMPOSITION

IMPRIMERIE
FRANCE QUERCY
CAHORS
N° 40313 D